国家税务总局税务干部学院重点教材

新时代税收法治思维

谭建淋　主编

中国税务出版社

图书在版编目（CIP）数据

新时代税收法治思维/谭建淋主编．—北京：中国税务出版社，2022.8（2023.6 重印）
国家税务总局税务干部学院重点教材
ISBN 978－7－5678－1270－3

Ⅰ.①新…　Ⅱ.①谭…　Ⅲ.①税收－中国－教材
Ⅳ.①D922.22

中国版本图书馆 CIP 数据核字(2022)第 145573 号

丛 书 名：国家税务总局税务干部学院重点教材
书　　名：新时代税收法治思维
作　　者：谭建淋　主编
责任编辑：范竹青
责任校对：姚浩晴
技术设计：刘冬珂
出版发行：中国税务出版社
北京市丰台区广安路 9 号国投财富广场 1 号楼 11 层
邮政编码：100055
网址：https://www.taxation.cn
投稿：https://www.taxation.cn/qt/zztg
发行中心电话：(010)83362083/85/86
传真：(010)83362047/48/49
经　　销：各地新华书店
印　　刷：涿州市星河印刷有限公司
规　　格：787 毫米×1092 毫米　1/16
印　　张：19.25
字　　数：322000 字
版　　次：2022 年 8 月第 1 版　2023 年 6 月第 2 次印刷
书　　号：ISBN 978－7－5678－1270－3
定　　价：52.00 元

国家税务总局税务干部学院
重点教材编委会

《新时代税收法治思维》
编写组

主　　编： 谭建淋

成　　员： 何小王　王丽萍　徐　娟　安履承
宋龙飞　朱敏嘉　刘雨函

审　　定： 王锦锋　郭勇平　曹福来

编 写 说 明

中国共产党领导下的税收事业，始终坚持围绕党和国家工作大局，致力于服务人民，走过了一条不平凡的发展之路。回望历史，税收工作由过去的税务人挨家挨户上门“收税”，到现在纳税人足不出户网上“报税”，再到未来在智慧税务引领下进一步实现自动“算税”，税费服务不断优化，税收征管能力持续提升，税收服务大局的成效不断显现。特别是党的十八大以来，以习近平同志为核心的党中央高度重视税收工作，作出一系列重大部署，指导税收改革发展取得不凡成就。

国家税务总局税务干部学院（中共国家税务总局党校）作为税务系统党的理论教育和党性教育主阵地、税务干部教育培训主渠道、服务国家税收治理重要平台、培养“一带一路”税务官员重要基地、参与国际税收规则研究重要力量，在努力实现“国际一流、国际知名”发展总目标的实践过程中，逐步形成了一批特色课程与优秀教材。这些特色课程与优秀教材，有的聚焦税务系统党的建设，有的聚焦优化税务执法方式，有的聚焦服务国家税收治理，有的聚焦国际税收规则运用，实现了教学相长、教研互促。为贯彻落实中共中央办公厅、国务院办公厅印发的《关于进一步深化税收征管改革的意见》，学院根据国家税务总局党委关于深化学院改革的工作部署，特别是国家税务总局党委书记、局长王军关于加快教材建设的指示批示精神，着力推进学院教学高质量发展，更好助力现阶段税收现代化建设，汇聚扬州、北京、长沙和大连“一院四区”教学科研力量，择优选编系列重点教材，分批出版。

第一批重点教材由《新时代税务系统党的建设》《新时代税收工作中的会计思维》《新时代税收工作中的经济思维》《新时代税收法治思

维》和《中国税制》等5本重点教材组成。教材内容全面、可读性强，条理清晰、逻辑性强，案例丰富、实践性强。

习近平总书记在2021年中央人才工作会议上强调，我国进入了全面建设社会主义现代化国家、向第二个百年奋斗目标进军的新征程，我们比历史上任何时期都更加接近实现中华民族伟大复兴的宏伟目标，也比历史上任何时期都更加渴求人才。人才是衡量一个国家综合国力的重要指标。国家发展靠人才，民族振兴靠人才。我们必须增强忧患意识，更加重视人才自主培养，加快建立人才资源竞争优势。我们编写出版的这套重点教材，既是国家税务总局税务干部学院的基本培训教材，也可作为广大税务干部的案头自学工具书，我们希冀这套教材及后续教材，能为税务系统贯彻实施“学习兴税”战略，打造一支忠诚干净担当的税务铁军，深入推进精确执法、精细服务、精准监管、精诚共治，在更深层次、更宽领域和更高水平上发挥好税收在国家治理中的基础性、支柱性、保障性作用贡献微薄力量。

由于时间仓促、学识有限，书中不足和疏漏之处在所难免，恳请广大读者将意见和建议通过中国税务出版社反馈给我们，以便在后续版本中不断改进和完善。

国家税务总局税务干部学院重点教材编委会

2022年6月

前言

为高质量推进新时代税收现代化建设，以习近平法治思想引领新时代税收领域科学立法、严格执法、公正司法、全民守法，培养税务干部法治意识和法治观念，牢固树立政治机关意识，提升税务干部运用法治思维严格规范公正文明执法的素养和能力，按照国家税务总局税务干部学院统筹安排，对照新时代全面依法治国总要求、法治政府建设总目标、税收法治建设新体系，服务税务系统各级领导干部和基层税务人员学习培训需要，我们按照教材建设“聚焦中央要求，弘扬时代精神，体现税务特色，明确问题导向、实践导向”的要求，组织编写了《新时代税收法治思维》。

在内容安排上，本书体现了以下特点：一是突出权威性和指导性。以党的十八大以来党中央关于法治建设的重大要求、重要部署为准绳，贯彻落实习近平法治思想。二是突出针对性和实践性。针对税务系统行业特点和税务人员业务特点，围绕“两权”监督和运行，直面税收治理中的法治突出问题，从法治思维与辩证思维、系统思维、战略思维、底线思维、精准思维等科学思维的应用角度切入，突出对税务系统和税务人员运用法治思维与法治方式深化改革、推动发展、化解矛盾、维护稳定、解决税收工作的重大疑难敏感问题的理论指导和实践价值。三是注重知识性和可读性。将党言党语、法言法语、税言税语融入理论的阐释，概念的展开、辨析和实践案例的选取上，结合税务系统丰富的税收法治实践、工作成效展开。

在结构编排上，本书采用“章＋节”结构，节的编写是本书的重中之重。每一节主体部分主要为理论结合实践关联阐述板块。主体部分主要介绍党中央、税务总局党委关于该部分的精神和要求，也介绍业界对相关概念的内涵与外延的阐释。该部分重在权威性，采用权威说、规范说、通说，突出系统性、针对性和实践性。在主体部分之后，采用延伸阅读板块，选取党中央、国务院、税务系统重要法治建设成果尤其是制度成果，选取习近平总书记及税务总局党委、学界关于法治建设、法治思维的重要论述，介绍各地税务系统在法治思维运用上好的做法、经验和成效，延伸阅读板块灵活采用实践综述、经典论述、典型案例等形式。该部分旨在提升教材的知识性和可读性。

参加本书编著的人员为国家税务总局税务干部学院部分专兼职教师，以专职教师为主体。第一章由谭建淋编写，第二章由何小王编写，第三章由安履承编写，第四章由王丽萍编写，第五章由徐娟、谭建淋编写，第六章由安履承、谭建淋编写，第七章由宋龙飞、朱敏嘉、安履承编写，第八章由刘雨函、宋龙飞、谭建淋编写。谭建淋负责全书统稿。曹福来负责全书审稿。

本书在编著过程中，参考运用了大量专家的观点，在此一并表示感谢。由于编著者水平有限，加之时间仓促，偏颇之处在所难免，恳请各位读者批评指正。

编　者

2022 年 6 月

目　录

第一章　新时代税收法治与法治思维

第一节　新时代税收法治的思想旗帜

伟大时代孕育伟大理论，伟大理论引领伟大征程。党的十八大以来，以习近平同志为核心的党中央从坚持和发展中国特色社会主义的全局和战略高度定位法治、布局法治、厉行法治，创造性提出了关于全面依法治国的一系列新理念新思想新战略，形成了习近平法治思想。2020 年 11 月召开的中央全面依法治国工作会议，确立了习近平法治思想在全面依法治国工作中的指导地位，这是我国社会主义法治建设进程中具有重大现实意义和深远历史意义的大事。

习近平法治思想是马克思主义法治理论中国化的最新成果，是中国特色社会主义法治理论的重大创新发展，是习近平新时代中国特色社会主义思想的重要组成部分，是新时代全面依法治国的根本遵循和行动指南。学习贯彻习近平法治思想，深刻把握和坚持贯穿其中的马克思主义立场、观点和方法，深刻理解其内在蕴含的时代特征、核心要义和科学方法，对提升税务人员法治思维能力，加强新时代税收法治建设，进一步发挥税收在国家治理体系中的基础性、支柱性、保障性作用意义重大。

一、习近平法治思想的时代特征

习近平法治思想是对党领导法治建设丰富实践和宝贵经验的科学总结。[①] 作为当代中国马克思主义法治理论的最新成果，习近平法治思想以新的视野、新的认识赋予了新的时代内涵，蕴含着党领导法治工作的时代灵魂，把握了坚持和发展中国特色社会主义的时代主题，深刻回答了全面依法治国、建设法治中国的时代之问，充分体现了 21 世纪中国法治的时代精神，具有鲜明的时代特征。

---

① 中共中央宣传部，中央全面依法治国委员会办公室．习近平法治思想学习纲要［M］．北京：人民出版社，2021：10.

（一）时代灵魂：党对法治的集中统一领导

坚持党的领导是中国特色社会主义法治的灵魂。习近平法治思想强调党的领导与依法治国的价值同源性和内在同一性，强调坚持人民主体地位，以人民为中心、以人民为主体，为了人民、依靠人民，从而实现了党的领导与党的宗旨的有机融合。

以党的领导优势强化党对法治的集中统一领导。坚持党的领导是中国特色社会主义制度的最大优势。“突出坚持和完善党的领导制度，抓住了国家治理的关键和根本。”[①] 党的领导之所以具有最显著优势的奥秘体现在：其理论依据是坚持中国特色社会主义理论体系的指导，其价值导向在于始终坚持人民民主，其根本路径是坚持依法治国和法治中国建设。

在“三统一”中全面加强党对法治的领导。“把依法治国基本方略同依法执政基本方式统一起来，把党总揽全局、协调各方同人大、政府、政协、审判机关、检察机关依法依章程履行职能、开展工作统一起来，把党领导人民制定和实施宪法法律同党坚持在宪法法律范围内活动统一起来。”[②] 党领导全面依法治国涉及三大根本问题：一是在方略设计上，坚持依法治国与依法执政相结合，把依法治国、依法执政与依规治党有机统一起来；二是在主体地位上，由党来总揽、协调和保障权力依法运行，确保公共权力运行的方向正确、依法依规、权责明晰；三是在实施策略上，把组织领导法治体系和法治国家建设与树立法治思维、尊重宪法法律权威有机结合起来。

在“四善于”中全面落实党对法治的领导。“善于使党的主张通过法定程序成为国家意志，善于使党组织推荐的人选通过法定程序成为国家政权机关的领导人员，善于通过国家政权机关实施党对国家和社会的领导，善于运用民主集中制原则维护中央权威、维护全党全国团结统一。”[③]这要求：一是在领导意志上把党的意志与国家意志通过宪法法律有机统一起来；二是在组织制度上把住国家政权机关队伍建设的主阵地；三是在政权关系上构建科学的党政关系并通过政权机关实施对国家的全面依法有效领导；四是在活动原则上进一步厘清党和人民关系从而把人民民主与党的集中统一领导有机结合。

---

① 习近平：《关于〈中共中央关于坚持和完善中国特色社会主义制度　推进国家治理体系和治理能力现代化若干重大问题的决定〉的说明》，2019 年 10 月 28 日在中国共产党第十九届中央委员会第四次全体会议上。

②③ 《中共中央关于全面推进依法治国若干重大问题的决定》，2014 年 10 月 23 日中国共产党第十八届中央委员会第四次全体会议通过。

在“四个伟大”中以伟大工程为统领强化党对法治的领导。党的十九大提出了新时代党的建设总要求，明确在统揽伟大斗争、伟大工程、伟大事业、伟大梦想中，起决定性作用的是新时代党的建设新的伟大工程。[①] 为此，在全面依法治国、建设法治中国的伟大进程中，应当坚持党领导立法、保证执法、支持司法、带头守法，并不断通过法律推行党的主张，不断增强党对法治的政治领导力、思想引领力、群众组织力和社会号召力。

（二）时代主题：中国特色社会主义事业

深刻把握时代主题，是习近平法治思想的鲜明风格。习近平法治思想是在实现中华民族伟大复兴中国梦的历史征程中得以形成和发展的，始终把全面依法治国放在“中国特色社会主义”这一时代主题中进行价值定位和战略谋划，而不是就法治论法治。

从时代轨迹看，习近平法治思想始终以中国特色社会主义事业为中心线索。“中国特色社会主义实践向前推进一步，法治建设就要跟进一步。”[②] 对于中国特色社会主义这一时代主题的精神实质，习近平总书记高屋建瓴地进行了全方位的描绘，指出“建设中国特色社会主义，总依据是社会主义初级阶段，总布局是五位一体，总任务是实现社会主义现代化和中华民族伟大复兴。……深刻领会和把握这个新概括，有助于我们深刻领会和把握中国特色社会主义的真谛和要义。”[③]

党的十九大提出的“深化依法治国实践”更是紧紧围绕“决胜全面建成小康社会，夺取新时代中国特色社会主义伟大胜利”这一最鲜明的时代主题和最根本的时代任务展开的。[④]

党的十九届四中全会进一步明确：“建设中国特色社会主义法治体系、建设社会主义法治国家是坚持和发展中国特色社会主义的内在要求。”[⑤] 而这一结论正是立足于新的时代定位。

---

① 习近平：《决胜全面建成小康社会　夺取新时代中国特色社会主义伟大胜利——在中国共产党第十九次全国代表大会上的报告》，2017 年 10 月 18 日在中国共产党第十九次全国代表大会上。

② 习近平．推进全面依法国，发挥法治在国家治理体系和治理能力现代化中的积极作用（2020 年 2 月 5 日）［M］//习近平．论坚持全面依法治国．北京：中央文献出版社，2020：272.

③ 习近平．紧紧围绕坚持和发展中国特色社会主义学习宣传贯彻党的十八大精神［J］．求是，2012（23）：3－8.

④ 习近平：《决胜全面建成小康社会　夺取新时代中国特色社会主义伟大胜利——在中国共产党第十九次全国代表大会上的报告》，2017 年 10 月 18 日在中国共产党第十九次全国代表大会上。

⑤《中共中央关于坚持和完善中国特色社会主义制度　推进国家治理体系和治理能力现代化若干重大问题的决定》，2019 年 10 月 31 日中国共产党第十九届中央委员会第四次全体会议通过。

从理论定位看，习近平法治思想牢牢把握中国特色社会主义事业发展的总依据、总布局和总任务。习近平法治思想立足于“社会主义初级阶段”这一中国特色社会主义的总依据之上。我国是一个人口大国，地域辽阔，民族众多，国情复杂。“我们党在这样一个大国执政，要保证国家统一、法制统一、政令统一、市场统一，要实现经济发展、政治清明、文化昌盛、社会公正、生态良好，都需要秉持法律这个准绳、用好法治这个方式。这是……全面推进依法治国工作的基本考虑。”① 既不能超越阶段，也不能无所作为，而是要“根据现有条件把能做的事情尽量做起来，积小胜为大胜，不断朝着全体人民共同富裕的目标前进”②。

习近平法治思想在根本上服务于指导和保障“五位一体”建设这一总体布局。法治在经济建设上具有规范经济关系、确认经济产权、维护市场自由、保障交易安全、促进公平竞争诸多独特价值。法治与政治是一个问题的两个方面，良法善治是民主政治和政治文明的基本标志。法治社会建设在全面依法治国中具有基础性地位，法治建设与文化建设相辅相成，法治是生态文明的最有效保障，绿色法治是全面依法治国的应有之义。

习近平法治思想致力于“实现社会主义现代化和中华民族伟大复兴”这一总战略任务。应当以法治创新来寻求中国特色社会主义事业改革发展的最大公约数，保障实现现代化预期。要“不断开拓中国特色社会主义事业更加广阔的发展前景，就必须全面推进社会主义法治国家建设，从法治上为解决这些问题提供制度化方案”③。而所有的制度构建与改革创新，无一不是为了“推动实现‘两个一百年’奋斗目标，为实现中华民族伟大复兴中国梦提供法治保障”。

（三）时代之问：坚持问题意识、实践导向

习近平法治思想立足当代中国特色社会主义建设伟大事业尤其是如何确保党和国家长治久安、兴旺发达中的一系列根本性、基础性、紧迫性、现实性重大问题，大胆进行理论创新，从而不断提炼、总结、形成和发展为中国特色法治理论体系。

---

① 习近平．在中共十八届四中全会第二次全体会议上的讲话（2014 年 10 月 23 日）［M］//中共中央文献研究室．习近平关于全面依法治国论述摘编．北京：中央文献出版社，2021：9.

② 习近平．深入理解新发展理念（2016 年 1 月 18 日）［M］//习近平．习近平谈治国理政：第二卷．北京：外文出版社，2017：215.

③ 习近平：《关于〈中共中央关于全面推进依法治国若干重大问题的决定〉的说明》，2014 年 10 月 20 日在中国共产党第十八届中央委员会第四次全体会议上。

一是科学地回答了法治的初心使命问题。我们从哪里来？我们现在在哪里？我们到哪里去？法治的初心使命是什么？进入新时代以来，随着对这一本源性问题的深思熟虑，发现了法治中国的真谛，那就是“为中国人民谋幸福，为中华民族谋复兴。……永远把人民对美好生活的向往作为奋斗目标”[①]，实现依法执政和执政为民的有机统一，实现法治的规范性和人民性的有机统一。

二是科学地回答了法治的治理模式问题。如何治国？如何治好国？如何保证党和国家的长治久安？是贯彻习近平法治思想始终的一根主线。2020 年 2 月 5 日，习近平总书记在中央全面依法治国委员会第三次会议上指出，“我国社会主义法治凝聚着我们党治国理政的理论成果和实践经验，是制度之治最基本最稳定最可靠的保障。”[②] 为此，应当“实现国家治理制度化、程序化、规范化、法治化”[③]，以法治为治理现代化聚能增效。

三是科学地回答了法治的外部环境问题。当今世界正面临百年未有之大变局，而中国正处于民族复兴的关键期。如何应对挑战、化解危机、促进发展？习近平法治思想给出的答案是：“解决这些问题，关键在于深化改革”[④]，“坚持改革方向、问题导向”[⑤]，“运用制度威力应对风险挑战的冲击”[⑥]，把法治作为治理现代化的最重要依托和最可靠保障，以法治思维和法治方式深化改革、优化治理、推进发展、化解矛盾、维护稳定。

四是科学地回答了法治的根本道路问题。如何走好中国特色社会主义法治道路？这是法治建设中的前提性方向性问题。习近平法治思想第一次明确揭示了中国特色社会主义法治道路的三层核心要义：一是法治的领导力量，即坚持党的领导；二是法治的制度架构，即坚持中国特色社会主义制度；三是法治的

---

① 《中共中央关于坚持和完善中国特色社会主义制度　推进国家治理体系和治理能力现代化若干重大问题的决定》，2019 年 10 月 31 日中国共产党第十九届中央委员会第四次全体会议通过。

② 习近平．推进全面依法国，发挥法治在国家治理体系和治理能力现代化中的积极作用（2020 年 2 月 5 日）[M] //习近平．论坚持全面依法治国．北京：中央文献出版社，2020：272-273.

③ 习近平．推进全面依法国，发挥法治在国家治理体系和治理能力现代化中的积极作用（2020 年 2 月 5 日）[M] //习近平．论坚持全面依法治国．北京：中央文献出版社，2020：274.

④ 习近平：《关于〈中共中央关于全面深化改革若干重大问题的决定〉的说明》，2013 年 11 月 9 日在中国共产党第十八届中央委员会第三次全体会议上。

⑤ 习近平：《关于〈中共中央关于全面推进依法治国若干重大问题的决定〉的说明》，2014 年 10 月 20 日在中国共产党第十八届中央委员会第四次全体会议上。

⑥ 习近平：《关于〈中共中央关于坚持和完善中国特色社会主义制度　推进国家治理体系和治理能力现代化若干重大问题的决定〉的说明》，2019 年 10 月 28 日在中国共产党第十九届中央委员会第四次全体会议上。

法理基础，即贯彻中国特色社会主义法治理论。[①]

（四）时代价值：从“有法可依”到“良法善治”

时代精神是指导法治实践的灵魂。新时代中国特色社会主义法治的伟大实践，离不开时代精神所反映的时代价值的指引。习近平法治思想以改革创新的时代精神为统领，弘扬法治精神，践行着良法善治的时代价值。

人民主体的权利精神。时代精神呼唤充分尊重人民主体价值。在法治领域，应当始终坚持执政为民、立法为民、执法为民、司法为民，不断提高人民的获得感、幸福感、安全感和公正感。从制度上看，应当实现“制度自信”与“改革创新”的统一。人权是法治的根本价值，法治是人权的实现之道。“人民权益要靠法律保障，法律权威要靠人民维护。”[②] 时代精神的价值内核在于以人为本的权利精神。一切依靠人民，为了人民，造福人民，保护人民，切实保障人民享有广泛的权利和自由。

尊重规律的科学精神。习近平法治思想是一个建立在尊重规律尊重科学基础之上的科学的理论体系。“在全面深化改革中，我们要处理好尊重客观规律和发挥主观能动性的关系。”既“按照客观规律办事”，又“勇于推进理论和实践创新，不断深化对改革规律的认识”[③]。确保法治改革顺应经济社会发展的客观规律、顺应人类法治文明演进的普遍规律，顺应法治中国建设的特殊规律。在执法领域，要树立科学执法观，“严格规范公正文明执法，规范执法自由裁量权，加大关系群众切身利益的重点领域执法力度”[④]。

和谐包容的人文精神。和谐是中国价值与西方价值的明显区别之一。习近平法治思想强调以自治、德治、法治的有机结合实现法治的人性、德性与理性的统一。在利益表达上，“强化法律在维护群众权益、化解社会矛盾中的权威地位，引导和支持人们理性表达诉求、依法维护权益”，确保知情权、参与权、申请权、申诉权、辩护辩论权。在利益整合上，实现重大行政决策程序法定

① 习近平．在中央全面依法治国委员会第一次会议上的讲话（2018 年 8 月 24 日）［M］//习近平．论坚持全面依法治国．北京：中央文献出版社，2020：2-3.

② 习近平．在中央全面依法治国委员会第一次会议上的讲话（2018 年 8 月 24 日）［M］//习近平．论坚持全面依法治国．北京：中央文献出版社，2020：107.

③ 习近平．坚持历史唯物主义不断开辟当代中国马克思主义发展新境界［J］．求是，2020（2）：11.

④ 《中共中央关于坚持和完善中国特色社会主义制度　推进国家治理体系和治理能力现代化若干重大问题的决定》，2019 年 10 月 31 日中国共产党第十九届中央委员会第四次全体会议通过。

化，“创新有效预防和化解社会矛盾体制”“健全重大决策社会稳定风险评估机制”①。在利益救济上，坚持走多元救济之路。完善调解、仲裁、行政裁决、行政复议、诉讼等有机衔接、相互协调的多元化纠纷解决机制。

社会公正的法理精神。公正是法治的生命线。在习近平法治思想中，所谓的公平正义，是以社会主义制度优势为前提的“社会公平论”。社会公平正义是全面依法治国这一“显著优势”的根本表征。在形态上，法治公平所依托的社会公平是平等和公正的价值集合。在标准上，社会公平正义是评价法治制度改革实践成效的价值准则。在载体上，国家制度和法律制度是实现公平正义的价值载体。在实现上，以发展厚植分配正义的基础，以制度正义实现分配正义。为此，“必须牢牢把握社会公平正义这一法治价值追求，努力让人民群众在每一项法律制度、每一个执法决定、每一宗司法案件中都感受到公平正义”②。

二、习近平法治思想的理论体系

习近平法治思想是博大精深、内在融贯的理论体系，深刻阐明了全面推进依法治国的重大意义，并从政治方向、工作布局、重点任务、重要保障四个方面，用“十一个坚持”深刻回答了为什么实行全面依法治国、怎样实行全面依法治国等一系列重大问题，是新时代全面依法治国的思想旗帜、根本遵循和行动指南。

（一）全面依法治国的重大意义

习近平法治思想精辟论述了全面依法治国的重大意义、重要地位，深刻回答了新时代为什么实行全面依法治国这一重大认识问题，释明了全面依法治国的实践前提。

1. 全面依法治国是坚持和发展中国特色社会主义的基本方略

习近平总书记把“坚持全面依法治国”作为坚持和发展中国特色社会主义基本方略，是站在中国特色社会主义新时代的历史方位上作出的重大政治决断，具有深厚的理论基础。他强调指出：“无论是实现‘两个一百年’奋斗目

---

① 《中共中央关于全面深化改革若干重大问题的决定》，2013 年 11 月 12 日中国共产党第十八届中央委员会第三次全体会议通过。

② 习近平．在中央全面依法治国委员会第一次会议上的讲话（2018 年 8 月 24 日）［M］//习近平．论坚持全面依法治国．北京：中央文献出版社，2020：229.

标，还是实现中华民族伟大复兴的中国梦，全面依法治国既是重要内容，又是重要保障。我们把全面依法治国纳入‘四个全面’战略布局，就是要为全面建成小康社会、全面深化改革、全面从严治党提供长期稳定的法治保障。”① 他深刻指出，“全面依法治国，是关系我们党执政兴国、关系人民幸福安康、关系党和国家长治久安的重大战略问题，是坚持和完善中国特色社会主义制度、推进国家治理体系和治理能力现代化的重要方面。”② 习近平总书记把治国理政的领域性基本方略提升到坚持和发展中国特色社会主义的全局性基本方略，提升了法治在中国特色社会主义事业和社会主义现代化强国建设中的重要地位，凸显了法治在“五位一体”总体布局和“四个全面”战略布局中的基础性、支撑性作用。

2. 全面依法治国是国家治理的一场深刻革命

党的十八大以来，习近平总书记多次指出：“全面推进依法治国是一个系统工程，是国家治理领域一场广泛而深刻的革命。”③ 在党的十九大报告中，习近平总书记更为精练地指出：“全面依法治国是国家治理的一场深刻革命。”④ 新时代以来，党中央直面法治领域的突出问题，回应人民群众期待，坚持改革方向，提出对全面依法治国具有重要意义的一系列制度性重构的改革举措，许多改革举措涉及利益关系和权力格局调整的“硬骨头”，是多年来想都不敢想、想了也不敢做、做了也未做成的“老难题”。党中央以革命勇气、法治思维和法治方式推进法治改革，大力解决立法不良、有法不依、执法不严、司法不公、监督疲软、权力腐败、人权保障不力、财产保护缺位、新型法治滞后、涉外法治薄弱等突出问题，取得了一系列重大突破和历史性成就。

3. 全面依法治国是社会主义现代化建设的有力保障

在建设富强民主文明和谐美丽的社会主义现代化强国的征程中，全面依法治国具有基础性、保障性作用；在应对重大挑战、抵御重大风险、克服重大阻力、解决重大矛盾中，法治具有“国之重器”的威力。习近平总书记多次强

---

① 习近平．加强党对全面依法治国的领导［J］．求是，2019（4）：4－11.

② 中共中央宣传部，中央全面依法治国委员会办公室．习近平法治思想学习纲要［M］．北京：人民出版社，2021：2.

③ 习近平．关于《中共中央关于全面推进依法治国若干重大问题的决定》的说明（2014 年 10 月 20 日）［M］//中共中央文献研究室．十八大以来重要文献选编（中）．北京：中央文献出版社，2016：154.

④ 习近平：《决胜全面建成小康社会　夺取新时代中国特色社会主义伟大胜利——在中国共产党第十九次全国代表大会上的报告》（2017 年 10 月 18 日）。

调："我们面对的改革发展稳定任务之重前所未有，矛盾风险挑战之多前所未有，依法治国地位更加突出、作用更加重大。我们必须坚定不移贯彻依法治国基本方略和依法执政基本方式，坚定不移领导人民建设社会主义法治国家。"①在党的十九届五中全会上，习近平总书记要求紧紧围绕迈向新发展阶段、贯彻新发展理念、构建新发展格局，加强法治建设，打造市场化、法治化、国际化营商环境。党的十九届六中全会《中共中央关于党的百年奋斗重大成就和历史经验的决议》指出："全面依法治国是中国特色社会主义的本质要求和重要保障，是国家治理的一场深刻革命"。面对世界百年未有之大变局和中华民族伟大复兴的战略全局，我们必须始终坚持发挥全面依法治国的制度优势和治理效能，解放和增强社会活力、促进社会公平正义、维护社会和谐稳定、确保党和国家长治久安。

（二）全面依法治国政治方向

方向决定道路，道路决定命运。全面依法治国的政治方向归结起来就是由谁领导、为了谁和依靠谁、走什么路这三个问题。习近平总书记用"三个坚持"回答了这三个大是大非问题。

1. 坚持党对全面依法治国的领导

坚持党对全面依法治国的领导是全面依法治国的根本保证。习近平总书记指出："坚持中国特色社会主义法治道路，最根本的是坚持中国共产党的领导。"②加强党对全面依法治国的领导，就是要把党的领导贯彻到依法治国全过程和各方面，更好落实全面依法治国基本方略。他多次指出："全面依法治国是一个系统工程，必须统筹兼顾、把握重点、整体谋划，更加注重系统性、整体性、协同性。"③"系统工程"意味着全面依法治国具有复杂性、长期性、艰巨性，意味着全面依法治国是长期历史任务，只有发挥党总揽全局、协调各方、总体设计、统一布局的领导作用，才能完成全面依法治国这一"系统工程"总规划，才能实现建设法治中国总目标。加强党对全面依法治国的领导，要有实实在在的抓手。习近平总书记指出："坚持党的领导，不是一句空的口

---

① 习近平．在中共中央召开的党外人士座谈会上的讲话（2014年8月19日）［M］//中共中央文献研究室．十八大以来重要文献选编．北京：中央文献出版社，2015：4.

② 习近平．加快建设社会主义法治国家［J］．求是，2015（1）.

③ 中共中央宣传部，中央全面依法治国委员会办公室．习近平法治思想学习纲要［M］．北京：人民出版社，2021：96.

号，必须具体体现在党领导立法、保证执法、支持司法、带头守法上。”[①] 必须健全党领导全面依法治国的制度和工作机制，加强党对法治工作的组织领导，强化党中央在科学立法、严格执法、公正司法、全民守法等方面的领导，通过统筹推进法治领域的重大改革，实现从人治到法治、从法制到法治、从形式法治到良法善治的革命性变革。

2. 坚持以人民为中心

坚持以人民为中心是全面依法治国的根本立场。习近平总书记在党的十八届四中全会上首次明确提出，建设中国特色社会主义法治体系、建设社会主义法治国家，必须“坚持人民主体地位”。在中央全面依法治国工作会议上，他进一步提出全面依法治国必须坚持“以人民为中心”，强调全面依法治国最广泛、最深厚的基础是人民，必须坚持为了人民、依靠人民。要把体现人民利益、反映人民意愿、维护人民权益、增进人民福祉、促进人的全面发展作为法治建设的出发点和落脚点，落实到全面依法治国各领域全过程；保证人民在党的领导下，依照法律规定，通过各种途径和形式管理国家事务，管理经济和文化事业，管理社会事务；以法治来激励和保护人民的积极性、主动性、创造性，增强社会发展活力，确保人民安居乐业、社会安定有序；恪守以民为本、立法为民理念，使每一项立法都贯彻社会主义核心价值观、符合宪法精神、反映人民意志、得到人民拥护；坚持执法司法为人民，依靠人民推进公正执法司法，通过公正执法司法维护人民权益；做到法律为人民所掌握、所遵守、所运用，增强全社会尊法学法守法用法护法的自觉意识。

3. 坚持中国特色社会主义法治道路

坚持中国特色社会主义法治道路是全面依法治国的唯一正确的道路。习近平总书记指出：“我们要坚持的中国特色社会主义法治道路，本质上是中国特色社会主义道路在法治领域的具体体现。”“全面推进依法治国，必须走对路。如果路走错了，南辕北辙了，那再提什么要求和举措也都没有意义了。”[②] 他在党的十八届四中全会上提出、并在一系列重要讲话中深入阐述了走中国特色社会主义法治道路的三个“核心要义”和五个“基本原则”：三个“核心要义”

---

① 中共中央宣传部，中央全面依法治国委员会办公室．习近平法治思想学习纲要［M］．北京：人民出版社，2021：19.

② 习近平：《在省部级主要领导干部学习贯彻十八届四中全会精神全面推进依法治国专题研讨班上的讲话》（2015 年 2 月 2 日）。

是坚持党的领导、坚持中国特色社会主义制度、贯彻中国特色社会主义法治理论。其中，党的领导是根本，中国特色社会主义制度是基础，中国特色社会主义法治理论是理论指导和学理支撑。除了上述三个“核心要义”，还必须坚持五个“基本原则”，即坚持人民主体地位，坚持法律面前人人平等，坚持依法治国和以德治国相结合，坚持依法治国和依规治党有机统一，坚持从中国国情和实际出发。在坚持中国特色社会主义法治道路的同时，还要与时俱进，不断推进理论创新、制度创新、实践创新，不断拓展中国特色社会主义法治道路。

（三）全面依法治国工作布局

习近平总书记从全面依法治国工作布局、重点任务、重大关系、重要保障等方面深刻论述了如何推进全面依法治国的重大战略和建设实践问题。其中，关于工作布局的重要论述具有战略性、统领性、全局性。

1. 坚持在法治轨道上推进国家治理体系和治理能力现代化

坚持在法治轨道上推进国家治理体系和治理能力现代化是全面依法治国的时代使命。国家治理现代化的核心标志之一是法治化。在法治轨道上推进国家治理体系和治理能力现代化，是国家治理现代化的必由之路。在党的十八届三中全会上，习近平总书记原创性地提出“完善和发展中国特色社会主义制度、推进国家治理体系和治理能力现代化”命题，将其作为全面深化改革的总目标。在党的十九大报告中，他又强调：“必须坚持和完善中国特色社会主义制度，不断推进国家治理体系和治理能力现代化。”党的十九届四中全会专题研究国家制度建设和国家治理现代化问题，明确提出了坚持和完善中国特色社会主义制度、推进国家治理体系和治理能力现代化的总体目标。习近平总书记对国家治理体系和治理能力作了深入分析，指出：“国家治理体系和治理能力是一个国家制度和制度执行能力的集中体现。国家治理体系是在党领导下管理国家的制度体系，包括经济、政治、文化、社会、生态文明和党的建设等各领域体制机制、法律法规安排，也就是一整套紧密相连、相互协调的国家制度；国家治理能力则是运用国家制度管理社会各方面事务的能力，包括改革发展稳定、内政外交国防治党治国治军等各个方面。”①

---

① 中共中央宣传部，中央全面依法治国委员会办公室．习近平法治思想学习纲要［M］．北京：人民出版社，2021：61－62.

2. 坚持建设中国特色社会主义法治体系

坚持建设中国特色社会主义法治体系是全面依法治国的总抓手。习近平总书记深刻论述了建设中国特色社会主义法治体系的重大意义，指出：提出建设中国特色社会主义法治体系，一是明确了全面推进依法治国的性质和方向，向国内外鲜明宣示我们将坚定不移走中国特色社会主义法治道路；二是明确了全面推进依法治国的总抓手，全面推进依法治国涉及很多方面，在实际工作中必须有一个总揽全局、牵引各方、纲举目张的总抓手，这个总抓手就是建设中国特色社会主义法治体系。依法治国各项工作都要围绕这个总目标来部署、来展开，围绕这个总抓手来谋划、来推进。他还明确了建设中国特色社会主义法治体系的科学内涵和主要任务，指出："我们要建设的中国特色社会主义法治体系，本质上是中国特色社会主义制度的法律表现形式。"建设中国特色社会主义法治体系，就是"在中国共产党领导下，坚持中国特色社会主义制度，贯彻中国特色社会主义法治理论，形成完备的法律规范体系、高效的法治实施体系、严密的法治监督体系、有力的法治保障体系，形成完善的党内法规体系。"①

3. 坚持依法治国、依法执政、依法行政共同推进，法治国家、法治政府、法治社会一体建设

依法治国、依法执政、依法行政共同推进，法治国家、法治政府、法治社会一体建设是全面依法治国的工作布局。建设法治中国是一个系统工程，"必须坚持依法治国、依法执政、依法行政共同推进，坚持法治国家、法治政府、法治社会一体建设"；必须"在共同推进上着力，在一体建设上用劲"，为此，习近平总书记作了精准阐释，他指出："依法治国、依法执政、依法行政是一个有机整体，关键在于党要坚持依法执政、各级政府要坚持依法行政。"② 党依法执政是关键，要增强依法执政意识，善于运用制度和法律治理国家，以法治的理念、法治的体制、法治的程序开展工作，改进党的领导方式和执政方式，推进依法执政制度化、规范化、程序化，提高党科学执政、民主执政、依法执政水平。政府依法行政是重点，要规范行政决策程序，加快转变政府职能，坚

---

① 习近平. 关于《中共中央关于全面推进依法治国若干重大问题的决定》的说明［M］//本书编写组.《中共中央关于全面推进依法治国若干重大问题的决定》辅导读本. 北京：人民出版社，2014：51.

② 中共中央宣传部，中央全面依法治国委员会办公室. 习近平法治思想学习纲要［M］. 北京：人民出版社，2021：96－97.

持法定职责必须为、法无授权不可为，健全依法决策机制，完善执法程序，严格执法责任，用法治给行政权力定规矩、划界限，做到严格规范公正文明执法。关于法治国家、法治政府、法治社会的关系，习近平总书记指出：“三者各有侧重、相辅相成，法治国家是法治建设的目标，法治政府是建设法治国家的主体，法治社会是构筑法治国家的基础。”① 法治政府建设要率先突破，“加快建设职能科学、权责法定、执法严明、公开公正、廉洁高效、守法诚信的法治政府。”②

（四）全面依法治国重点任务

在新发展阶段和新发展格局中要更大更好地发挥法治的引领和保障作用，就不能不抓住当前和今后一个时期全面依法治国的重点任务，使全面依法治国的战略布局落地见效。

1. 坚持依宪治国、依宪执政

依宪治国、依宪执政是全面依法治国的首要任务。习近平总书记高度重视宪法在治国理政中的重要地位和作用。他提出的“依法治国首先要依宪治国，依法执政首先要依宪执政”的重要论述，创新发展了马克思主义宪法观。他指出：“新形势下，我们党要履行好执政兴国的重大职责，必须依据党章从严治党、依据宪法治国理政。党领导人民制定宪法和法律，党领导人民执行宪法和法律，党自身必须在宪法和法律范围内活动，真正做到党领导立法、保证执法、带头守法。”③ 把领导人民制定和实施宪法法律同党坚持在宪法法律范围内活动统一起来。习近平总书记把实施宪法摆在全面依法治国的突出位置。指出，“宪法的生命在于实施，宪法的权威也在于实施。”④ 要采取一系列有力措施加强宪法实施和监督工作，为保证宪法实施提供科学有效、系统完备的制度体系和制度保障，把实施宪法提高到新水平。要在全党全社会深入开展尊崇宪法、学习宪法、遵守宪法、维护宪法、运用宪法的宣传教育活动，弘扬宪法精神，树立宪法权威。

---

① 中共中央宣传部，中央全面依法治国委员会办公室．习近平法治思想学习纲要［M］．北京：人民出版社，2021：97.

② 中共中央宣传部，中央全面依法治国委员会办公室．习近平法治思想学习纲要［M］．北京：人民出版社，2021：101.

③ 习近平．在首都各界纪念现行宪法公布施行三十周年大会上的讲话（2012 年 12 月 4 日）［M］//习近平．论坚持全面依法治国．北京：中央文献出版社，2020：13.

④ 习近平．在首都各界纪念现行宪法公布施行三十周年大会上的讲话（2012 年 12 月 4 日）［M］//习近平．论坚持全面依法治国．北京：中央文献出版社，2020：11.

2. 坚持全面推进科学立法、严格执法、公正司法、全民守法

全面推进科学立法、严格执法、公正司法、全民守法是全面依法治国的重要环节。党的十八大以来，习近平总书记对科学立法、严格执法、公正司法、全民守法的法治原则进行了深刻而清晰的论述。他指出，在全面依法治国大格局中，科学立法、严格执法、公正司法、全民守法四个环节是相互依存的，科学立法是全面依法治国的前提，严格执法是全面依法治国的关键，公正司法是全面依法治国的重点，全民守法是全面依法治国的基础。这四项重点任务的意义在于：科学立法保证良法善治，严格执法维护法律权威，公正司法确保公平正义，全民守法提振社会文明。全面依法治国，科学立法是基础。习近平总书记强调"科学立法"，是为了提高立法质量。习近平总书记一贯强调严格执法，他指出："法律的生命力在于实施，法律的权威也在于实施。"[①] 他多次强调司法必须公正，强调司法必须发挥法律本来应该具有的定分止争的功能和终结矛盾纠纷的作用。他还特别强调要通过全民守法提振社会文明。在社会转型、矛盾凸显的当前形势下，要引导全体人民通过法律程序来合理表达诉求、依法维护权利、文明解决纷争；要努力培育社会主义法治文化，在全社会形成尊法学法守法用法护法的良好氛围。

3. 坚持统筹推进国内法治和涉外法治

统筹推进国内法治和涉外法治是全面依法治国的迫切任务。当前，世界正处于百年未有之大变局中，全球治理体系正在发生深刻调整，制度竞争成为核心竞争。在这个关键时刻，习近平总书记审时度势，更加强调统筹"两个大局"，"坚定不移维护国家主权、安全、发展利益，坚定不移维护世界和平、促进共同发展"，及时提出"要坚持统筹推进国内法治和涉外法治""协调推进国内治理和国际治理"[②]，使国内法治和涉外法治、国家治理和全球治理相互促进、相得益彰，坚定不移依法维护国家主权、安全、尊严、发展等核心利益。要加快涉外法治工作战略布局，强化法治思维，运用法治方式，综合利用立法、执法、司法等手段开展斗争，有效应对挑战、防范风险。他深刻指出，统筹推进国内法治和涉外法治，要秉持共商共建共享的全球治理观，推进国际关系民主化法治化公正化，用统一适用的规则来维护国际法和国际秩序的权威性

---

① 习近平在庆祝全国人民代表大会成立 60 周年大会上的讲话［N］. 人民日报，2014.

② 《中共中央关于坚持和完善中国特色社会主义制度　推进国家治理体系和治理能力现代化若干重大问题的决定》（2019 年 10 月 31 日）。

和严肃性。要积极参与国际规则制定、有效主导国际立法，善于在国际规则制定中发出更多中国声音、注入更多中国元素，努力在经济全球化中抢占先机、赢得主动，奋力推进全球治理体系变革，以法治思维和法治方式形塑民主法治、公正合理的治理格局，构建人类命运共同体。

（五）全面依法治国重要保障

有力的法治保障体系是全面依法治国坚强有力的抓手之一，人才保障则具有决定意义。习近平总书记基于“人才强国”“人才强法”的理念，强调全面依法治国必须重视法治队伍建设，重视发挥领导干部关键作用。

1. 坚持建设德才兼备的高素质法治工作队伍

建设德才兼备的高素质法治工作队伍是全面依法治国的基础性保障。习近平总书记指出：“建设法治国家、法治政府、法治社会，实现科学立法、严格执法、公正司法、全民守法，都离不开一支高素质的法治工作队伍。法治人才培养上不去，法治领域不能人才辈出，全面依法治国就不可能做好。”[①] 习近平总书记特别重视法治专门队伍建设，他指出，立法、执法、司法这三支队伍既有共性又有个性。立法是为国家定规矩、为社会定方圆的神圣工作，立法人员必须具有很高的思想政治素质，具备遵循规律、发扬民主、加强协调、凝聚共识的能力。执法是把纸面上的法律变为现实生活中活的法律的关键环节，执法人员必须忠于法律、捍卫法律、严格执法、敢于担当。司法是社会公平正义的最后一道防线，司法人员必须信仰法律、坚守法治，端稳天平、握牢法槌，铁面无私、秉公司法。“法治工作是政治性很强的业务工作，也是业务性很强的政治工作”[②]，所以法治工作专门队伍要德才兼备。要按照政治过硬、业务过硬、责任过硬、纪律过硬、作风过硬的要求，加强思想淬炼、政治历练、实践锻炼、专业训练，推进法治工作专门队伍革命化、正规化、专业化、职业化，确保做到忠于党、忠于国家、忠于人民、忠于法律。

2. 坚持抓住领导干部这个“关键少数”

抓住领导干部这个“关键少数”是全面依法治国的关键所在。“全面依法

---

① 中共中央宣传部，中央全面依法治国委员会办公室．习近平法治思想学习纲要［M］．北京：人民出版社，2021：127.

② 中共中央宣传部，中央全面依法治国委员会办公室．习近平法治思想学习纲要［M］．北京：人民出版社，2021：128.

治国必须抓住领导干部这个‘关键少数’。”① 习近平总书记指出，之所以要抓住“关键少数”，是因为“党领导立法、保证执法、支持司法、带头守法，主要是通过各级领导干部的具体行动和工作来体现、来实现。”② 抓住“关键少数”，就是要让各级领导干部在全面依法治国中发挥关键作用。第一，领导干部要带头学习、精准把握、坚决贯彻落实党中央关于全面依法治国的重大决策部署，做法治建设和法治改革的促进者。第二，领导干部要尊崇法治、敬畏法律，牢固确立法律红线不能触碰、法律底线不能逾越的观念，做社会主义法治的捍卫者。第三，领导干部要善于运用法治思维和法治方式治国理政，不断提高运用法治思维和法治方式深化改革、推动发展、化解矛盾、维护稳定、应对风险的能力。第四，领导干部要带头尊法学法守法用法护法，不能行使依法不该由自己行使的权力，也不能干预依法自己不能干预的事情，更不能以言代法、以权压法、徇私枉法。要以自己的实际行动积极营造办事依法、遇事找法、解决问题用法、化解矛盾靠法的法治环境，在全社会形成尊法学法守法用法护法的良好风尚。

三、习近平法治思想的科学方法

新时代以来，习近平总书记站在全面依法治国的战略高度，以精准练达的辩证思维，对新时代法治领域的许多重大关系，如政治与法治的关系、改革和法治的关系、发展与安全的关系、依法治国和以德治国的关系、依法治国与依规治党的关系作出了科学的论述，实现了法治认识论、方法论、价值论的历史性飞跃。

（一）正确处理政治和法治的关系

政治和法治的关系是关乎法治建设正确方向的根本性问题，是法治理论的核心问题。③ 习近平总书记指出：“法治当中有政治，没有脱离政治的法治……每一种法治形态背后都有一套政治理论，每一种法治模式当中都有一种政治逻

① 中共中央宣传部，中央全面依法治国委员会办公室．习近平法治思想学习纲要［M］．北京：人民出版社，2021：139.

② 中共中央宣传部，中央全面依法治国委员会办公室．习近平法治思想学习纲要［M］．北京：人民出版社，2021：139.

③ 《习近平法治思想概论》编写组．习近平法治思想概论［M］．北京：高等教育出版社，2021：257.

辑，每一条法治道路底下都有一种政治立场”。① 现实表明，有什么样的政治就有什么样的法治，政治制度和政治模式的差异必然反映在以宪法为统领的法律体系上，体现在立法、执法、司法、守法等法治实践中。政治和法治的关系说到底就是党和法的关系。正如习近平总书记所指出的：“党和法的关系是政治和法治关系的集中反映。”“党和法的关系是一个根本问题，处理得好，则法治兴、党兴、国家兴；处理得不好，则法治衰、党衰、国家衰。”② “全面推进依法治国，要有利于加强和改善党的领导，有利于巩固党的执政地位、完成党的执政使命，决不是要削弱党的领导。”③ 新时代，就如何处理好党和法的关系？习近平总书记作出了科学回答，即“社会主义法治必须坚持党的领导，党的领导必须依靠社会主义法治”④。他指出，党与法的关系不能转换为“党大还是法大”问题，“‘党大还是法大’是一个政治陷阱，是一个伪命题”。“对各级党政组织、各级领导干部来说，权大还是法大则是一个真命题。”⑤ 因此，要坚持依法执政，推进依法执政制度化、规范化、程序化，要坚持以法治的理念、法治的体制、法治的程序，实行党的领导。习近平法治思想遵循政治和法治的辩证逻辑，厘清了政治和法治问题上的模糊认识和错误观点，为从政治上看法治、在法治中讲政治，保证党对法治工作的全面领导、保证全面依法治国的正确方向提供了理论武装。

（二）正确处理改革和法治的关系

改革和法治的关系是全面深化改革和全面依法治国辩证关系的集中体现。⑥当前，我国改革进入了攻坚期和深水区，改革和法治的关系需要破解一些新难题，也亟待纠正一些认识上的误区。习近平总书记多次强调指出，全面推进依法治国是一项长期而重大的历史任务，也必然是一场深刻的社会变革和历史变

---

① 习近平. 在省部级主要领导干部学习贯彻党的十八届四中全会精神全面推进依法治国专题研讨班上的讲话（2015 年 2 月 2 日）[M] //中共中央文献研究室. 习近平关于全面依法治国论述摘编. 北京：中央文献出版社，2015：34.

② 习近平. 在省部级主要领导干部学习贯彻党的十八届四中全会精神全面推进依法治国专题研讨班上的讲话（2015 年 2 月 2 日）[M] //中共中央文献研究室. 习近平关于全面依法治国论述摘编. 北京：中央文献出版社，2015：34 – 35.

③ 习近平. 加快建设社会主义法治国家 [J]. 求是，2015（1）：3.

④ 习近平. 关于《中共中央关于全面推进依法治国若干重大问题的决定》的说明 [J]. 党的建设，2014（11）：20 – 24.

⑤ 习近平. 在省部级主要领导干部学习贯彻党的十八届四中全会精神全面推进依法治国专题研讨班上的讲话（2015 年 2 月 2 日）[M] //中共中央文献研究室. 习近平关于全面依法治国论述摘编. 北京：中央文献出版社，2015：37.

⑥《习近平法治思想概论》编写组. 习近平法治思想概论 [M]. 北京：高等教育出版社，2021：268.

迁。解决法治领域的突出问题，根本途径在于改革。要坚定不移推进法治领域改革，坚决破除束缚全面推进依法治国的体制机制障碍。他从政治高度指明改革和法治如鸟之两翼、车之两轮，相辅相成、相伴而生。“在法治下推进改革，在改革中完善法治，这就是我们常说的改革和法治是‘两个轮子’的含义”①。在整个改革过程中，都要高度重视运用法治思维和法治方式。深化改革需要发挥法治规范和保障作用，做到依法依规进行。凡属重大改革要于法有据，在研究改革方案和改革措施时，要同步考虑改革涉及的立法问题，及时提出立法需求和立法建议。对实践证明已经比较成熟的改革经验和行之有效的改革举措，要尽快上升为法律。对实践条件还不成熟、需要先行先试的，要按照法定程序作出授权。对不适应改革要求的现行法律法规，要及时修改或废止。要加强法律解释工作，及时明确法律规定含义和适用法律依据。② 改革和法治的关系是全面深化改革和全面依法治国辩证关系的集中体现。习近平法治思想强调坚持在法治下推进改革、在改革中完善法治，引领全面深化改革和全面依法治国相辅相成、相互促进、相得益彰。

（三）正确处理好发展和安全的关系

当前和今后一个时期是我国各类矛盾风险易发期，维护国家主权、安全、发展利益的任务更加艰巨繁重。习近平法治思想坚持总体国家安全观，明确提出统筹发展和安全、办好发展和安全两件大事。习近平总书记指出：“统筹发展和安全，增强忧患意识，做到居安思危，是我们党治国理政的一个重大原则。”③ 党的十八大以来，面对国际环境和国内发展阶段发生的深刻变化，习近平总书记作出了“越开放越要重视安全，越要统筹好发展和安全”④ 的科学论断，为正确处理改革开放、发展和安全的关系指明了方向。他深刻指出，“安全是发展的前提，发展是安全的保障”⑤“国家安全和社会稳定是改革发展

---

① 中共中央宣传部，中央全面依法治国委员会办公室．习近平法治思想学习纲要［M］．北京：人民出版社，2021：65.

② 中共中央宣传部，中央全面依法治国委员会办公室．习近平法治思想学习纲要［M］．北京：人民出版社，学习出版社，2021：65 –66.

③ 习近平：《决胜全面建成小康社会，夺取新时代中国特色社会主义伟大胜利——在中国共产党第十九次全国代表大会上的报告》（2017 年 10 月 18 日）。

④ 习近平．在经济社会领域专家座谈会上的讲话（2020 年 8 月 24 日）［J］．上海经济研究，2020（10）：9 –11.

⑤ 习近平．关于《中共中央关于制定国民经济和社会发展第十四个五年规划和二〇三五年远景目标的建议》的说明［N］．人民日报，2020 –11 –04（2）.

的前提。只有国家安全和社会稳定，改革发展才能不断推进。”① “我们必须坚持统筹发展和安全，增强机遇意识和风险意识，树立底线思维，把困难估计得更充分一些，把风险思考得更深入一些，注重堵漏洞、强弱项，下好先手棋、打好主动仗，有效防范化解各类风险挑战，确保社会主义现代化事业顺利推进。”② 习近平总书记多次强调要统筹发展和安全，要求把新发展理念贯穿发展全过程和各领域，在更高质量、更有效率、更加公平、更可持续的发展基础上，增加了“更为安全”的发展目标要求。统筹发展和安全，既需要政治上的高度重视，也需要法治上的制度保障，既要善于运用发展成果夯实国家安全的实力基础，又要善于运用法治方式塑造有利于经济社会发展的安全环境。安全发展过程中遇到的维稳和维权、改革发展稳定关系等问题，都需要运用法治思维和法治方式来解决。

（四）正确处理依法治国和以德治国的关系

法安天下，德润人心。法律是成文的道德，道德是内心的法律。法律和道德是两类重要的社会规范，法治和德治是两种重要的治理方式。③ 德治和法治作为一对矛盾，自古就争论不休。儒家主张德治，孔子提出“道之以政，齐之以刑，民免而无耻；道之以德，齐之以礼，有耻且格”。而法家主张“为政以法”，商鞅就特别强调“圣王者不贵义而贵法，法必明，令必行，则已矣！”，儒家主张“德教昌明”，而法家主张“刑、赏”为主，在治国方略上是对立的。在历史的长河中，由于各个朝代的统治者好恶，儒家德治和法家法治在历史上呈现此强彼弱之趋势。进入新时代以来，习近平总书记以“法安天下、德润人心”精辟指明了法治和德治的辩证关系，夯实了坚持依法治国基本方略和以德治国基本方式相结合的理论基础。他指出：“法律是准绳，任何时候都必须遵循；道德是基石，任何时候都不可忽视。”“法律是成文的道德，道德是内心的法律。法律和道德都具有规范社会行为、调节社会关系、维护社会秩序的作用，在国家治理中都有其地位和功能”④。“治理国家、治理社会必须一手抓法

---

① 习近平．关于《中共中央关于全面深化改革若干重大问题的决定》的说明（2013 年 11 月 9 日）［M］//中共中央党史和文献研究院．习近平关于总体国家安全观论述摘编．北京：中央文献出版社，2018：3.

② 习近平．关于《中共中央关于制定国民经济和社会发展第十四个五年规划和二〇三五年远景目标的建议》的说明［N］．人民日报，2020－11－04（2）.

③《习近平法治思想概论》编写组．习近平法治思想概论［M］．北京：高等教育出版社，2021：294.

④ 习近平．坚持依法治国和以德治国相结合（2016 年 12 月 9 日）［M］//习近平．习近平谈治国理政：第二卷．北京：外文出版社，2017：133.

治、一手抓德治，既重视发挥法律的规范作用，又重视发挥道德的教化作用，实现法律和道德相辅相成、法治和德治相得益彰。”[①] 上述论述，既是对历史经验的总结，也是对治国理政规律的深刻把握，精辟阐明了法律和道德、法治和德治的辩证关系，丰富和拓展了中国特色社会主义法治道路的实践内涵，深化和创新了中国特色社会主义法治的基本理论。

（五）正确处理依法治国与依规治党的关系

依法治国与依规治党统筹推进、一体建设是依法执政的必然要求，也是依法执政的显著优势。[②] 全面依法治国，必须坚持依法治国和依规治党有机统一，加快形成覆盖党的领导和党的建设各方面的党内法规体系，增强党依法执政本领，提高管党治党水平，确保党始终成为中国特色社会主义事业的坚强领导核心。习近平总书记强调：“依规治党深入党心，依法治国才能深入民心。”[③] “新形势下，必须坚持依法治国与制度治党、依规治党统筹推进、一体建设。要发挥依法治国和依规治党的互补性作用，确保党既依据宪法法律治国理政，又依据党内法规管党治党、从严治党”。“党的各级组织和广大党员干部不仅要模范遵守国家法律，而且要按照党规党纪以更高标准严格要求自己，坚定理想信念，践行党的宗旨，坚决同违法乱纪行为作斗争”。他还特别强调，必须正确认识和处理政策和法律的关系，“我们党的政策和国家法律都是人民根本意志的反映，在本质上是一致的。党的政策是国家法律的先导和指引，是立法的依据和执法司法的重要指导。要善于通过法定程序使党的主张成为国家意志、形成法律，通过法律保障党的政策有效实施，确保党发挥总揽全局、协调各方的领导核心作用。党的政策成为国家法律后，实施法律就是贯彻党的意志，依法办事就是执行党的政策。要自觉维护党的政策和国家法律的权威性，确保党的政策和国家法律得到统一正确实施，不能把两者对立起来、割裂开来”[④]。同时要注重宪法法律与党内法规的衔接和协调，既要确保二者在制定、实施、监督上相互协同，又要明晰各自规范界限，避免外溢效应、相互替代。

---

① 习近平．加快建设社会主义法治国家［J］．求是，2015（1）：5.

② 《习近平法治思想概论》编写组．习近平法治思想概论［M］．北京：高等教育出版社，2021：308.

③ 中共中央宣传部，中央全面依法治国委员会办公室．习近平法治思想学习纲要［M］．北京：人民出版社，2021：25.

④ 中共中央宣传部，中央全面依法治国委员会办公室．习近平法治思想学习纲要［M］．北京：人民出版社，2021：26.

第二节　新时代税收法治的基本内容

法治是人类文明进步的重要标志。税收法治化程度是衡量一个国家法治水平的重要标尺。税收法治建设对推动一个国家的法治建设具有重要作用。党的十八大以来，在中国共产党的领导下，我国深刻总结社会主义建设和改革的税收实践，借鉴现代税收制度的优秀成果，汲取传统税收法治文化的内在精华，推动税收法治建设迈上新阶段。

新时代税收法治以习近平法治思想为指导，重视运用法治思维与法治方式，推动全面落实税收法定原则，依法全面履行税收职能，尊重和保障纳税人权利，严格规范公正文明执法，加强税收法治国际交流合作，着力建设中国特色社会主义税收法治体系，为更好地发挥税收在国家治理中的基础性、支柱性、保障性作用提供有力法治保障。深入学习贯彻习近平法治思想及内在蕴含的法治思维，在新时代不断把税收法治建设推向前进，是当前和今后一个时期税务系统深入推进全面依法治国的重大政治任务。

一、我国税收法治的历史进程

税收事业是中国共产党百年奋斗历程的重要组成部分。党领导下的税收改革发展，是“党领导中国人民进行革命斗争、建立新中国、开展社会主义现代化建设、探索中国特色社会主义道路这部恢弘壮丽史诗中的重要篇章。”[①] 百年来，党根据形势任务的发展，审时度势提出了一系列税收政策、措施和主张，对促进政治、经济、社会发展产生了重大影响，发挥了重要作用。中华人民共和国成立70多年来，中国共产党和中国人民深知税收关乎国家兴衰，深知道税收法治的意义和价值，孜孜以求推进税收法治建设。在中国共产党的领导下，中国深刻总结革命、建设和改革的税收实践，借鉴现代税收制度的优秀成果，汲取传统税收法治文化的内在精华，伴随着国家法治化进程的不断推进，税收法治也持续深入发展。

---

① 《中国共产党领导下的税收理论与实践》编写组．中国共产党领导下的税收理论与实践［M］．北京：中国税务出版社，2021.

中华人民共和国成立之后，我国税收法治建设不断深化推进，持续发展完善。《中国人民政治协商会议共同纲领》规定了国民缴纳赋税的义务和国家制定税收政策的原则。1950 年《关于统一全国税政的决定》《全国税政实施要则》和一系列税收条例的出台，初步奠定了中华人民共和国税收的法律制度基础。1954 年《中华人民共和国宪法》(以下简称《宪法》) 的颁布为此提供了坚实的根本法保障。1957 年，国家就提出要“依法办事、依率计征”。20 世纪 50 年代以后，特别是“文化大革命”十年动乱，中国社会主义税收法制遭到严重破坏。

改革开放后，国家确立了有法可依、有法必依、执法必严、违法必究的法制建设方针，税收法制建设也进入恢复和快速发展的新时期。党的十一届三中全会提出，健全社会主义民主和加强社会主义法制，做到有法可依、有法必依、执法必严、违法必究，为社会经济生活走上法制化轨道指明了方向。1982 年《宪法》规定了公民有依照法律纳税的义务。20 世纪 80 年代，全国人民代表大会及其常务委员会先后制定《中华人民共和国中外合资经营企业所得税法》、《中华人民共和国个人所得税法》(以下简称《个人所得税法》)、《中华人民共和国外国企业所得税法》，初步建立了涉外税收法律制度。国务院根据全国人民代表大会及其常务委员会授权，在改革工商税制、经济体制改革和对外开放等方面出台了一系列税收行政法规和决定，如《中华人民共和国产品税条例》《牲畜交易税暂行条例》《中华人民共和国税收征收管理暂行条例》等，初步形成了适应有计划的社会主义商品经济要求的税收法律制度和征管秩序。1988 年，国务院提出依法治税，并经党中央和全国人大几次审议批准而成为我国税收制度的一项法定原则。

20 世纪 90 年代，中国进入建设社会主义市场经济体制时期，将依法治国确立为治理国家的基本方略，税收法治建设进入新阶段。1991 年，国家税务局向国务院报送了《关于进一步推进依法治税加强税收管理的报告》，国务院以通知的形式转发各地。通知明确要求：“为进一步发挥税收的宏观调控功能，确保国家财政收入，必须大力推进依法治税，切实加强税收管理。”该通知提出依法治税，掀开了税收法治建设崭新的一页，具有重要的历史意义。1992 年，党的十四大明确我国经济体制改革的目标是建立社会主义市场经济体制。1993 年，第八届全国人民代表大会第一次会议通过宪法修正案，将“国家实行社会主义市场经济”“国家加强经济立法，完善宏观调控”写入宪法。为适应建立社会主义市场经济体制的要求，国家税务总局相继提出“依法治税是改革开放的必然要求，也是改革开放的保证”“依法治税是建立社会主义市场经济体制所必须坚持的一项重要原则，各级税务机关要增强信心，顶住压力，排除干扰，坚定不移推进依法治税”“依法治税是税收工作的基本原则”[①]“法治，就是依法治税，不得以权代法、以言代法和自立章法，不准随意减、免、缓、欠税款，必须做到执法必严、违法必究”[②]“依法治税是税收征管的核心要求，离开了依法治税，就无法保证统一税收政策的贯彻实施”等要求，有力推进了依法治税。随后，我国先后修改了《个人所得税法》，制定了《中华人民共和国税收征收管理法》（以下简称《税收征管法》），施行了增值税、消费税、营业税、企业所得税暂行条例等一批新的税收行政法规，大规模、深层次地改革和完善了税收制度，有力保障了税制改革、分税制财政管理体制改革的实施，初步形成了适应社会主义市场经济要求的税收法律制度体系。

1997 年，我们党提出依法治国基本方略，并加快推进法治政府建设，依法治税作为依法行政的重要组成部分得到全面推进。2000 年 3 月 15 日，第九届全国人民代表大会第三次会议通过《中华人民共和国立法法》（以下简称《立法法》），自 2000 年 7 月 1 日起施行。《立法法》首次将税收的基本制度列为法律保留事项，明确税收的基本制度只能制定法律。2001 年，国家税务总局召开了全国税务系统依法治税工作会议，明确提出全面推进依法治税的工作构想——“一个灵魂、四个机制、五个目标”，将依法治税作为税收工作的灵魂贯彻始终，逐步构建有中国特色的完善的税收法律体系、规范的税法执行体系、有效的税务执法监督体系和健全的税收保障体系，实现税收法制基本完备、执法行为全面规范、执法监督严密有力、执法保障明显改善、队伍素质显著提高。同时，坚持“依法治税、重在治内、内外并举、以内促外”的方针和税务人员执法资格认定制度，把良法善治落在实处。

进入 21 世纪，中国深入落实依法治国基本方略，税收法治建设全面持续推进。2004 年以来，税务部门深入贯彻国务院《全面推进依法行政实施纲要》，把依法行政作为税收工作的基本准则，努力建设法治型税务机关，推动依法治税工作迈入了整体全面发展阶段。我国先后废止《中华人民共和国屠宰税暂行

① 税收是国家财政收支的基本来源和保证　依法治税是税收工作必须长期坚持的基本原则 [J]. 中国税务，1999（3）：1.

② 国家税务总局提出新时期治税思想——坚持“八字方针”处理好“六个关系” [J]. 涉外税务，1996（2）：1.

条例》《中华人民共和国城市房地产税暂行条例》等不再适应经济社会发展的税收行政法规；废止《中华人民共和国农业税条例》，全面取消农业税，延续了两千多年的“皇粮国税”永远退出历史舞台；出台《中华人民共和国企业所得税法》(以下简称《企业所得税法》)、《中华人民共和国车船税法》等税收法律，修订增值税、消费税、营业税等暂行条例。

党的十八大以来，以习近平同志为核心的党中央从实现国家治理体系和治理能力现代化的高度，对新时代全面推进依法治国提出了新任务，描绘了到2035年基本建成法治国家、法治政府、法治社会的宏伟蓝图。习近平总书记全面依法治国新理念新思想新战略，明确了全面依法治国的指导思想、发展道路、工作布局、重点任务，是马克思主义法治思想中国化的最新成果，也为税务部门规范税务执法，深入推进依法行政、依法治税提供了根本遵循。2015年3月15日，十二届全国人大三次会议表决通过了关于修改《立法法》的决定。修改后的《立法法》进一步明确了全国人大及其常委会专属立法权事项，强调落实税收法定原则，明确“税种的设立、税率的确定和税收征收管理等税收基本制度”只能由法律规定。我国全面推进依法治税，认真落实税收法定原则，制定《中华人民共和国环境保护税法》《中华人民共和国城市维护建设税法》《中华人民共和国烟叶税法》《中华人民共和国资源税法》《中华人民共和国契税法》等8部税法，税收法律体系日益完备，税收法治建设按下了“快进键”、驶入了“快车道”。

2015年2月，国家税务总局制定《关于全面推进依法治税的指导意见》，明确了全面推进依法治税的指导思想、总体要求及实施路径。强调全面推进依法治税，是依法治国基本方略在税收领域的集中体现。同时指出，只有坚持依法治税，才能顺应全面建成小康社会、全面深化改革、全面依法治国、全面从严治党的新形势，才能有效适应经济发展新常态和需求个性化、诉求多元化、信息网络化的新变化，才能为税收改革和发展提供可靠的法治保障，有力推动税法体系完备规范、税制体系成熟定型、服务体系优质便捷、征管体系科学严密、信息体系稳固强大、组织体系高效清廉，真正在法治轨道上有序推进税收现代化。2015年5月，国家税务总局制定了《关于坚持依法治税更好服务经济发展的意见》，强调坚持依法征税的组织收入原则，依法依规加强税收征管，严禁违反税收法律法规的规定和超越权限多征、提前征收或者减征、免征、缓征应征税款，坚决防止和严肃查处“收过头税”“空转”、转引税款、突击征税等违规行为。

2016 年 12 月，国家税务总局制定《“十三五”时期税务系统全面推进依法治税工作规划》，提出了坚持税收法定、征纳双方法律面前平等、依法行政、简政放权、从税收工作实际出发五项基本原则，确定了“十三五”时期税务系统全面推进依法治税的时间表、路线图、任务书，对 36 项重点任务进行分工部署，提出到 2020 年基本建成法治、创新、廉洁和服务型税务机关。2018 年以来，国家税务总局进一步加强税务系统全面依法行政领导体制机制建设，统筹推进税务系统全面依法行政工作，使之成为依法治税的重要保障。

2021 年，中共中央办公厅、国务院办公厅公布了《关于进一步深化税收征管改革的意见》（以下简称《意见》），对深入推进税务系统精确执法作出全面部署，为“十四五”时期高质量推进新发展阶段税收法治现代化确立了总规划，提出了具体要求。一是税务机关要在柔性执法当中显温度。《意见》要求优化税务执法方式，有效运用说服教育、约谈提醒等非强制性的执法方式，坚决防止粗放式、选择性、一刀切地执法。提出要准确把握一般涉税违法与涉税犯罪的界限，做到依法处置、罚当其责。同时，要求在税务执法领域研究推广“首违不罚”制度。二是各级税务机关和税务人员要在规范执法中显公正。要坚持依法依规征税收费，坚决防止落实税费优惠政策不到位、征收“过头税费”等违法违规行为。要在 2022 年基本构建起全面覆盖、全程防控、全员有责的税务执法风险信息化内控监督体系，并对加大重大税务违法案件“一案双查”的力度作出部署。要全面落实行政执法“三项制度”，在 2023 年基本建成税务执法质量智能控制体系的目标，不断完善相关工作规范，持续健全行政处罚裁量基准制度。

进入新时代以来，税务系统以习近平新时代中国特色社会主义思想为指导，围绕新时代经济新常态，围绕把握新发展阶段、贯彻新发展理念、构建新发展格局，推动了税务执法、服务、监管的理念和方式手段等全方位变革，税收法治建设取得了新进展，依法治税取得了明显成效，法治体系不断健全，执法行为逐步规范，管理方式日趋科学，法治保障持续加强，促进税法遵从度和社会满意度大幅提高，以及征纳成本明显降低。法治正从一种治税手段发展成为税收治理的基本方式。

二、新时代税收法治成就

进入新时代以来，我国坚持以习近平新时代中国特色社会主义思想为指导，认真贯彻习近平法治思想，将法治作为税收治理的基本方式，全面推进依法治税，取得了历史性成就。税收法治建设循着中国共产党描绘的法治中国的宏伟蓝图，大踏步迈入了全面深化的新阶段。

（一）党对税收法治建设的领导显著加强

中国共产党依法全面加强对税收工作的领导，部署推动重大税制改革和征管体制改革，领导税收立法，保证税收执法，支持税务司法，带头维护税法，确保税收法治建设在正确的轨道上行稳致远。

（二）依法治税理念日趋牢固

确立了以中国共产党的领导为根本保证，以服务人民为宗旨使命，以公平正义为价值追求，以约束公权力和保护纳税人权利为核心内容，以良法善治为目标路径的中国特色社会主义税收法治理念，全社会税收法治观念普遍增强。

（三）税收法律体系基本成型

落实税收法定原则，依据《宪法》和《立法法》，制定并完善了一系列税收法律行政法规，形成以 12 个税种立法和《税收征管法》为主体的比较完备的税收法律规范体系，科学立法、民主立法、依法立法水平不断提高。

（四）税收的刑法保障体系逐步完善

为依法有力打击严重危害税收的违法犯罪行为，《中华人民共和国刑法》（以下简称《刑法》）历经多次修订和完善，先后将逃税、逃避追缴欠税、抗税、骗取出口退税、虚开增值税专用发票等 14 种严重危害税收征管的行为规定为犯罪，形成了较为完善的税收刑法保障体系。

（五）纳税人权益得到全面保障

坚持以人民为中心的发展思想，依法保障纳税人财产权，坚决维护纳税人的生存权和发展权，尊重纳税人的知情权、参与权、表达权、监督权，持续优化纳税服务，畅通权利救济渠道，妥善化解涉税争议，纳税人权益保障更加有力。

（六）税收法律制度有效实施

依法履行组织税收收入职能，优化税务执法方式，健全税务监管体系，提升税务执法效能，坚决打击涉税违法犯罪，营造市场化、法治化、国际化税收营商环境，促进经济高质量发展。

（七）权力监督制约不断增强

划定税收权力边界，明确权力运行程序，把税收权力关进制度的笼子，持续加强税收领域的党内监督、人大监督、民主监督、行政监督、司法监督、审计监督、社会监督、舆论监督，形成科学有效的税收权力运行制约和监督体系，税收权力运行日益透明规范。

（八）税收法治保障更加有力

党政领导、税务主责、部门合作、社会协同、公众参与的税收共治格局逐步形成，税务人员队伍的法治意识和依法行政能力显著增强，税务普法宣传教育和税收法治文化建设取得明显成效，税收信息化建设水平大幅提升，税收法治建设的国际交流与合作更加广泛深入。

三、新时代税收法治的基本内涵

法治是人类文明进步的重要标志。税收法治化程度是衡量一个国家法治水平的重要标尺。新时代税收法治是法治理念和法治原则在税收领域中的运用，是通过制约政府、税务机关权力以保障纳税人权利为核心，运用社会认可的法律制度来协调各主体之间关系，达到政府依法治税、税务机关依法征税、纳税人依法纳税的和谐状态。

党的十八大以来，以习近平同志为核心的党中央高度重视税收工作，强调要发挥税收在国家治理中的基础性、支柱性、保障性作用，为推动税收法治建设指明了前进方向、提供了根本遵循。税务系统坚持以习近平新时代中国特色社会主义思想为指导，深入学习贯彻习近平关于税收工作的重要论述，确立了以“抓好党务、干好税务、带好队伍”为主要内容的新时代税收现代化建设总目标，提出并不断充实完善了包括税收法治体系在内的“六大体系”的具体目标内容。新时代税收法治内涵可以从以下三个维度来认识：

（一）新时代税收法治是法治理论和实践在税收治理中的运用

首先，国家所有税收活动必须通过法律来规范。这有以下三层含义：一是税收法定。不管是税种的开征，还是税收负担的调整，抑或是纳税人权利的变化，甚至是税款的支出与使用，当然，也包括税收的征收管理，所有涉税活动，都应该通过立法予以明确。二是税法应该普遍遵从。税法一经生效，对政府、税务机关和纳税人都具有约束力，任何税收活动主体都不能凌驾于法律之上。其中，由于政府在国家权力结构中的特殊性，政府对税收法律的自觉严格遵从尤为重要。政府一旦不遵守法律，不仅会给纳税人造成损失，而且会对整个社会树立法律至上的观念带来巨大的负面影响。三是国家在税收领域的立法权应由立法机关行使，根据《宪法》及《立法法》规定，行政机关只能就其职权内事项作出行政规定，或在立法机关授权下就一定范围内的税收事项制定行政规范。

其次，政府的一切涉税活动都应受到法律的约束。法治的要义是通过制约权力以保障权利。因此，税收法治首先要对政府在税收治理中的权力进行制约，这既包括征税权，也包括用税权。政府在提供公共商品和征税时，应充分保护纳税人权利。纳税人的权利不仅包括财产权利，还包括政治权利、社会权利、公共需要的满足权等。从政府用税的角度看，对纳税人权利的保护取决于政府职能的履行程度，而政府职能的履行程度又取决于政府财政支出的方向、范围和效率。因此，政府用税情况自然是征税权控制的必然范围。总之，政府的所有税收活动包括征税权的行使和税款的使用都只能在法律规定的范围内进行，否则就是越权违法。

最后，税法面前人人平等。它有两种含义：一是税收法律关系中，政府（税务机关）与纳税人的法律地位是平等的，各自拥有相应的权力（权利），负有相应的义务。二是税收法律关系中，所有公民的待遇是相同的，公平履行纳税义务，平等享受政府提供的权利保护。

（二）新时代税收法治是良法之治，是形式价值和实体价值的统一

亚里士多德说："法治应包含两种含义：已成立的法律获得普遍服从，而大家所服从的法律又应该本身是制定得良好的法律。"[①] 换言之，法律只有最大程度得到社会认可，才可能被普遍遵从；而要得到社会最大程度认可的法律，必须是良好的法律，是实体价值与形式价值的统一。从形式上看，法律应该具有至上性、普遍性、可操作性、程序正义、组织职业化等特点；从实体上看，法律应当体现公平、正义的原则和精神。[②] 从这种角度看，税收法治是良法之治，是形式价值和实体价值的统一。

税收法治的形式价值除了法治所共有的基本原则和标准外，还包括税收法定原则和税收诚实信用原则。如前所述，税收法定原则是指国家税收领域的所有行为（包括政府、税务机关和纳税人）均通过税收法律来规范明确，不仅要求税收的课征及程序、税收要素由法律规定，而且要求这些规定清晰明确，具有可操作性；税收诚实信用原则主要用于平衡税收活动各主体间的利益，要求

---

① ［古希腊］亚里士多德．政治学［M］．吴寿彭，译．北京：商务印书馆，1965：199.

② 李龙．良法论［M］．武汉：武汉大学出版社，2005.

税收活动各主体特别是税务机关和纳税人在行使各自权力（权利）、履行各自义务的过程中，都应诚实讲信用，不能违背相对方的合理期待与信任。

税收法治的实体价值主要体现为制定和实际执行的税法，既能够筹集到满足公共需要的必要财力，又能够切实制约政府的征税权力，保障纳税人权利。它既是独立于法律制度之外的理念和价值目标，也是判断一个税法是否是值得遵从的良法的标准之一。筹集到满足公共需要的必要财力，是政府征税的目的，也是保障纳税人权利的物质基础，这就要求征税必须适度，即根据经济社会发展状况和管理实际，选择恰当的税种并确定合适的税收负担水平。制约政府的征税权力，一是防止征税权滥用和腐败，保护公民的合法私有财产权不受公权力的侵犯；二是保证政府通过税收筹集的财力切实用于满足公共需要，真正做到依法用税。保障纳税人权利是政府征税的终极目标，也是税收法治的核心价值体现。纳税人权利不仅包括在履行纳税义务过程中的权利，也包括税收立法参与权、税的征收与支出的监督管理权以及提起纳税人诉讼的权利等。这就要求在税收法治推进中确立纳税人本位观念，并在税收法律制定中，坚持公平正义，追求效率，并处理好税收公平与效率的关系。可见，税收法治是实体价值和形式价值的有机统一，统一于良好税法的制定与实施之中。

（三）新时代税收法治的目标是达到和谐税收治理状态

法治的目的是通过良法协调规范各类社会主体的关系以实现和谐有序的社会状态。税收法治的目标自然是构建和谐有序的税收治理状态，这种状态可简单描述为政府依法治税、税务机关依法征税、纳税人依法纳税。其中，国家（政府）依法治税是关键。依法治税不仅意味着政府在征税权的行使上严格按照法律的规定进行，也意味着政府在税款支出环节必须按照法定的方向和范围进行。政府征税的目的是筹集满足公共需要的财力，政府只有按照法定的方向和范围支出税款，才可能提供充足高质的公共产品，最大限度满足公共需求，而这正是纳税人权利的体现。只有纳税人权利得到了充分实现，纳税人才会对税法自觉遵从，依法履行纳税义务。

实现税收法治目标，自然需要相应的条件和长期的努力过程。单从税收法治运行过程看，至少要求：首先，建立科学、完备的税收法律体系，在税收治理中有法可依。其次，税法在全社会拥有崇高地位，所有税收活动主体都依税法规定行为。再次，税法在实施过程中能够得到完整、严格、不折不扣的执行，执法行为独立、公正，不受任何干扰。最后，违法必究。税收法律关系各主体的违法行为必须毫无例外依法平等地受到追究和制裁。

四、新时代税收法治建设的主要经验

我国宪法确立了中国共产党的领导地位。坚持党对税收法治建设的全面领导，是新时代推进我国税收法治建设的最大优势和最宝贵经验。近年来，各级税务机关党委牢牢把握税务机关首先是政治机关的要求，深刻领悟“两个确立”的决定性意义，增强“四个意识”、坚定“四个自信”、做到“两个维护”，切实发挥了各级党委对税收法治建设的集中领导和统筹推进作用，确保了税务系统党的领导在法治的轨道上更加坚强有力。

（一）加强党对税收法治建设的全面领导

加强党对税收法治建设的全面领导，是新时代税收法治的本质特征和内在要求。党政军民学、东西南北中，党是领导一切的。中国共产党的领导是中国特色社会主义最本质的特征，是社会主义法治最根本的保证，是社会主义法治之魂。全面依法治国绝不是要削弱党的领导，而是要加强和改善党的领导，不断提高党领导依法治国的能力和水平，巩固党的执政地位。必须推进党的领导制度化、法治化，不断完善党的领导体制和工作机制，把党的领导贯彻到全面依法治国全过程和各方面，具体落实到党领导立法、保证执法、支持司法、带头守法的各环节。

坚持党的领导，是中国特色社会主义法治最根本的保证，是新时代高质量推进税收现代化的最根本要求。近年来，各级税务机关党委以习近平新时代中国特色社会主义思想为指导，全面贯彻落实党的十九大和十九届二中、三中、四中、五中、六中全会精神，深入学习贯彻习近平法治思想、经济思想和关于税收工作的重要论述，按照党中央、国务院决策部署，坚持从税收工作实际出发，将税收法治工作与扎实完成好各项税收任务，确保高质量推进税收现代化深度融合，推动各级税务机关及其职能部门牢固树立全局观念，自觉运用法治思维和法治方式履行职责、推动工作，在更高层次更高水平上推进了依法治税，为实现税收治理体系和治理能力现代化提供有力法治保障。

（二）坚持把法治确立为税收治理的基本方式

中国共产党高度重视法治建设。党的十八大强调法治是治国理政的基本方式，提出全面推进依法治国。党的十八届三中全会明确提出建设法治中国，必须坚持依法治国、依法执政、依法行政共同推进，坚持法治国家、法治政府、法治社会一体建设。党的十八届四中全会通过《中共中央关于全面推进依法治国若干重大问题的决定》，强调全面推进依法治国是一个系统工程，是国家治理领域一场广泛而深刻的革命。党的十九大指出，全面依法治国是国家治理的一场深刻革命，必须坚持厉行法治。党的十九届四中全会通过《中共中央关于坚持和完善中国特色社会主义制度 推进国家治理体系和治理能力现代化若干重大问题的决定》，提出加强系统治理、依法治理、综合治理、源头治理，把制度优势更好转化为国家治理效能。

党的十九届五中全会通过《中共中央关于制定国民经济和社会发展第十四个五年规划和二〇三五年远景目标的建议》，强调有效发挥法治固根本、稳预期、利长远的保障作用，推进法治中国建设。中央全面依法治国工作会议要求，坚持在法治轨道上推进国家治理体系和治理能力现代化。《中华人民共和国国民经济和社会发展第十三个五年规划纲要》明确提出，按照优化税制结构、稳定宏观税负、推进依法治税的要求全面落实税收法定原则，建立税种科学、结构优化、法律健全、规范公平、征管高效的现代税收制度。

新时代以来，税务部门坚持以习近平新时代中国特色社会主义思想为指导，深入学习贯彻习近平总书记关于税收工作的重要论述，认真落实党中央、国务院决策部署，从税收法治建设实际出发，深入贯彻依法治国基本方略，明确提出依法治税是税收工作灵魂、依法行政是税收工作生命线，致力于全面建设坚强有力的党的领导制度体系、科学完备的税收法治体系、优质便捷的税费服务体系、严密规范的税费征管体系、合作共赢的国际税收体系、高效清廉的队伍组织体系，推进新时代税收现代化建设全面提质增效，法治已经从一种治税手段发展成为税收治理的基本方式。

（三）坚持在法治轨道上推进税收改革

中国共产党的领导是中国推进税收制度改革的最大优势和根本保证。新时代以来，在中国共产党的领导下，我国将法治精神贯穿税收领域各项改革，坚持改革决策和立法决策相统一、改革实施和规范执法相衔接，做到重大改革于法有据，改革与法治同步推进。党的十八大提出加快改革财税体制，构建地方税体系，形成有利于结构优化、社会公平的税收制度。党的十八届三中全会要求深化财税体制改革，明确了深化税收制度改革的具体方向和主要任务。此后，我国先后实施了营业税改征增值税、个人所得税改革、深化增值税改革和资源税改革等一系列税制改革。为保障税制改革顺利实施，依照法定程序，先后修改了《个人所得税法》《中华人民共和国增值税暂行条例》等税收法律行政法规，废止了《中华人民共和国营业税暂行条例》，制定了《中华人民共和国资源税法》《中华人民共和国环境保护税法》。

党的十九届三中全会决定改革国税地税征管体制，在党中央的直接领导下，税务系统推行了省级和省级以下国税地税机构合并、社会保险费和非税收入征管职责划转等改革措施，构建起优化高效统一的税收征管体系。全国人大常委会和国务院先后作出关于机构改革涉及法律、行政法规规定的行政机关职责调整问题的决定，并部署对现行有效的地方性法规、规章和规范性文件进行全面清理，确保了征管体制改革于法有据、顺利推进。征管体制改革顺应了国家机构改革的潮流，契合了法治政府建立的目标，使税务系统基于提升税收征管效率，推动整体营商环境的改善发生了重大变革。

党的十九届四中全会决定再次强调，要坚持和完善中国特色社会主义法治体系，推动国家治理体系和治理能力现代化。税务系统深入学习贯彻习近平法治思想，不断充实完善了以高质量税收现代化为主要内容的“六大体系”具体目标内容，围绕构建科学完备的税收法治体系，持续推动落实税收法定原则，纵深推进税收法治建设。目前，18 个税种中已制定法律的有 12 个，其他税种立法工作和《税收征管法》的修订工作正在有序推进。持续深化税制改革，完善税收基本制度，增值税改革分十步顺利实施，具有中国特色的现代增值税制度基本建立；个人所得税改革分三步平稳落地，综合与分类相结合的个人所得税制度成功建立；以环保税、资源税、耕地占用税“多税共治”及以系统性税收优惠政策“多策组合”的绿色税收体系框架构建形成。

为深入推进税务领域“放管服”改革，打造市场化法治化国际化营商环境，更好地服务市场主体发展，2021 年 3 月，中共中央办公厅、国务院办公厅印发《关于进一步深化税收征管改革的意见》，《意见》立足于解决当前税收征管和税收工作中存在的深层次问题，聚焦“数据赋能更有效”“税务执法更精确”“税费服务更精细”“税务监管更精准”“税收共治更精诚”“组织保障更有力”六个方面，集成推出一系列针对性强、含金量高的措施。税务系统持续优化税务执法方式，实现从经验式执法向科学精确执法转变，着力构建“信用 + 风险”新型动态监管机制，对高信用低风险的无事不扰，对低信用高风险的分类应对，对经济运行中的新业态新情况新问题跟进监管，对人民群众反映强烈的偷逃税多发行业和领域依法严查，对“假企业”“假出口”“假申报”

露头就打。上述举措必将大幅提高税法遵从度和社会满意度，明显降低征纳成本，助力更好发挥税收在国家治理中的基础性、支柱性、保障性作用，为推动高质量发展提供有力支撑。

（四）坚持完善党领导税收法治建设的体制机制

党的十九大以来，中共中央成立中央全面依法治国委员会，加强党对依法治国的集中统一领导。加强党对税收法治建设的全面领导，必须健全党领导税收法治工作的制度和工作机制，坚持把加强和改善党的领导贯穿于税收法治建设的全过程和各方面，做好顶层设计、总体布局、统筹协调、整体推进和督促落实。《国税地税征管体制改革方案》明确，国税地税机构合并后实行以国家税务总局为主、与省区市党委和政府双重领导的管理体制，明晰了国家税务总局及各级税务部门与地方党委和政府在税收工作中的职责分工，进一步理顺了统一税制和分级财政的关系。按照《国税地税征管体制改革方案》，全国各级税务机关党组改设党委，税务系统党的领导更加坚强有力。

为深入贯彻落实党中央关于全面依法治国的部署要求，中共中央办公厅、国务院办公厅印发《党政主要负责人履行推进法治建设第一责任人职责规定》。中共中央办公厅、国务院办公厅印发《法治政府建设与责任落实督察工作规定》，明确对地方各级党委和政府、县级以上政府部门推进法治政府建设与责任落实情况进行督察。各级税务机关调整成立全面依法行政领导小组，由主要负责同志担任组长，履行推进法治建设第一责任人职责，集体研究依法治税工作重大问题，审议依法治税工作规划，推进依法治税重大工作。各级税务机关推行领导干部年度述法制度，推动税收法治建设责任全面落实。

国家税务总局党委牢牢把握税务机关首先是政治机关，深刻领悟“两个确立”的决定性意义，增强“四个意识”、坚定“四个自信”、做到“两个维护”，修订完善党委工作规则、税务部门规章制定实施办法，将规章、重要规范性文件制定等重要法治事项纳入党委议事内容，切实发挥党委对法治税务建设的集中领导和统筹推进作用。按照中办、国办印发的《关于进一步深化税收征管改革的意见》要求，根据《党政主要负责人履行推进法治建设第一责任人职责规定》《关于党政主要负责人履行推进法治建设第一责任人职责情况列入年终述职内容工作的意见》规定，实现述法与年终述职考核深度融合，推动税务机关主要负责人切实履行推进法治建设第一责任人职责。各级税务机关深入学习贯彻习近平法治思想，落实进一步深化税收征管改革，深入推进精确执法、精细服务、精准监管、精诚共治要求。各级税务机关主要负责人切实履行推进法治建设第一责任人职责，对税收法治建设重要工作亲自部署、重大问题亲自过问、重点环节亲自协调、重要任务亲自督办。各地税务机关积极落实法律顾问制度和公职律师制度、开展巡视巡察、强化税务执法督察、健全纳税满意度测评制度。深入开展“不忘初心、牢记使命”主题教育，深入基层开展法治调研，研究解决重大问题，推进税收工作全面法治化。税务党建纪检部门把法治教育和党规党纪教育纳入干部教育培训总体规划。积极发挥巡视利剑作用，将法治税务建设的重点任务纳入巡视巡察范围督促抓好落实。

新时代以来，税务部门以习近平新时代中国特色社会主义思想为指导，深入学习贯彻习近平法治思想和关于税收工作的重要论述，按照党中央、国务院决策部署，坚持从税收工作实际出发，将税收法治工作与扎实完成各项税收任务紧密结合，确保高质量推进税收现代化深度融合，推动了各级税务机关及其职能部门自觉运用法治思维和法治方式履行职责，在更高层次更高水平上推进了税收法治现代化，为实现税收治理体系和治理能力现代化提供有力法治保障。

第三节　新时代法治思维概述

税收法治实践离不开科学理论和思维方法作指导。“尊法”和“据理”是新时代税收治理的重要特征，也是法治思维的两个决定性要素。尊法，就是尊崇法律，信仰法治。据理，就是依据法理，良法善治。[①] 党的十八大以来，习近平总书记多次强调各级领导干部要努力学习掌握科学的思维方法，法治思维便是其中之一。习近平法治思想洋溢着尊法据理的法治思维。在尊法的意义上，法治思维的要义是，把对法治的尊崇、对法律的敬畏转化成思维方式和行为方式。在据理的意义上，法治思维的根基在于法律规定的合理性和法律行为的正当性。尊法和据理的有机结合，既讲法律又讲法理，在思想和行动两个层面把形式法治和实质法治统一起来，以良法善治的科学思维引领法治思维发生深刻变革。准确理解和运用法治思维和法治方式，对于加强新时期的税收法治建设具有重要的意义。

---

① 《习近平法治思想概论》编写组．习近平法治思想概论［M］. 北京：高等教育出版社，2021：13.

一、理解和运用法治思维的重要意义

党的十八大以来，习近平总书记在许多重要场合多次明确提出“法治思维”的概念。2012 年 12 月 4 日，在首都各界纪念现行宪法公布施行 30 周年大会上，习近平总书记首次提出“法治思维”这一概念。他指出：“各级领导干部要提高运用法治思维和法治方式深化改革、推动发展、化解矛盾、维护稳定能力，努力推动形成办事依法、遇事找法、解决问题用法、化解矛盾靠法的良好法治环境，在法治轨道上推动各项工作。”

2013 年 2 月 23 日，在主持中共中央政治局全面推进依法治国第四次集体学习时，习近平总书记指出：“各级领导机关和领导干部要提高运用法治思维和法治方式的能力，努力以法治凝聚改革共识、规范发展行为、促进矛盾化解、保障社会和谐。”2013 年 10 月，在坚持和发展“枫桥经验”的批示中，习近平总书记指出：“要善于运用法治思维和法治方式解决涉及群众切身利益的矛盾和问题。”

2014 年 1 月 7 日，在中央政法工作会议上，习近平总书记再次提到“法治思维”的问题。他明确要求，“党委政法委要明确职能定位，善于运用法治思维和法治方式领导政法工作，在推进国家治理体系和治理能力现代化中发挥重要作用。”《中共中央关于全面推进依法治国若干重大问题的决定》更是明确提出，要“提高党员干部法治思维和依法办事能力。党员干部是全面推进依法治国的重要组织者、推动者、实践者，要自觉提高运用法治思维和法治方式深化改革、推动发展、化解矛盾、维护稳定能力，高级干部尤其要以身作则、以上率下。”

2017 年 10 月 18 日，在党的十九大报告中，习近平总书记更是明确提出：为了提高党的执政能力，要“增强政治领导本领，坚持战略思维、创新思维、辩证思维、法治思维、底线思维。”

2019 年 1 月 21 日，在省部级主要领导干部坚持底线思维着力防范化解重大风险专题研讨班上，在谈到如何防范化解重大风险时，习近平总书记特别提到“领导干部要加强理论修养”，强调要“提高战略思维、历史思维、辩证思维、创新思维、法治思维、底线思维能力”。

2019 年 11 月，党的十九届四中全会把坚持和完善中国特色社会主义法治体系摆在十分重要的位置。习近平总书记指出，各级党和国家机关以及领导干部要带头尊法学法守法用法，提高运用法治思维和法治方式深化改革、推动发展、化解矛盾、维护稳定、应对风险的能力。要以“关键少数”带动全社会严格执行和遵守法律，奋力推动法治国家、法治政府和法治社会建设。

2020年10月，在2020年秋季学期中央党校（国家行政学院）中青年干部培训班开班式上，习近平总书记强调，“要自觉运用法治思维和法治方式深化改革、推动发展、化解矛盾，维护社会公平正义”。同月，在深圳经济特区建立40周年庆祝大会上，习近平总书记指出，要“善于运用法治思维和法治方式解决城市治理顽症难题”。

2020年11月16日，在中央全面依法治国工作会议上，习近平总书记强调：“各级领导干部要坚决贯彻落实党中央关于全面依法治国的重大决策部署，带头尊崇法治、敬畏法律，了解法律、掌握法律，不断提高运用法治思维和法治方式深化改革、推动发展、化解矛盾、维护稳定、应对风险的能力，做尊法学法守法用法的模范。要把法治素养和依法履职情况纳入考核评价干部的重要内容，让尊法学法守法用法成为领导干部自觉行为和必备素质。”

新时代以来，习近平总书记多次强调指出：“依法治国是党领导人民治理国家的基本方略，法治是治国理政的基本方式，要更加注重发挥法治在国家治理和社会管理中的重要作用。”而要确保法治在治国理政上发挥重要作用，其中的关键之一，便是要高度重视和充分运用法治思维和法治方式，发挥法治思维与法治方式在法治发展进程中的引领和推动作用，确保法治发展始终在法治的轨道上有序进行。

二、新时代法治思维的概念

（一）新时代法治思维的基本概念

法治思维以法治概念为前设。简单来讲，法治思维就是基于法治的思维，可以从“法治+思维”的角度予以理解。从语词的角度上看，“法治思维”作为一个偏正词组，是由“法治”和“思维”两个词语组合而成，根据《现代汉语词典》的解释，法治是指“根据法律治理国家和社会”；思维是指“在表象、概念的基础上进行分析、综合、判断、推理等认识活动的过程。”把两者结合起来可以将“法治思维”解释为：根据法律观念对事物进行分析、综合、判断、推理，并以此治理国家和社会的认识活动的过程。

新时代法治思维是具有新时代特征的科学思维。人的认识是从感性到理性，从低级到高级的发展过程。思维作为一种认识形式，后期通过对这种理性认识的深化，加上实践经验的累积，渐渐形成了一套带有固定价值观又能与时俱进的思维模式，同时在作出行为时又以这种思维方式为指导解决实际问题。新中国经过七十多年的建设发展，中国特色社会主义进入了新时代。当前我国正处于“两个一百年”的历史交汇期、全面深化改革的关键攻坚期，社会矛盾、发展问题、国际冲突时有发生，对这些问题调整都离不开法治，对法治的定义也都要结合这些实际。习近平总书记就曾多次强调指出，要“提高运用法治思维和法治方式深化改革、推动发展、化解矛盾、维护稳定、应对风险的能力。”

新时代法治思维是指以法治为核心理念，以法治观念为基础，在法治精神和法治原则的指引下，创制良法良规体系，推动依法治国和治国理政实践的一种新思维方式，是主体运用法律规范、原则等对有关事项、问题进行综合分析、判断、推理的理性认识过程。“从这个意义上来说，法治思维的主体，主要是公权力的享有者和行使者，同时也包括全体社会成员。从整体的角度看，法治思维不仅是指依法办事，而且包含了对公平、正义、权利、自由的价值追求。从方法论的角度看，法治思维讲究逻辑推理、修辞论辩和理解解释的技术手段。”①

对于新时代法治思维这一概念的认识，还需要注意以下两点：第一，法治思维不应仅仅局限于法律职业者的思维，法律职业者固然应当具备法治思维，但法治思维不应是法律职业者的专利。在以自上而下为主的中国特色社会主义法治建设过程中，领导干部树立法治思维至关重要。第二，新时代领导干部树立法治思维的目的不仅仅在于解决具体问题，良法善规的供给也是领导干部尤其是位处高层、身居要职的领导干部的重要职责。各级领导干部一定要学会运用法治思维深化改革、推动发展、维护稳定、化解矛盾，要在影响更为深远的立法立规、重大决策等方面善用法治思维。

（二）新时代法治思维的相关概念

新时代法治思维这一概念不可能孤立地存在，它与其他思维方式在人的关系中协同发挥作用，因此，我们为了厘清“法治思维”这一概念的内涵，既要看到它与其他相关概念的联系，更要看到区别，这是从外到内对其进行限定。

① 陈金钊．“法治思维和法治方式”的意蕴［J］．法学论坛，2013，28（5）：10.

一是法治思维和法治思想。理论上两者呈现包含关系，法治思想的内容包括学习运用法治思维，法治思维贯穿法治思想并指导其贯彻实施。党的十八大以来，在新的伟大实践中，习近平总书记创造性发展了法治理论，形成了具有科学理论形态的习近平法治思想，在坚持全面依法治国思想的基础上提出了要发挥法治思维的引导作用，积极探索法治思维新培育路径，为新时期法治中国建设提供新的思想工具。因此，我们可以把我国的法治思想理解为法治观念和法治意识的展开和具体化，法治思维作为其中的组成部分是新时代法治建设创新的产物。

二是法治思维和法制思维。“法制”与“法治”虽然只有一字之差，但是所体现的理念和内涵却大不相同。“法制”属于制度层面的内容，可以说是由系统的法律规范构成的法律制度，包括立法制度、执法制度、司法制度、守法制度等。“法制思维”是一种规则思维，更是一种成文法思维。“法治”是一个与“人治”相对的概念，只有实现了法治的价值追求同时具有完备形式的法制，才是真正的法治。党的十八大以来，以习近平同志为核心的党中央在完备的“法制”系统之上着力构建全方位、多层次的法治体系，是在传统法制上实现的动态的、全面的、发展的依法治理方式。

三是法治思维和人治思维。关于法治和人治的争论，在历史上由来已久。总的来说，人治思维是指依靠统治者或领导个人权威来治理国家，同时被管理的人员以其管理思想为行为标准进行活动。反映在国家制度上，人治主要是指君主专制、等级特权等。法治是指民主制、共和制等。建设现代法治国家，最需要做到的是自上而下的法治理念的统一，即每个人充分运用法治思维方式指导自己的行为。虽然在当下的中国，法治与道德并非冲突的。但是，法治思维和人治思维在一定范围内是对立的，不能无限地扩大两者的比对范围。

四是法治思维和法治文化。法治思维和法治文化同属于社会意识的不同表现形式，二者既有联系，又有区别。法治文化是指以良法的制定和权威为前提，以权利、自由、平等、正义等价值意识为基本构成要素，以主权在民、法律至上、监督公权、司法公正等法治观念为核心要义，同时包括信法、守法、用法、护法等法治心理在内，通过法治的行为方式而表现出的一种法治习惯和文化理念。可见，法治文化这一范畴包含的范围更广，上至抽象的法治理念，下至具体的法治措施都属于法治文化。相较而言，法治思维因为其具有一般性，更多与法治文化抽象部分的内容重合，所以，可以说法治文化包含法治思维，法治思维是法治文化的组成部分之一。

五是法治思维和德治思维。“法治”与“德治”虽然在价值理念上具有非常多的相同之处，但是作为不同的社会调控手段，它们的运行方式截然不同。法治以其权威性和强制手段规范社会成员的行为，德治以其说服力和劝导力提高社会成员的思想认识和道德觉悟。而德治思维只能通过有道德意识的个体内心自发或者有共识的特定群体营造的社会舆论，从而影响人的行为，以求维护社会秩序。它更倾向于一种主观性的行为，随着行为人思想的改变而改变，其不确定性决定了道德约束不具有可控的规范性。相较而言，德治思维侧重于调整人的内心，推崇高尚的价值理性和社会信仰的导向，让人们以符合社会道德内涵的思维标准开展活动。

综上所述，法治思维与很多相似的概念既有联系又有区别。这些概念由于具有一定的共同性而存在相关的联系，也正由于这种联系，让它们能各司其职又相互补充，在实现我国依法治国的目标中共同发挥作用。

三、新时代法治思维的基本特征

法治思维作为一种思维方式，除了具有抽象性、能动性、实践性等意识所具有的共性外，还因为与法治的结合，结合我国经济社会基本情况，表现出多方面的特征。新时代，要在全社会普及法治思维，树立法律在全体人民中的权威地位，使法治理念深入人心，夯实依法治国的基础。要使法治思维既能合理、合法地成为领导干部执法办事的思维准绳，又能变成指导社会大众生活实践的意识指南，准确把握新时代法治思维的特征具有特别重要的现实意义。

（一）新时代法治思维是一种新理念

作为一种新的理念，法治思维旨在改变一些领导干部思想中存在的重权力轻权利、重治民轻治官、重管理轻服务等思维误区；改变一些领导干部思想中超越法律的特权思想，铲除以言代法、以权压法、违法行政等背离法治精神现象的温床。它要求领导干部要带头学法、尊法、守法、用法，自觉地在法律授权范围内活动，维护国家法制的统一、尊严、权威，保障人民享有更广泛的权利和自由。

（二）新时代法治思维是一种方法论

作为一种方法论，法治思维要求行政主体能够运用法律精神、法律原则、法律规范等对各种社会问题进行分析、思考、判断。换言之，为了认识和解决各种社会问题，行政主体首先要根据问题的类型确定适用法律依据的类型，然后按照法律的思维规则、逻辑推理和证成方式来分析、思考和理解问题，形成认识和解决相应问题的决策、结论。法治思维就是这种将个案处理与法律适用相结合起来的纽带，就是强调具体问题具体分析的方法论模式。应当说，这种思维方式，不仅杜绝了机械地使用法律及其方法的陈旧模式，而且也克服了法律和一般法律方法的机械性，抛弃了法律虚无主义和法律万能论对法律所采取的简单套用。

（三）新时代法治思维是一种价值观

客观来说，任何一个时代的治国理政都将面临诸多现实问题，思考、分析和解决这些问题的思维方式有政治、道德、经济和法治等多种类型。其中，政治思维方式的核心是利与弊的权衡，道德思维方式的核心是善与恶的评价，经济思维方式的核心是成本和效益的对比，法治思维方式的核心则是合法与非法的预判。作为一种价值观，新时代法治思维要求在思考、分析和解决这些问题时，不仅要把合法性作为处理问题的前提，而且要求围绕合法与非法、合法与合规、合法与合理，对有争议的行为、主张、利益和关系进行思考、分析、判断和处理。更重要的是，作为一种价值观，新时代法治思维方式在治国理政中还应当具有优先的位次，因为在某种意义上，合法与非法、合法与合规、合法与合理的判断无疑是治理的利与弊、好与劣、善与恶、成本与效益思考的前提。

（四）新时代法治思维是一种逻辑思维

作为一种逻辑思维，法治思维强调的是按照法律逻辑思考、分析和解决各种问题的思维方式，是将法治理念、法律知识、法律规定付诸实施的认识过程。因为从一般意义上而言，法律的适用与逻辑是密不可分的。法治思维的过程即一个运用已有法律精神、原则、规范对各种问题和现象进行逻辑分析、判断和推理的过程。也正是在此过程之中，法治思维不仅表现为一种理性的思维，它以合法性为判断的起点、以公平正义为判断的重点，追求缜密的逻辑；而且也体现出一种逻辑推理的方式，它以逻辑分析、判断和推理作为其内在的逻辑构成与表现。与此同时，作为一种逻辑思维，法治思维包含主体合法、目的合法、权限合法、方式合法、程序合法、内容合法、结果合法七个相互统一的内容。

四、运用法治思维推动全面依法治税

党的十八大以来，习近平总书记多次强调要“提高运用法治思维和法治方式深化改革、推动发展、化解矛盾、维护稳定、应对风险的能力”。新时代的税收法治建设要不断深化对习近平法治思想的认识、筑牢法治理论与法治思维根基，紧密结合新发展阶段税收法治现代化实践，坚决把习近平法治思想和习近平总书记关于税收工作的重要论述结合起来，落细落实，做到学思用贯通、知信行统一，切实把学习成效转化为深入推进高质量税收现代化的生动实践。

（一）运用法治思维推进全面依法治国

坚持全面推进科学立法、严格执法、公正司法、全民守法，是习近平法治思想的核心要义之一，是新时代推进全面依法治国的“十六字”方针。学习习近平法治思想，要特别注意掌握蕴含其中的科学的法治思维方法。习近平总书记始终坚持马克思主义唯物辩证法并将其生动地体现在法治领域，突出强调要运用战略思维、系统思维等科学方法统筹推进全面依法治国，不断提高法治思维能力。

首先，要坚持法治战略思维。习近平总书记深刻指出，“要把全面依法治国放在‘四个全面’的战略布局中来把握，深刻认识全面依法治国同其他三个‘全面’的关系”。我们必须按照习近平总书记的要求，坚持和强化战略思维，从坚持和发展中国特色社会主义的全局和战略高度定位法治、布局法治、厉行法治，统筹推进国家治理各个领域各个方面的法治建设。无论是统筹推进“五位一体”总体布局，还是协调推进“四个全面”战略布局，都必须充分发挥法治的引领、规范和保障作用，推动各方面制度更加成熟、更加定型，逐步实现国家治理制度化、程序化、规范化、法治化。只有这样，才能不断夯实中国之治的制度根基，实现国家治理体系和治理能力现代化。

其次，要把握法治系统思维。全面依法治国是国家治理领域一场广泛而深刻的革命，也是一个内在复杂而庞大的系统工程。在习近平法治思想中，系统观念和系统思维是其鲜明的思想方法。习近平总书记强调，“全面依法治国是一个系统工程，要整体谋划，更加注重系统性、整体性、协同性。”① 这就要求

---

① 中共中央宣传部，中央全面依法治国委员会办公室．习近平法治思想学习纲要［M］．北京：人民出版社，2021：96.

我们必须把握系统思维，站在系统性、整体性、协同性的战略部署层面，坚持依法治国、依法执政、依法行政共同推进和法治国家、法治政府、法治社会一体建设，以建设法治体系作为总抓手，统筹推进科学立法、严格执法、公正司法、全民守法。

最后，要提高法治思维能力。法治思维本身就是一种重要的哲学思维方法。领导干部必须善用法治思维，增强法治观念，带头尊崇法治、敬畏法律。习近平总书记高度重视提高领导干部法治思维能力，反复强调领导干部要运用法治思维和法治方式开展工作、解决问题、推动发展。提高法治思维能力，就是想问题、作决策、办事情要从法治角度出发，时刻考虑法律依据和法定程序，牢记法律红线不可逾越、法律底线不可触碰，做到办事依法、遇事找法、解决问题用法、化解矛盾靠法。只有领导干部真正将法治思维和法治方式变成了自己的思想自觉和行为习惯，才能切实推动法治中国建设行稳致远。

（二）运用法治思维推动全面依法治税

全面依法治税，是全面依法治国基本方略在税收领域的集中体现。习近平法治思想是对依法治国发展实践的继承和创新，内容丰富又深刻，对全面依法治税具有现实理论指导性，其指导价值主要体现在以下几个方面。

1. 推动税收立法完善

法律是法治的治理之器，立法是法律运行的起始性和关键性环节，法治建设的推进，要注意坚持从立法先行，发挥法治立法的引领和推动作用。习近平总书记指出，科学的立法才是治好国家的根本保障。“越是强调法治，越是要提高立法质量。”科学立法既要尊重客观规律，又要体现人民意志的基本问题，为新时代我国税收立法工作提供了科学指引。

税收立法科学是税收法治建设的前提。党的十八届三中全会通过《中共中央关于全面深化改革若干重大问题的决定》明确提出认真落实税收法定原则。《中共中央关于全面推进依法治国若干重大问题的决定》强调加强党对立法工作的领导，完善党对立法工作中重大问题决策的程序，明确提出加强税收领域立法。2013 年以来，先后将船舶吨税、烟叶税、车辆购置税、耕地占用税、资源税、契税、城市维护建设税、印花税法等单行税种条例上升为法律，税收立法进程明显加快。

税收立法是评价税收法治的一个重要的标准。我国未来的税收法治亟待从保证税收立法数量、健全税收立法体制、提高税收立法技术、完善税收立法程序等方面能动地调整，建立一个组成部门齐备、层次清晰、相互协调的高质量税收法律体系。一般而言，税收立法过程中，有哪些主体参与立法？税收法律是否反映了大多数人的意愿？税收法律按什么程序制定出来？税收法律体系是否完备？税收法律是否规范合理？这些都直接决定税收法治状况。具体而言，可以运用以下指标来评价税收立法是否完善：

（1）税收立法的民主性。这有两方面的含义：一是立法机关统一行使税收立法权，是民众授权的结果。从立法提案的草拟，到立法草案的征求意见，再到立法出台之前的各种讨论与修改，都是民意的体现。二是税收立法程序合理，即程序法定、主体平等、过程公开、结果符合逻辑。

（2）税收立法的普遍性。即所有涉税事项是否都纳入了税收法律规范，特别是对政府行为的规范。

（3）税收法律的良法性。首先，税收法律是否体现了制约政府征税权、充分保障纳税人权益的核心价值；其次，税收法律是否科学规范，做到结构体系完整、规则要素齐备、内容组合确定和语言文字精确；最后，各税收法律之间的协调性。

2. 促进税务执法优化

执法是国家机关运用法律管理社会事务的活动。严格执法是法律的生命所在，法律只有得到有效执行，法的价值和立法目的才有可能得以实现。严格执法是法律的权威所系，法律的严格执行体现着法律的威严和国家强制力。严格执法也是法律价值实现的重要途径，离开了严格执法这个重要环节，法律追求的价值目标不可能在实践中得到贯彻和落实。

严格税务执法是税收法治建设的关键。《中共中央关于全面推进依法治国若干重大问题的决定》强调深入推进依法行政，加快建设法治政府，明确要求坚持严格规范公正文明执法。党的十九届三中全会通过《中共中央关于深化党和国家机构改革的决定》，明确提出加强和优化政府财税职能。中共中央、国务院印发《法治政府建设实施纲要（2021—2025 年）》，提出了完善行政执法程序和创新行政执法方式的具体举措，强调全面严格落实行政执法公示、执法全过程记录、重大执法决定法制审核制度，广泛运用说服教育、劝导示范、警示告诫、指导约谈等方式，努力做到宽严相济、法理相融，让执法既有力度又有温度。中共中央办公厅、国务院办公厅印发《关于进一步深化税收征管改革的意见》，要求推动税务执法、服务、监管的理念方式手段变革，深入推进精确执法、精细服务、精准监管、精诚共治，大幅提高税法遵从度和社会满意度，明显降低征纳成本。我国税务机关按照中共中央、国务院决策部署，加快建设法治税务，不断推进依法科学民主决策，完善税务执法体制，优化税务执法方式，健全税务监管体系，促进严格规范公正文明执法。

税务执法过程包含税务机关职权界定、税务执法程序、税务执法保障、税务行政处罚、税务行政复议、税务行政赔偿等六个相互联系的环节。税收实践中，税务机关依法征税水平和执法优化率可用以下指标衡量：

（1）征税的努力程度。征税的努力程度是指一定时期依法实际征收的税款与在既定税收实体法下应该征收的税款的比率，征税的努力程度越高，说明税务机关执法的偏离度越小。

（2）税务执法的差错率。差错率越小，说明税务机关的执法水平越高。

（3）行政复议维持率。将一定时期税务行政复议维持件数与税务行政复议总件数进行比较，比率越高，说明税务部门执法的准确性越高。

（4）行政诉讼胜诉率。行政诉讼胜诉率是指税务行政诉讼胜诉数与税务行政诉讼总数的比率，行政诉讼胜诉率越高，表明税务机关的依法行政程度越高。

此外，还可以利用问卷调研获取主观指标来评价依法征税水平，如社会各界对税务执法干扰度、规范性文件透明度、税法宣传普及率等指标。

3. 完善税务司法保障

司法，作为法律运行的最后一个环节，通过矫正法律运行中的违法行为以保障和实现社会公平正义。公正司法是法律价值的体现，也是保护人民合法权益的需要，司法不公不仅侵害人民合法权益，而且还影响法律权威和法治形象。没有有效的司法体制，即使有健全完善的立法执法，法治建设也难以成功。

税务司法公正是税收法治建设的生命。《中共中央关于全面推进依法治国若干重大问题的决定》提出，要完善好确保依法独立公正行使审判权和检察权的制度，明确要求各级党政机关和领导干部支持人民法院、人民检察院依法独立公正行使职权。中共中央办公厅、国务院办公厅印发《领导干部干预司法活动、插手具体案件处理的记录、通报和责任追究规定》《保护司法人员依法履行法定职责规定》，明确对所有干预司法活动、插手具体案件处理的情况要记录，属于违法干预司法活动、插手具体案件处理的情况要通报，对违法干预造成后果的情况要追责，法官、检察官依法办理案件不受行政机关、社会团体和个人的干涉，有权拒绝任何单位或者个人违反法定职责或者法定程序、有碍司法公正的要求，建立健全司法人员依法履行法定职责保护机制，保障司法机关依法独立公正行使职权。公正的税务司法成为保护纳税人合法权益的有力防线。

税务司法包括税务行政诉讼和税务刑事诉讼。税务司法不仅是解决纳税人与税务机关矛盾纠纷的重要机制，也是维护纳税人权益、保障税务机关公正执法的重要途径。实际工作中，税务司法保障程度可用以下指标来衡量：

（1）税务司法的独立性。在税务司法裁判中，法官和司法机构在事实认定和法律适用等方面只能服从法律要求，不受任何内外压力的影响。

（2）税务司法的权威性。这种权威性体现在：司法机关是解决各类税收法律纠纷最权威的机关；有关税收法律问题的纠纷和争议，当事人一旦在法院起诉，只要符合诉讼条件，都应由法院受理并解决；司法的最终判决，是最权威的判决，应对当事人具有严格的法律约束力。

（3）税务司法的程序性。税务司法的程序性要求税务司法必须按照法定程序进行，且税务司法程序要具有正当性。

4. 引领税法普遍遵从

守法是法律实施和实现的最基本形式和最基础工程。要使法律运行达到良好的效果，法律更需要内在的根据，这个内在根据就是人民对法的信仰，必须通过全民守法这个基础工程来实现。而实现全民守法首先需要强化各级执法人员的模范作用，发挥其对社会民众示范引领作用，形成崇尚法治的良好风尚。

税法普遍遵从是税收法治建设的基础。中国共产党始终坚持在宪法和法律范围内活动，带头遵守税收法律。《中共中央关于全面推进依法治国若干重大问题的决定》要求坚持依法执政，各级领导干部要带头遵守法律，带头依法办事，不得违法行使权力。党的十九大报告明确，各级党组织和全体党员要带头尊法学法守法用法，任何组织和个人都不得有超越宪法法律的特权，绝不允许以言代法、以权压法、逐利违法、徇私枉法。党的十八大以来，中共中央政治局先后多次组织以法治为主题的集体学习。国家税务总局党委坚持依法治税和依规治党相统一，完善各级税务机关党委学法制度，提升税务人员法治素养，特别是税务系统领导干部运用法治思维和法治方式解决税收实际问题的能力。其次，要实现税法普遍遵从还需要通过各种途径动员全部税收共治力量实现全民守法，通过强化税法宣传教育，实现全民知法信法用法守法的法治意识。需要强化涉税司法调处作用，建立化解税收纠纷的体制机制。只有让税法融入社会生活，化为纳税人缴费人需求，税收法治才能真正有生命力。

以纳税人为视角，税法普遍遵从主要表现在纳税人依法纳税。税收实践中，依法纳税状况可以用偷税逃税规模、纳税信用、稽查查补收入比重等指标来衡量。

（1）偷税逃税规模。偷税逃税规模可以用单位 GDP 税收产出额乘以地下经济 GDP 总量估算得到。偷税逃税规模越高，说明偷税逃税越严重，纳税人依法纳税程度越低。

（2）纳税信用度。纳税信用度是指税务部门依据纳税人依法纳税综合情况而评定出的 A 级纳税人数量与纳税人总量的比率。纳税信用度越高，说明纳税人依法纳税自觉性和水平高。

（3）稽查查补收入比重。稽查查补收入比重是指税务部门通过立案稽查查补的收入额与同期税收收入总额的比率。稽查查补收入比重越高，说明纳税人依法纳税程度越低。

延伸阅读

习近平法治思想是全面依法治国的根本遵循和行动指南。要加强部署安排，持续推动广大干部群众深入学习贯彻习近平法治思想，深刻领会蕴含其中的马克思主义立场观点方法，全面准确把握精神实质、丰富内涵和核心要义，增强学习贯彻的自觉性和坚定性。各级党委（党组）理论学习中心组要将习近平法治思想作为重点内容，党校（行政学院）和干部学院要作为重点课程。各地区各部门要组织党员、干部进行系统学习和培训。法治工作部门要开展全战线、全覆盖的培训轮训。要把习近平法治思想融入学校教育，纳入高校法治理论教学体系，做好进教材、进课堂、进头脑工作。要开展深入研究和宣传，拓展学习宣传的广度深度。运用新媒体新技术，加强网上宣讲。

——《法治中国建设规划（2020—2025 年）》

各级党委和政府要深入学习领会习近平法治思想，把习近平法治思想贯彻落实到法治政府建设全过程和各方面。各级党委要切实履行推进法治建设领导职责，安排听取有关工作汇报，及时研究解决影响法治政府建设重大问题。各级政府要在党委统一领导下，履行法治政府建设主体责任，谋划落实好法治政府建设各项任务，主动向党委报告法治政府建设中的重大问题。各级政府及其部门主要负责人要切实履行推进本地区本部门法治政府建设第一责任人职责，作为重要工作定期部署推进、抓实抓好。各地区党委法治建设议事协调机构及其办事机构要加强法治政府建设的协调督促推动。

——《法治政府建设实施纲要（2021—2025 年）》

持续优化法治化营商环境。紧紧围绕贯彻新发展理念、构建新发展格局，打造稳定公平透明、可预期的法治化营商环境。深入实施《优化营商环境条例》。及时总结各地优化营商环境可复制可推广的经验做法，适时上升为法律法规制度。依法平等保护各种所有制企业产权和自主经营权，切实防止滥用行政权力排除、限制竞争行为。健全外商投资准入前国民待遇加负面清单管理制度，推动规则、规制、管理、标准等制度型开放。加强政企沟通，在制定修改行政法规、规章、行政规范性文件过程中充分听取企业和行业协会商会意见。加强和改进反垄断与反不正当竞争执法。强化公平竞争审查制度刚性约束，及时清理废除妨碍统一市场和公平竞争的各种规定和做法，推动形成统一开放、竞争有序、制度完备、治理完善的高标准市场体系。

——《法治政府建设实施纲要（2021—2025 年）》

深化学习教育，抓好领导干部这个重点，把习近平法治思想作为党委（党组）理论学习中心组学习重点内容、党校（行政学院）和干部学院重点课程，不断深化思想认识、筑牢理论根基，提高领导干部运用法治思维和法治方式开展工作的本领。加强宣传解读，通过媒体报道、评论言论、理论文章、学习读本、短视频等形式，运用各类融媒体手段和平台，推动习近平法治思想深入人心。把习近平法治思想学习宣传同普法工作结合起来，同法治政府建设示范创建活动等结合起来，发挥好各类基层普法阵地的作用。把习近平法治思想融入学校教育，纳入高校法治理论教学体系，做好进教材、进课堂、进头脑工作。依托中国政法实务大讲堂，深入宣讲习近平法治思想。加强对法治领域错误思想观点的辨析批驳，帮助干部群众明辨是非，坚定走中国特色社会主义法治道路的信心。

——《关于加强社会主义法治文化建设的意见》

全面依法治国是一个系统工程，要整体谋划，更加注重系统性、整体性、协同性。法治政府建设是重点任务和主体工程，要率先突破，用法治给行政权力定规矩、划界限，规范行政决策程序，加快转变政府职能。要推进严格规范公正文明执法，提高司法公信力。普法工作要在针对性和实效性上下功夫，特别是要加强青少年法治教育，不断提升全体公民法治意识和法治素养。要完善预防性法律制度，坚持和发展新时代“枫桥经验”，促进社会和谐稳定。

——习近平在中央全面依法治国工作会议上的讲话（2020 年 11 月 16 日—17 日）

第二章　新时代税收法治之合法性思维

合法性思维是法治思维中的底层思维，是一切法治思维的基础思维。对于公权力而言，没有经过法律允许的事情不能做，法律范围内规定的责任一定要完成；对于私权利来说，法律未作出禁止的事情都是可行的。公权力和私权利的这种差别表现在法治思维上，要求国家机关及其工作人员在开展工作时要坚持合法性思维，凡事应当先考虑到是否有法律依据，是否合法，做到“法无授权不可为”；而对于广大人民群众来讲，只要按照法律规则办事，本着自己的良心行为，做到不违法即可，所谓“法无禁止即可为”。

税收工作包括税务系统工作的各个方面，既包括与纳税人缴费人及其他行政相对人具有行政管理关系的税费征管工作，也包括税务机关内部、税务机关上下级之间、税务机关与其他部门之间、税务人员相互之间的管理关系、教育关系、监督制约关系、业务关系、协调配合关系等。税收工作中的合法性思维，是指税务机关及其工作人员在开展税务工作过程中，应当坚持以合法性判断为前提，运用法的规则进行分析、研判、决策以及作出行为选择的一种理性思考方式。

第一节　坚持税收法定原则

税务工作中的合法性，首先要回答合乎什么法的问题。回答这一问题，首先要了解税收法定原则。党的十八届三中全会决定提出了落实税收法定原则的要求，税务工作中的合法性，是在落实税收法定原则前提下的合法性。

一、税收法定原则的基本内涵

国家治理和税收法治环境下，如何界定税收法定原则的内涵？这是落实税收法定原则的一个基本问题。理论界对此进行了长期、深入的研究，形成了比较一致的理论共识。

（一）我国税收法定原则的内容

我国的税收法定原则，主要包含以下三方面的内容。

1. 税收要素法定

税收要素属于法律保留事项，应由全国人民代表大会及其常务委员会通过制定法律加以规定。税收要素包括哪些内容，学者认识不尽相同，但通常认为包括纳税人、征税对象、计税依据、税率、税收优惠、税收征收管理制度等。

2. 税收要素确定

规定税收要素的法律规范应当完整、明确，避免空白和歧义。法律规范过于简约而不能满足实际征纳过程中清晰界定征纳双方权利义务的需要，或者法律规范表达含糊可能引起适用歧义，都会导致实际税收征纳背离税收要素法定的要求。

3. 征税程序合法

征税程序合法要求税务机关必须严格按照法律规定的程序和权限征收税款，未经法定程序，不允许随意加征、减征、停征、免征、提前或延后征收税款。

（二）税收法定原则的理论渊源

理论界从不同角度解释了税收法定原则的必要性和意义。

1. 社会契约论

社会契约论认为税收是人民订立契约、组织国家所让渡的一种财产权利。国家是国民自愿组成的，为了更好地实现国民利益的政治团体，维持国家及其活动的必要经费应由国民负担。因而，国家征税权的取得来自人民的同意或授予，国家征税权的运行必须置于人民的控制之下，税收的用途仅在于保障人民利益之必要。

2. 控权论

英国、法国的税收法定主义，正是在控制国王权力与反控制的斗争中发展起来的，美国的独立战争也是因为反对英国任意征税而爆发的。税收法定原则的理由和目的，就在于控制政府的征税权，让决定征税的权力掌握在人民的手中。

3. 人民主权论

现代国家建立民主制度，国家主权在民。我国《宪法》也规定，中华人民共和国的一切权力属于人民；人民行使国家权力的机关是全国人民代表大会和地方各级人民代表大会。税收是最重要的社会资源再分配领域，税收的征纳理应遵循人民的意志，应当由人民代表通过制定法律来规定。

4. 法治论

税收法定原则是法治理念在税收领域的具体体现。税收应当被理解为国家提供公共物品和公共服务的必要成本，纳税人缴纳税收和国家提供公共物品、公共服务之间，有一定的对应关系。因此，税收的征收和使用均应当获得人民同意。坚持税收法定原则，一方面是对国家征税权的行使施加合理的规范和约束，以严格的立法程序来确保民主性和代表性在税收领域获得最大程度的实现；另一方面，坚持税收法定原则，也确认了法律框架内国家税收活动的正当性和权威性，从而增强对税收的支持度和遵从度。

5. 权利保护论

人生而自由，有权自由支配自己的财产，国家任意征税则是对人民自由权利的侵犯，故应通过税收法定原则加以限制。我国宪法规定，公民的合法私有财产不受侵犯，国家依照法律规定保护公民的财产权和继承权。落实税收法定原则，才能落实宪法对公民财产权利的保护。

二、落实税收法定原则的基本遵循

（一）在党的统一领导下落实税收法定原则

在历史上，很多国家的税收法定原则，通常是通过激烈的阶级冲突、社会动荡、甚至是残酷的战争，整个社会付出惨重代价后才得以确立。我国宪法规定了中国共产党的领导地位，落实税收法定原则，是在中国共产党的统一领导下，自觉地、自上而下地提出的国家治理改革顶层设计方案。

中国共产党的领导，是全面推进依法治国、加快建设社会主义法治国家最根本的保证。党对法治工作的领导，贯穿于全面推进依法治国全过程，也贯穿于落实税收法定原则的过程。

2013 年，党的十八届三中全会提出落实税收法定原则要求。2015 年，全国人大常委会出台了《贯彻落实税收法定原则的实施意见》，中央全面深化改革领导小组批准了《贯彻落实税收法定原则的实施意见》。该实施意见明确，开征新税种的，应当通过全国人大及其常委会制定相应的税收法律，并对当时 15 个税收条例修改上升为法律或者废止的时间做出了安排。立法实践充分体现我国落实税收法定原则是在中国共产党领导下展开的特点。

落实税收法定原则是一个系统工程，与社会主义民主政治建设、与财税体制改革，与全面推进依法行政，全面推进社会主义文明建设等各方面工作密不可分。只有坚持中国共产党的统一领导，才能做到统筹协调，全面落实。

（二）在宪法和法律原则下落实税收法定原则

税收法定原则是我国宪法确立的一项重要原则。根据我国宪法规定的人民民主主权性质、人民代表大会制度、财产权制度等，可知我国宪法有税收法定原则的精神实质。宪法规定国家主权在民，人民有权决定国家重大事务；宪法规定人民代表大会制度，全体人民通过人民代表大会制度选举产生代表，行使人民当家作主的权力，决定国家重大事务；宪法保护公民、法人和其他组织的财产权，非依法不得征收或以其他方式剥夺公民、法人和其他组织的财产。税收是国家依法取得原属于公民、法人或其他组织的部分财产，以用于公共事务；税收事关国家的基本分配制度，事关公民、法人和其他组织的基本财产权利。税收制度是国家的一项基本制度，必须体现人民当家作主的法治精神，因而税收制度应当由全国人民代表大会及其常务委员会通过立法加以规定。

我国宪法目前并未直接表达税收法定原则，但宪法的精神确立了税收法定原则。《宪法》第五十六条规定“中华人民共和国公民有依照法律纳税的义务。”有些人误读宪法，说宪法规定“中华人民共和国公民有依法纳税的义务”。这种误读容易淡化税收法定原则，以为只要是广义的法的规定，即可创设纳税义务，公民即应履行这样的义务。宪法规定的纳税义务，是依照法律产生的纳税义务，可见，《宪法》第五十六条规定也内含了税收法定原则之意。

2015 年，全国人民代表大会对《立法法》作出修改，第八条规定：“下列事项只能制定法律：……”其中第（六）项为“税种的设立、税率的确定和税收征收管理等税收基本制度”，第（七）项为“对非国有财产的征收、征用”。可见，国家对于取得公民、法人或其他组织的财产，需要经过全国人民代表大会及其常务委员会制定法律才能实施。税收的基本制度属于法律保留事项，原则上只有法律才能创设税收。《立法法》第九条还规定：“本法第八条规定的事项尚未制定法律的，全国人民代表大会及其常务委员会有权作出决定，授权国务院可以根据实际需要，对其中的部分事项先制定行政法规，但是有关犯罪和刑罚、对公民政治权利的剥夺和限制人身自由的强制措施和处罚、司法制度等事项除外。”该条规定并非直接授予国务院制定税法的权利，而是指对于本该由法律规定但尚未制定法律的事项，经过全国人民代表大会及其常务委员会专门授权，国务院可暂时通过制定行政法规加以调整。行政法规创设税收并非行政法规本身能够创设税收要素，而系法律特别授权获得的暂时性的立法权，税收法定的立法权由全国人民代表大会及其常务委员会行使而不由国务院行使。

《税收征管法》第三条规定："税收的开征、停征以及减税、免税、退税、补税，依照法律的规定执行；法律授权国务院规定的，依照国务院制定的行政法规的规定执行。""任何机关、单位和个人不得违反法律、行政法规的规定，擅自作出税收开征、停征以及减税、免税、退税、补税和其他同税收法律、行政法规相抵触的决定。"该条规定也反映了税收由法律规定，行政法规只有在法律授权前提下才能创设税收的立法体制，体现了税收法定原则。

三、税收授权立法的调整

税收授权立法，是在尚不具备制定法律的条件下，由全国人民代表大会及其常务委员会授权国务院通过制定税收暂行条例创制部分税收制度，或者在已制定的税收法律中将其中的一些特别事项授权国务院作出规定的制度。

改革开放初期，国家推行"利改税"，由于当时百废待兴，国家治理的一系列重大问题均处探索过程中，由全国人民代表大会及其常务委员会直接行使全面的税收立法权，条件尚不具备。当时，国家颁布了《个人所得税法》《中华人民共和国中外合资经营企业所得税法》和《中华人民共和国外国企业所得税法》。其他的税收制度，只能随着"利改税"的进程逐步探索建立，难以正式制定法律。1984 年，全国人民代表大会常务委员会作出《关于授权国务院改革工商税制发布有关税收条例草案试行的决定》，授权国务院在实施国营企业"利改税"和改革工商税制的过程中，拟定有关税收条例，以草案形式发布试行。1985 年全国人民代表大会通过《关于授权国务院在经济体制改革和对外开放方面可以制定暂行的规定或者条例的决定》，授权国务院制定暂行条例。这才有了 20 世纪 80 年代的一批税收暂行条例出台。20 世纪 90 年代的税制改革，重新构建国家流转税制，也是根据上述授权实施的，制定了增值税、营业税、消费税等暂行条例。

我国国情复杂，国家治理体制仍处于不断改革过程中，税法中的一些具体事项，须考虑国情的复杂性和改革所需要的灵活性，不宜在法律条文中直接规定，仍需保留国务院对一些具体事项作出规定并适时调整的机制。故全国人民代表大会制定的法律中，常需规定一些特别授权条款。例如，在税收法律中可以看到这样的条款："……由国务院另行规定"，或者"法律、行政法规另有规定者从其规定"等。这些都属于特别授权条款，今后，国务院根据这些授权，仍然有权就相关事项继续行使授权立法权。

四、税收法律制定进程

新中国成立后较长一段时间里，税收被定位为国家参与社会财富分配的主要手段，属于财政收入范畴，在税收治理上以行政管理手段为主，形成政策主导的税收制度，因而在过去相当长的一段时间，我国税收立法进展较为缓慢。改革开放后，我国税收立法进程按下“快进键”。1984 年实行“两步利改税”，初步建立了现代税收体制，为税务立法创造了新条件。但受到各种条件制约，我国在税收领域制定法律的过程在较长的时间内严重滞后。根据税收法定原则，税收要素由法律规定。进入新时代以来，随着国家全面深化改革的推进和国家治理能力现代化目标的确立，我国税收立法步入“快车道”。

《中华人民共和国个人所得税法》：这是我国最早制定法律的税种，1980 年立法，后经七次修订。个人所得税法立法使得个人税收权利义务法定化，对于保障个人权益，接轨国际惯例，推动对外开放发挥了重要作用。

《中华人民共和国企业所得税法》：1980 年，全国人民代表大会制定了《中华人民共和国中外合资经营企业所得税法》；1981 年，全国人民代表大会常务委员会制定了《中华人民共和国外国企业所得税法》；1991 年，全国人民代表大会制定了《中华人民共和国外商投资企业和外国企业所得税法》，前述两部法律随之废止。1984 年，国务院制定了《中华人民共和国国营企业所得税条例（草案）》和《国营企业调节税征收办法》；1985 年，制定了《中华人民共和国集体企业所得税暂行条例》；1988 年，制定了《中华人民共和国私营企业所得税暂行条例》；1993 年，国务院制定《中华人民共和国企业所得税暂行条例》，前述根据企业经济性质分别制定的企业所得税暂行条例或草案随之废止。2008 年，全国人民代表大会制定《中华人民共和国企业所得税法》，统一了企业所得税并实现法定化。

《中华人民共和国税收征收管理法》：1986 年，国务院制定《中华人民共和国税收征收管理暂行条例》。1992 年，全国人民代表大会常务委员会制定《中华人民共和国税收征收管理法》。该法是调整税收征管程序的主要法律，经过多次修改，现行版本为 2015 年 4 月 24 日第十二届全国人民代表大会常务委员会第十四次会议修正。

《中华人民共和国车船税法》：2006 年，国务院制定《中华人民共和国车船税暂行条例》。2011 年，全国人民代表大会常务委员会制定《中华人民共和国车船税法》。

《中华人民共和国环境保护税法》：2016 年，全国人民代表大会常务委员会制定《中华人民共和国环境保护税法》。该税种是立法创设的新税种，取代了原先一些环境保护领域行政事业性收费的做法。

《中华人民共和国烟叶税法》：2006 年，国务院制定《中华人民共和国烟叶税暂行条例》。2017 年，全国人民代表大会常务委员会制定《中华人民共和国烟叶税法》。

《中华人民共和国船舶吨税法》：1952 年，经政务院（国务院前身）财政经济委员会批准，海关总署发布《中华人民共和国海关船舶吨税暂行办法》。2011 年，国务院制定《中华人民共和国船舶吨税暂行条例》。2017 年，全国人民代表大会常务委员会制定《中华人民共和国船舶吨税法》。

《中华人民共和国耕地占用税法》：1987 年，国务院制定《中华人民共和国耕地占用税暂行条例》。2007 年，国务院修订《中华人民共和国耕地占用税暂行条例》。2018 年，全国人民代表大会常务委员会制定《中华人民共和国耕地占用税法》。

《中华人民共和国车辆购置税法》：2000 年，国务院制定《中华人民共和国车辆购置税暂行条例》。2018 年，全国人民代表大会常务委员会制定《中华人民共和国车辆购置税法》。

《中华人民共和国契税法》：1997 年，国务院制定《中华人民共和国契税暂行条例》。2020 年，全国人民代表大会常务委员会制定《中华人民共和国契税法》。

《中华人民共和国城市维护建设税法》：1985 年，国务院制定《中华人民共和国城市维护建设税暂行条例》。2020 年，全国人民代表大会常务委员会制定《中华人民共和国城市维护建设税法》。

《中华人民共和国资源税法》：1993 年，国务院制定《中华人民共和国资源税暂行条例》。2011 年，国务院对暂行条例作了部分修改。2019 年 8 月 26 日，第十三届全国人民代表大会常务委员会第十二次会议通过《中华人民共和国资源税法》。

《中华人民共和国印花税法》：1988 年，国务院制定《中华人民共和国印花税暂行条例》；2021 年 6 月 10 日第十三届全国人民代表大会常务委员会第二十九次会议通过了《中华人民共和国印花税法》。

从以上立法进程可见，党中央提出落实税收法定原则后，税收立法进程明显加快。我国大部分税种已经完成了基本立法，但仍有部分重要的税种没有实现立法。税制改革的复杂性制约了税收法定原则的落实，尚未完成立法的税种，包括增值税、消费税、资源税、城镇土地使用税、土地增值税、房产税和关税（海关法只规定征收关税，但具体税收要素由条例规定），立法都很复杂。落实税收法定原则的复杂性与税制改革的复杂性是联系在一起的。我国的税制体系仍不够完善，已经完成立法的税种，仍然存在各种问题；财产和行为税中还须增加遗产税等税种；有的领域，相关税种设计重叠，存在重复征税的问题；直接税与间接税比重有待调整，增值税占比较大，容易产生税负的累退效应，不利于保护低收入者，也不利于企业扩大生产经营；房地产开发经营涉及税费负担过重，而持有房地产环节的税制缺失，但房地产领域沉淀的社会财富大，房地产领域税制改革事关重大；税收对于社会财富分配调节起重要作用，如何在税制改革过程中更充分发挥税收的社会财富调节功能，也是一个重要课题。

在国家治理能力现代化视域下，全面实现税收法定需要一个过程。新发展阶段，我国税收立法必须融入和贯彻新发展理念，坚持问题导向，注重科学性、系统性、整体性、协同性，确保我国的税收立法能适应我国经济社会发展的需要。

五、税务规范性文件的适用

税务规范性文件，是指县以上税务机关依照法定职权和规定程序制定并发布的，影响纳税人、缴费人、扣缴义务人等税务行政相对人权利、义务，在本辖区内具有普遍约束力并在一定期限内反复适用的文件。制定税务规范性文件，应当充分体现社会主义核心价值观的内容和要求，坚持科学、民主、公开、统一的原则，符合法律、法规、规章以及上级税务规范性文件的规定，并遵循法定的制定规则和制定程序。各级税务机关的内设机构、派出机构和临时性机构，不得以自己的名义制定税务规范性文件。

（一）税务规范性文件的地位和作用

良好的税务规范性文件，有助于征税的合法化，有益于税收法定原则的落实。根据《行政法规制定程序条例》与《规章制定程序条例》的相关规定，国务院对行政法规的解释与行政法规具有同等效力，制定机关对规章的解释同规章具有同等效力，这可以视为二次立法，具有立法性质。从行政法法源的角度讲，规范性文件（也称行政规定）作为法律、法规和规章的细化与解释，是行政执法的准据之一，在各级各类行政机关都存在，也并不一概为法治精神所排斥。事实上，税务规范性文件适用的法律化倾向，是我国行政执法、行政复议和行政诉讼中普遍存在的问题之一。只是由于税收法定在理论上与实践中存在较大反差，导致税务规范性文件的数量更多、适用更广泛。实际工作中存在重政策轻法律现象，就是没有摆正税务规范性文件的位置。税收法定原则要求税收基本要素由法律和法律授权的行政法规作出明确规定，法律、行政法规对税收要素作出规定后，税务机关有权制定税务规范性文件，以更好地执行法律、行政法规。税务规范性文件可分为解释性和实施性文件。解释性文件是税务机关对法律、行政法规规定的含义所做的行政解释，其目的在于澄清对法的误解，促进对法的正确理解和运用。实施性文件是对如何实施法律、行政法规所做的具体的、操作性的规定。税务规范性文件不得创设税收要素；必须依据法律、行政法规的规定制定，不得违背或超越法律、行政法规的规定；不得实质改变税收要素，不能通过程序规则增加纳税人行使权利的条件，限制纳税人的权利或增加纳税义务。税务规范性文件，不得设定税收开征、停征、减税、免税、退税、补税事项，不得设定行政许可、行政处罚、行政强制、行政事业性收费，以及其他不得由税务规范性文件设定的事项。

（二）税务规范性文件的执行

在税务机关长期的执法实践中，税务规范性文件已在我国税法解释体系乃至税法规范体系中占据重要地位，成为最直接、有效的税务执法依据，甚至成为法院直接适用的裁判说理依据。从整体上看，现行的税务规范性文件是在整个改革开放过程中逐步制定和积累起来的，改革具有渐进性和复杂性，长期积累的税务规范性文件，虽然经过不断地清理，但其体系仍然非常庞大，必然存在一定的问题。

实际工作中，部分税务机关及税务人员对税务规范性文件的合法性提出质疑，这种质疑虽然不能直接否定税务规范性文件的合法性，但解决好这一问题非常重要，税务机关及执法人员如果草率、随意得出税务规范性文件违背税收法律、行政法规规定而拒绝执行的结论，可能产生较大的执法风险。因为，上级机关制定税务规范性文件时，已经对税务规范性文件的合法性进行了严格的合法性审查；执法机关和执法人员对文件合法性的认识也存在各种局限；行政机关还有比较严格的行政管理制度和纪律。一般情况下，基层税务机关直接、草率适用上位法优于下位法原则拒绝执行税务规范性文件是不妥当的。但任何执法机关的执法人员都有权提出税务规范性文件的合法性问题，只是问题的解决须遵循行政管理内部程序和纪律规则，执法机关须按照行政程序请示有权机关作出答复后才能做出选择。如果提出的问题成立，税务规范性文件确实存在合法性问题，才可以不执行税务规范性文件。

（三）税务行政执法要回归法律依据

税务规范性文件是指导纳税人、扣缴义务人依法纳税，约束税务机关依法征税的行政规范。税务机关制定规范性文件是执行法律、行政法规的重要方式，与税务行政相对人权利义务直接相关。法律、行政法规的规定具有抽象性、概括性，而税务规范性文件的规定往往更为具体、详细，更有针对性，在实际运用过程中，税务规范性文件从属于税收法律、行政法规、规章，税收法律、行政法规才是征税依据。遇到实际税收问题、作出税收决定前，不能停留于税务规范性文件，必须遵循税务规范性文件的指引，找到处理该问题的法定依据，即税收法律、行政法规的相关规定。最终的税收决定，必须依据法律、行政法规的规定作出。在税收决定中引用税务规范性文件是可以的，是在依据法律、行政法规作出税收决定的前提下，补充引用一些税务规范性文件以说明行政决定符合税收法律、行政法规的规定。

第二节　正确理解和运用税法条文

制定法或称成文法，法的条文往往比较抽象。法律解释是从法律制定到法律实施之间的桥梁，法律解释是法律实施的前提，抽象的法律条文只有通过解释者的解释才能变得实际有效，才能与复杂多变的现实生活实现对接。在现实生活中，我们从纷繁复杂的生活事实中提炼出法律事实，进而与可能适用的法律规范对接的法律适用作业过程，并不是一个类似“查字典”的简单过程。由此，法律没有规定或者规定不明时，要善于把握立法目的和适用法律原则并正确理解和运用法律条文。合法性思维要求合乎法律文本的具体规定，而在没有规定或规定不明时，要合乎立法目的、法律原则。在行政执法实践中，执法人员虽没有权力创制法律，但为了实现法律的目的，却有义务“发现法律”，即在个案处理中寻找合适的法律规则，并通过发掘出隐含法律精神之中的原则，以实现个案处理的合法与合理。税务人员在执行税法时对税法条文的理解，也是法解释的一种形式，即个体对法的任意性解释。

税务人员将抽象的税法条文运用于具体的实际工作，自己首先要理解税法条文。然而，税法条文是抽象的、概括性的行为规则，只能规定一般的适用条件、行为模式和法律后果，而不能对实际工作中的一切问题都作出详尽无遗的规定；同时，由于社会经历、生活环境、文化水平等各种原因，对于同样的税法条文不同的人往往会产生不同的理解。要确保自己对税法条文的理解正确，须学习掌握法解释的方法和要求。法解释的方法是指导人们正确解读法律条文的一些规律和要求，主要有文义解释、体系解释、历史解释、目的解释、当然解释等。这里主要介绍文义解释、体系解释和目的解释三种法解释的方法及其在税务工作中的运用。

一、税法条文的文义解释

文义解释，就是通过构成法条文字的语义来解读法条的含义。

（一）文义解释是法条解释的基础

法律是公开的，国家制定法律的最终目的是使其成为全社会普遍遵循的行为准则。立法者在制定法的时候，需要考虑法条的广泛读者是社会大众，要让自己制定的法条让大众能够正确理解其含义，因而立法者须准确运用语言文字来表达立法意图。同时，公开的法条使人们能够按照法条的规定，约束自己的行为，做到知法守法，这必然要求法律条文的含义相对固定，保证大部分人群能够通过法条的文字对法律进行具有公共性的认知，大部分人的公共性认知是大部分人遵守法律的前提，从而也是实现法治的前提。立法者运用文义来制定法律，社会大众通过文义来遵循法律。执法人员、司法人员当然应当运用文义来解释法律。大部分的法条都可以通过文义解释形成普遍的共识，不会产生争议。税法也是如此，大部分税法条文都可以“望文生义”，形成对法条含义的正确认知和执行。

（二）一般采用通常语义解释法条

通常含义，指的是社会大众最容易形成认知的文字含义。立法者可能比较专业，但守法者为社会大众。如果法条只有立法者和少数专业人员能够读懂，则法的普遍行为规范作用就难以发挥。因此，立法者在起草法条时，须反复斟酌法条的文字表达方式，得考虑选用的文字能否产生社会公共性认知的效果，考虑是否会产生歧义和误解。为此，立法者一般选择语言文字为多数人接受的通常含义来表达立法意图。立法者不宜采用文字所具有的生僻、隐晦或过于引申的含义来表达其意图，这样容易产生误解。如果法条确实需要采用一些文字的非通常含义或者专业性术语来表达，则一般需要做出明确的定义或说明，以阐释清楚其含义。税法也是如此，在执法和司法过程中，除非有特别的定义或说明，一般情况下对税法条文应当采用语言文字的通常含义来解释。

（三）不能越过语义的边界解释法条

汉字的含义常常包含本义、引申义和比喻义。通常含义一般指其本义，但有时引申义或比喻义也可能成为约定俗成的通常含义。文字的文义可能存在多样性而非单一含义，但即便如此，文字的各种含义也是具有关联性的，不完全相同但也具有相近性，文字的含义具有其边界。“白”无论如何引申也不能引申出“黑”的含义；“善”无论如何引申也不能引申出“恶”的含义。税法解释时，对文义的解释也有边界，不能越过法条文字的语义来解释法条，造成对法条的曲解。

文义解释方法运用举例：如税法中“虚开”一词，虚者空也，指内无实物现象。“虚”字的含义无论如何引申或喻义，均以此为基础，不会背离“空”的本义。虚开发票是指没有实际经营活动开具发票现象，即发票所代表的实际经营情况为“空”的现象。有人将企业从事了实际经营活动，但改变货物种类或品目开具发票现象称为虚开发票，就越过了“虚”字的语义边界，将非虚现象以虚指称之，这样的解释当然是错误的，无法形成社会的公共认知。

二、税法条文的体系解释

体系解释，是指将单一的法律条文放在整部法律体系中，乃至整个法律体系中来加以解释，以阐明其意旨的解释方法。

（一）体系解释的必要性

马克思主义哲学强调事物的普遍联系。联系是指事物之间以及事物内部各要素之间的相互影响、相互制约的关系。世界上的一切事物都处于普遍联系之中，没有任何事物是孤立存在的，整个世界就是一个普遍联系着的统一的整体。著名的结构人类学家列维—斯特劳斯提出，理解的整体性原则属于人类普遍共有的无意识的思维特征，思维深处都具备基本相同的无意识结构，其中非常重要的一点便是思维的整体性原则。在整体性思维中，万物都是互相联系的，分析和综合同时进行，整个宇宙被表现为由诸连续的对立所组成的一个连续体形式。

任何法律条文都不是单独存在的，而是置身于一定的法律体系之中，不可避免地与整体和其他法条发生联系。特定的法律条文从拟就之时，就受到该法律体系的目的、取向、原则、整体表达需要、其他条文的内容等因素的约束或影响，只有回归体系状态，将该法条置身于制定之初的体系环境，全面把握该体系的整体规定和相关规定，才能准确把握该法条的含义。如果孤立对单一条文进行解释，很容易出现断章取义现象。“断章取义”出自《左传・襄公二十八年》：“赋诗断章，余取所求焉”，指不顾全篇文章或谈话的内容，孤立地取其中的一段或一句的意思，从而背离原意。文章最怕断章取义，对法律条文的解释也是如此。如果脱离体系解释法条，特别在解释者存在偏见或别有用心时，法条的含义往往被断章取义，从而背离立法本意。

体系解释与文义解释并不矛盾。体系解释发挥作用可能是显性的，也可能是隐性的。当我们讨论文义解释时，体系的力量其实也在发挥作用。人们总是会有意或无意地把法条的文义放在法律体系或语境中进行文义解释，或者是在知晓、领悟但可能省略法律体系的前提下对法条作出文义解释。这种时候体系解释发挥的是隐性的作用。而体系解释的显性作用，则是在解释法条时主动地、有意识地将法条放在体系中，联系体系整体和相关法条来解释特定法条的含义。

（二）体系解释的具体方法和要求

1. 基于完整法律规范解释法条

法律规范是组成法律的最小单位，法规规范由法律条文表达，但一般难以用同一个法律条文表达。一个完整的法律规范通常由三个部分组成，即假定、处理、制裁。假定是规定该法律规范适用的条件；处理是规定符合该法律规范所设定条件的具体情形产生何种权利义务；制裁是规定违反法律规范行为如何追究责任。解释法条，要将规定同一法律规范的条文结合在一起理解，才能形成对法律规范的完整解读。

2. 基于所处位置解释法条

法条总是处于整部法律体系的某个位置，即所属的编、章、节位置和顺序。法律的每个章节都有其主题、立法目标和立法逻辑。明确某个法条的位置，结合所在章节的主题、目标和逻辑来解释具体法条，有助于正确定位该法条的基本取向，促进对法条具体含义的理解。

3. 基于关联规定解释法条

整部法的某个法条，总会存在一些关联的法条。产生关联的原因是多样的，有的因本法条涉及的概念或原理需要根据其他法条来解读；有的因本法条引发其他法条规定的事项或者本法条系由其他法条规定所引起；有的法条之间需要经过比较才能区分其界限；有的法条之间存在逻辑上的递进关系或并行关系等。通过将本法条与关联法条结合起来解释，能够深化对本法条含义的认识，把握法条之间的关系。

4. 基于法的原则解释法条

制定法的立法逻辑，总会在开篇首先规定该法的目的、原则等总体规范，一般称为总则。法律总则所规定的基本原则，贯穿于整部法律，体现于该部法律的相关规定。解释具体法律规范时，应当基于这些基本原则，掌握了基本原则，能够明确具体规范的基本价值取向，有助于洞视具体规范的实质。

5. 基于整个法律体系解释法条

每个法条都不是独立存在的，而是存在于整部法律中的具体法条；整部法律也不是孤立存在的，而是国家整体法律制度的一个组成部分。税法中的具体法条，不仅受该部法的基本原则所调整，更受国家整个法律制度所确立的法律价值、理念、原则和相关法律规范的约束或影响。将税法中的具体法条，放在国家整体法律制度中来解释，才能站在更高、更广的视角看待税法规定，才能对法条有更好的理解和把握。

体系解释方法运用举例：2021 年初修订的《中华人民共和国行政处罚法》（以下简称《行政处罚法》）第六十二条规定："行政机关及其执法人员在作出行政处罚决定之前，未依照本法第四十四条、第四十五条的规定向当事人告知拟作出的行政处罚内容及事实、理由、依据，或者拒绝听取当事人的陈述、申辩，不得作出行政处罚决定；当事人明确放弃陈述或者申辩权利的除外。"对比新旧规定，可知该法条存在多项修订内容，但涉及实质含义变更的修订内容只有一项，即法条最后一句"当事人明确放弃陈述或者申辩权利的除外"，较之于旧规定，增加了"明确"两字。如何理解这一修订及其对税务行政处罚实际工作的影响？这就需要运用到文义解释、体系解释等多种方法。

从文义解释角度看，“明”是清楚之意，“确”是确定之意，“明确”的语义是“清楚而确定”的意思。而按照通常语义解释要求，对“清楚而确定”的理解，不是行政机关可以随意解读和制定标准的，其含义和衡量标准应尊重社会的公共性认知，即社会大众的普遍观点和判断标准。

从体系解释角度看，该规定是位于第五章第三节普通程序中的法条，该项规定是作为陈述权、申辩权的规定。而本法中存在大量关于陈述权、申辩权的法条，如第七条关于当事人基本权利的规定，第四十四条关于告知的规定，第四十五条关于对陈述、申辩进行复核的规定，以及其他有关陈述权、申辩权的规定。通过体系解释可对“明确”两字所内含的法律意义得出多项解读：该项规定只适用于普通程序而不适用于简易程序；放弃陈述权、申辩权应以明示放弃为主，当事人未提出陈述、申辩意见的，税务机关应主动问询，取得放弃陈述权、申辩权的签署意见或笔录等证据；推定放弃受到限制但并未完全禁止，原先将当事人未在规定的期限内提出陈述、申辩就推定为放弃陈述权、申辩权，直接作出行政决定的做法不再可行，只有在无法问询意见且有证据显示当事人确已放弃陈述权、申辩权的情况下才能推定其放弃；未取得明确放弃证据的，不得作出行政处罚决定等。

三、税法条文的目的解释

目的解释是通过分析法律的价值取向和所期望达致的社会效果，并以此为指引来解释法条含义的解释方法。目的解释方法带有比较明显的主观性，在实行判例法的国家，法官可基于法的目的超越既有规定而创制法；在成文法国家，一般不可基于目的解释创制新的法律规范，但也不拘泥于对法条文字的机械解释。目的解释一般在复杂疑难、争议大的事项中适用。

（一）运用法的价值开展目的分析

价值是指客体满足主体需要的积极意义或有用性。价值是值得希求的或美好的事物。国家制定法律，当然也是带着美好的希求来拟就法的条文。法的价值比较复杂，但也存在一些最重要的、核心的价值。法的价值反映的是国家和社会的价值追求，两者具有一致性。社会主义核心价值观，即富强、民主、文明、和谐，此外自由、平等、公正、法治；爱国、敬业、诚信、友善等，也是社会主义法的核心价值观。从法的角度，可能有不同的表达方式，如在国家层面，强调国家主权、安全、民主，强调宪法构建的基本秩序的维护，包括政治秩序、经济秩序、社会秩序、文化秩序等；在社会层面，强调法律面前人人平等、公正、效率、公序良俗等；在个人层面，强调生命、健康、自由、尊严、权利等。人们对于法的价值有不同的描述和总结，无论怎样总结，法的价值就是指那些被全社会公认的、美好的，希望通过法来加以维护和促进的东西，这些美好的追求就是法的价值。

运用法的价值来解释法条，就是在法的可能含义中寻找能够体现法的价值的含义，排除损害法的价值的含义，按照法的实施效果促进法的价值而非损害法的价值的含义来解释法。

（二）利用立法背景开展目的分析

利用立法时的历史背景来分析法条的目的，并以此解释法条的含义。任何一部法，其制定或修改总有其背景，有其制定或修订的社会原因。政治、经济、社会、文化生活中出现了什么情况，有什么问题需要通过法来解决，有什么需要通过制定或修改法来加以调整，包括维护、促进、控制、制止等。通过这样的立法背景分析，可探求立法者制定法条的本意。如 2021 年修订的《行政处罚法》增加了第二条关于行政处罚定义的条款，其背景是：过去一些行政执法行为未列入原有的行政处罚种类中，但其确实减损了当事人的权益或增加了其义务，在这些执法活动中行政机关往往未遵循正当程序要求，为堵塞漏洞，避免空白而新增了定义条款。了解了这一背景，明确了立法目的，就使得法官有权利用这一定义评判行政机关的执法活动是否属于行政处罚，是否需要遵循法定程序的结论，得出税务机关应当重新审视和调整如停止发售发票、纳税信用评级制度等的结论。

（三）运用法的原则开展目的分析

法的原则可分为法的一般原则、部门法原则和本部法的特有原则。法的一般原则是各类法的共有原则，如平等原则、效率原则等。部门法原则，如税法分别归类于行政法类的程序性法和经济法类的各种税制立法。行政法有一些共有原则，如合法性原则、比例原则、信赖利益保护原则、权利保护原则等。特定的法还可能有一些本法的特有原则，如税收法定原则。法的原则凝聚了法的精神和立法目的，理解法的原则所凝聚的立法目的，运用法的原则分析法条，能更加准确把握法条的含义。

目的解释方法运用举例：虚开增值税专用发票罪的定性问题是一个很复杂的问题，在司法和税务执法中存在很多争议。把握该罪的构成，目的解释方法能够发挥很好的作用。下面通过两个案例进行分析。

案例一： A公司法定代表人陈某为了增加其固定资产的账面数量，显示公司实力，以便在和外商谈判时处于有利的地位，与另一企业业务推销人员林某合谋，由陈某按虚开面额5‰的比例支付酬金给林某，并向林某提供增值税专用发票作样式和设备清单，让林某为本公司虚开伪造增值税专用发票。林某从他处买来伪造的增值税专用发票942份，私刻发票专用章12枚，虚开以A公司为受票人的增值税专用发票326份，面额总计37087001.15元，税额5388709.57元。发票已由A公司入账，陈某支付给林某酬金18.54万元。

案例二： 2004年，被告人张某与他人合伙成立个体企业B龙骨厂，张某负责生产经营活动。因B龙骨厂系小规模纳税人，无法为购货单位开具增值税专用发票，张某遂以他人开办的C公司名义对外签订销售合同。2006—2007年间，张某先后与6家公司签订轻钢龙骨销售合同，购货单位均将货款汇入C公司账户，C公司并为上述六家公司开具增值税专用发票共计53张，价税合计4457701.36元，税额647700.18元。

上述两个案例中的被告人是否构成虚开增值税专用发票罪？如果仅从形式上看，很容易认为案例一属于在没有任何真实交易情况下虚开增值税专用发票现象，案例二属于让他人为自己虚开增值税专用发票现象。其实，上面两个案例都是经过最高人民法院审核的典型案例，最高人民法院的结论是两个案例中被告人的行为均不构成虚开增值税专用发票罪。

1979年，《刑法》规定了偷税罪和抗税罪。1992年，全国人民代表大会常务委员会颁布了《关于惩治偷税、抗税犯罪的补充规定》，规定了逃避追缴欠税罪和骗取出口退税罪。这四个罪名的罚金刑都比较重，但自由刑都比较轻，四个罪的最高刑期均为3年有期徒刑。1995年，全国人民代表大会常务委员会制定《关于惩治虚开、伪造和非法出售增值税专用发票犯罪的决定》，规定了虚开增值税专用发票罪等罪。虚开增值税专用发票罪罚金刑较轻，而自由刑极重，可判处死刑，成为刑法中最重的罪名之一。为什么要改变传统上涉税犯罪自由刑较轻的做法，而将虚开增值税专用发票罪规定为处刑最重的罪名之一？原因就在于：1994年，《中华人民共和国增值税暂行条例》施行，国家全面开征增值税。增值税与其他税种的关键区别在于使用增值税专用发票来传递已纳税信息，构建增值税抵扣链条，以避免重复征税。当时，并无互联网等现代信息技术，纳税信息传递主要依靠纸质的增值税专用发票，如果没有进行实际经营活动虚开增值税专用发票，就不仅仅是违反发票管理制度的问题，更重要的是破坏了增值税的抵扣信息传递机制，而这也就意味着国家增值税利益的丧失。从更广泛的角度看，如果增值税抵扣制度无法正常运行，则危及整个增值税制度的推行。而推行增值税制度，对国家很重要。

将虚开增值税专用发票罪规定为重罪，在于惩处虚开增值税专用发票者，维护增值税抵扣秩序，保护国家增值税利益，保障增值税制度的运行。这就是虚开增值税专用发票罪的立法目的。

运用立法目的来分析前述两个案例。案例一虽然实施了虚开增值税专用发票行为，但企业只用于入账固定资产，并未抵扣增值税，不可能造成增值税损害。虽然虚增固定资产可能通过折旧影响企业所得税，但与增值税无关，属于所得税上的偷逃税行为。将这样的行为定性为虚开增值税专用发票罪，背离了立法目的。案例二中，张某从事了实际经营业务，以C公司名义开展经营并由C公司对外开具增值税专用发票，C公司申报缴纳了相应的增值税税款，整个过程中，增值税抵扣链条并未受到明显破坏，更未对国家增值税造成损失。当然，如果张某未申报这些业务所获收益的个人所得税，则对国家税收产生损害，但属于个人所得税偷逃税，而非增值税上的问题。故张某也不构成虚开增值税专用发票罪。

以上详细介绍了三种税法条文法律解释方法及其在税务工作中的运用。众所周知，税收法定原则、税收公平原则、税收效率原则并列为税法建制的三大基本原则，它们分别代表税收法治不同层次的理性考虑。因而，除强调税收法定原则外，也要兼顾其他原则，而税法条文的解释有利于弥补立法的不足，为税务机关提供更充分、更具体、可操作性更强的执法依据。但国家征税本质上是对人民以财产权为核心的基本权利的介入，三大税法原则必须从根本上维护纳税人缴费人合法权益为依归。因此，税法条文解释法治化的根本进路在于构建约束机制，保障不逾越法律介入纳税人缴费人基本权利的边界，甚至在一定程度上起到纠偏作用，这也是各类法律解释应追求的核心目标。

第三节　全面遵循国家各项法律制度

税务工作的合法性，不仅在于符合税法，并且需要符合国家整体法律制度。税务机关和税务人员应当摆脱本位主义的狭隘观念，做税法的执行者，做法律制度的维护者。

一、我国法律体系概述

国家法律可按照一定标准进行分类，划分为不同的法律部门。法律部门的划分是一种理论上的划分，划分方法存在一些差异，但大体一致。

（一）宪法及宪法相关法

宪法及宪法相关法是规定我国社会制度、国家制度、公民基本权利义务以及国家机关组织与活动基本原则等的法律部门。主要包括宪法、国旗法、国徽法、国歌法、国籍法、戒严法、集会游行示威法、立法法、民族区域自治法、工会法、专属经济区和大陆架法、领海及毗连区法、缔结条约程序法、引渡法、外交特权与豁免条例、领事特权与豁免条例等。

（二）民商法

民商法是规定平等主体的公民、法人和其他组织之间人身、财产关系的法。民法是调整范围最广泛，与社会大众生活最密切的法律部门。民法已经编纂成民法典，商事领域单独立法的主要还有公司法、合伙企业法、个人独资企业法、企业破产法、保险法、票据法、证券法等。

（三）行政法

行政法是调整国家行政管理活动中形成的社会关系的法。行政法门类广泛，包括治安、民政、人事、监察、财政、税务、海关、审计、市场监管、教育、科技、文化、卫生、环境、旅游、气象、边境、外事、档案、宗教、侨务等。

（四）经济法

经济法是调整在国家协调国内经济运行过程中发生的经济关系的法。主要有调整企业组织管理关系的法，如公司法、企业破产法等；调整市场规则的法，如物价法、产品质量法、标准化法、反不正当竞争法、反垄断法、电子商务法、数据安全法等；调整宏观经济调控关系的法，如计划、投资、财政、税收、金融、外贸等领域的法。税法中，调整税务活动的法如税收征管法、发票管理办法等，一般归为行政法；各税种法律制度具有宏观经济调控功能，一般归类为经济法。经济法与行政法、民商法存在重叠，理论上在这三类法的划分中存在一些不同的划分方法。

（五）刑法

刑法是规定犯罪和刑罚的法。除《刑法》外，还有一些全国人民代表大会及其常务委员会关于刑事问题的决定，以及其他法律中一些涉及犯罪的规定。

（六）诉讼及非诉讼程序法

诉讼及非诉讼程序法是关于诉讼程序和其他非诉性质的纠纷解决程序的法。主要有民事诉讼法、刑事诉讼法、行政诉讼法、仲裁法，以及海事、申诉、控告程序等方面的法。

此外，随着社会保障、环境等领域的重要性越来越突出，也有的学者将社会法、环境法从行政法中独立出来列为单独的法律部门。除国内法外，国际法也是我国重要的法律领域。

二、严格执行税收相关法

税务工作中需要执行的法，不仅有税法，税收相关法也是税务工作的直接依据，与税法同等重要。税务工作中，既要严格执行税法，也要严格执行税收相关法。

（一）税收相关法的范围

税收相关法这一说法，既不是法律规定的范畴，也谈不上是理论上的划分方法，而是税务工作中习惯性的一种说法。在税务工作中，有一些法不属于税收部门法，但与税务工作直接相关，是税务工作中作为直接工作依据、必须严格执行的法。主要包括：调整税收政策制定和税法适用的立法法；调整具体行政行为的单行行政法，包括行政处罚法、行政许可法、行政强制法、行政复议法以及其他一些行政机关必须执行的行政法律制度；对行政行为实施监督的行政诉讼法、国家赔偿法、涉税刑法和刑事诉讼法等。

（二）税务工作与立法法的关系

立法法属于宪法相关法，是规定法的创制和效力的法。立法法主要从两个方面与税务工作发生关系：一是税收政策制定。在税收法律、行政法规基础上，国务院、财政部、国家税务总局等行政机关制定税收政策，需遵循立法法；财政、税务部门制定税务规范性文件，也需符合立法法的规定，不得违背立法法。二是在具体税务工作中指引税务机关判断各税法规定的效力，正确适用法，在法条冲突中正确选择适用的法。

（三）税务工作与单行行政法的关系

单行行政法是指国家为了规范某些种类的行政行为，单独制定的、各行政机关均应普遍遵循的法律。有些人认为，行政处罚法、行政许可法、行政强制法、行政复议法等单行行政法法律地位和重要性高于税收征收管理法等非基本法律。而有的税务人员认为《税收征管法》是特别法，因而更加重视税收征管法而忽略单行行政法。特别法优于一般法的原则是针对具体法律规范之间的冲突而言的，而不是针对两部法律之间的关系而言的；《税收征管法》与各单行行政法，整部法律与整部法律之间不存在谁是特别法谁是一般法问题，而是税务工作中均应当贯彻执行的法律。

税务机关开展单行行政法规定的行政行为，首先要遵循的是单行行政法的规定；然后再针对部门工作的特点，结合部门行政法的规定开展相关工作。例如开展行政处罚，税务机关首先要遵循行政处罚法规定开展工作，在执行行政处罚法规定时，具体工作须针对税务工作的特点，结合《税收征管法》的规定，开展调查、检查、告知、听取陈述申辩、听证、复核等工作。单行行政法与部门行政法之间，单行行政法的重要性高于部门行政法。单行行政法应当得到各行政部门的普遍执行，是实施相关行政行为的基本依据。部门行政法的规定不得违背单行行政法规定，除非单行行政法保留了对部门行政法的除外条款或对部门行政法作出了授权规定。

例如，税务机关实施行政强制，首先要遵循《行政强制法》的规定。当《税收征管法》的规定与《行政强制法》规定不一致时，首先应当遵循《行政强制法》的规定，除非《行政强制法》有除外规定或授权规定。就查封、扣押的期限，《税收征管法实施细则》规定一般为 6 个月，而《行政强制法》规定一般为 30 日，经通知可延长 30 日。两者不一致，首先考虑以《行政强制法》为准；但《行政强制法》关于查封、扣押期限的规定中有除外条款，规定法律、行政法规另有规定者除外，而《税收征管法实施细则》是行政法规，因而税务机关仍然可以按照 6 个月的规定执行。而冻结存款的期限，《税收征管法实施细则》规定一般为 6 个月，而《行政强制法》规定一般为 30 日，经通知可延长 30 日；《行政强制法》中也有除外条款，但该除外条款为法律另有规定者除外，《税收征管法实施细则》并非法律，因而税务机关实施冻结存款的期限必须执行行政强制法的规定而不得执行税收征收管理法实施细则中的规定。

（四）税务工作与行政诉讼法的关系

行政诉讼法不是行政法而归类为诉讼法部门，但行政诉讼法是对行政行为实施司法审查的法。税务工作通过行政诉讼法接受司法审查，因而行政诉讼法对于税务工作发挥着重要作用。

税务工作受行政诉讼法影响主要通过以下三方面的机制发挥作用：

一是作为税务机关参与行政诉讼的直接依据。税务机关成为行政诉讼被告后，必须遵循行政诉讼法的规定开展应诉工作，不遵循行政诉讼法则可能承担不利的法律后果。

二是通过司法审查塑造税务行政规范。法院的审查是保障行政合法性的权威机制，税务机关必然慎重对待行政诉讼法对行政行为合法性提出的要求，制定或修订自己的行为规范，使之符合行政诉讼法的要求。

三是行政诉讼法的部分规定成为税务工作的直接依据。最典型的是证据问题，行政法和税法中缺乏证据的完整规范，证据规定主要由诉讼法规定，税务机关在执法过程中取得、审查、认定证据需接受司法审查，并且要符合行政诉讼法规定的证据要求，这使得行政诉讼法中有关证据的规定直接成为规范税务机关证据工作的法律依据。

（五）税务工作与刑法和刑事诉讼法的关系

有人认为刑法和刑事诉讼法不是税务工作的法律依据。这种观点是错误的，在一些特定的事项或工作环节中，刑法和刑事诉讼法就是税务机关开展税务工作的法律依据。主要表现在两个方面：

一是在违法犯罪行为的认定方面。危害税收征管犯罪有 14 个罪名，行政违法与刑事犯罪的认定两者之间是相互联系的，最高人民法院发布的危害税收征管犯罪司法解释，国家税务总局都发布了相应的通知，要求税务机关在税务工作中贯彻执行。如关于虚开增值税专用发票问题，这一概念首先是刑法上的规定，税收部门法中并无立法，税务机关认定虚开增值税专用发票行为，当然要依据刑法和最高人民法院关于虚开增值税专用发票的司法解释。再如骗取出口退税，税收征收管理法中只有简单的法条规定，最高人民法院的司法解释对骗取出口退税行为作出了比较详细的规定，税务机关认定骗取出口退税时，当然要遵循司法解释中的规定。

二是办理案件移送方面。行政机关在行政活动中发现涉嫌犯罪现象应当移送公安司法机关处理，但行政机关以什么为标准判断所发现的问题涉嫌犯罪？

只有刑法作为判断标准。此时，刑法规定就是税务机关作出移送与否决定的法定标准和依据。《行政执法机关移送涉嫌犯罪案件的规定》第三条规定，行政执法机关在依法查处违法行为过程中，发现违法事实涉及的金额、违法事实的情节、违法事实造成的后果等，根据刑法关于破坏社会主义市场经济秩序罪、妨害社会管理秩序罪等罪的规定和最高人民法院、最高人民检察院关于破坏社会主义市场经济秩序罪、妨害社会管理秩序罪等罪的司法解释以及最高人民检察院、公安部关于经济犯罪案件的追诉标准等规定，涉嫌构成犯罪，依法需要追究刑事责任的，必须依照该规定向公安机关移送。当然，税务机关无权认定当事人犯罪，而只能认定其涉嫌犯罪，但是否涉嫌犯罪的认定标准与最终是否构成犯罪的标准是一样的，刑法规定就是税务机关认定当事人的行为是否涉嫌犯罪的依据。此外，移送的程序和要求，取决于刑事诉讼法的规定，因而刑事诉讼法关于检举、立案等规定以及其他有关移送追究刑事责任的规定，构成税务机关处理移送问题的法定依据。

三、法际间的协调与整合

（一）税法中大量通用的法律概念和术语，需依据其他法律作出解释和处理

税法中使用的法律概念和术语，可分为专业概念和术语，以及通用概念和术语。专业概念和术语源自于税法规定，其含义和规则取决于税法规定，其他法律使用税法专业概念和术语时，也需遵循税法的规定。通用概念和术语源自其他法律规定，税法中加以运用，其含义和规则取决于其他法律而不取决于税法。专业概念和术语占比很小，税法中的概念和术语，绝大部分是通用概念和术语。

税法中使用较多的通用概念和术语是会计法律制度中的概念和术语，其含义和规则需遵循会计法、会计准则和制度，即使税法可能存在税收上的特别处理规定，但相关概念和术语的基本含义和基本规则，仍需遵循会计上的规定，特别处理只在遵循会计规定基础上的特别处理，而不是否定会计规定的效力。

税法中大量使用民法、经济法、行政法的概念和术语。税务工作中在解释相关概念和术语，以及处理相关问题时，需遵循所涉法律的规定。如税法中经常使用“公司”这一概念，公司源自民法和公司法，其含义和规则取决公司法，税法中可以对公司的税收问题作出规定，但不能重新定义公司，也不得违反公司法的规定开展税务工作。实际工作中出现公司法定代表人变更，对于变更前所欠税款，税务机关向谁追缴？这样的问题税法中并无规定，实际工作中

出现了不同的做法。其实，公司法中对于这样的问题有非常清楚的规定，既不是向变更前的法定代表人追缴，也不是向变更后的法定代表人追缴，而是向公司追缴；公司无法清偿的，能否向其他单位或个人追缴，公司法司法解释中也有详细的规定。税法中既然使用了“公司”这一通用概念，则解释这一概念必须遵循公司法规定；处理相关问题，除税法有特别规定的外，需遵循公司法的规定。

（二）税收征收管理制度中常常引入其他法律制度

税收征收管理制度中常常引入其他法律规定的法律制度，这些法律制度本来不属于税收征收管理制度范畴，但在实践中发现可以引入以解释税收征管中的一些特殊问题。比较典型的如纳税担保、代位权、撤销权、优先权等制度。税收征收管理法修订过程中，还在讨论引入更多的民法制度。既然税法中引入这些制度，税务工作中运用这些制度就需严格遵循相关法律规定，而不能在税法中另搞一套。这方面有成功的经验，也存在一些教训。

代位权、撤销权制度，税法中只有基本权利和适用情形规定，实际应用规则完全遵循民法和民事诉讼法规则，这两项制度在实践中没有出现制度性难题。而纳税担保制度，引入的是民法中的担保制度，国家税务总局特别为此制定了相关办法，有些税务机关只按照国家税务总局的纳税担保规定办理，没有考虑担保法规定，有时造成纳税担保落空，不能对抗第三方权利。例如，税务机关以纳税人的房屋设定了纳税担保，由于没有按照担保法规定办理房屋他项权利登记，纳税人其后又以该房屋向银行担保借款，办理了他项权利登记。这种情况下发生担保权争议，法院会支持银行的优先权而不会支持税务机关的纳税担保优先权。

（三）其他法律制度为税务工作提供了广泛的法律基础

税法不是孤立存在的，也不是单独实施的。税法是国家整体法律制度的一个组织部分，税法的实施是在国家整体法律制度的基础上实施。民商法、经济法、行政法等为税法的实施提供了广泛的法律基础，离开了国家整体法律制度，税法的实施寸步难行。税务工作中，应当充分尊重其他法律规定，在其他法律制度的基础上，遵循和利用其他法律制度开展税务工作。

例如，税法与民法的关系密切，很多基础性的制度都建立在民法基础之上。因为税收一般都是因为发生了民事活动才产生税收，没有民事活动就没有税收。大多数征税对象也与《中华人民共和国民法典》（以下简称《民法典》）

的合同制度、物权制度密不可分，很多税收优惠制度还与婚姻制度、继承制度联系密切。《民法典》在税法的实施中具有非常重要的地位。《民法典》中的直接涉税条款有五条，即第四十三条代管人的缴税责任和第一千一百五十九条、第一千一百六十一条至第一千一百六十三条关于遗产继承中的纳税责任。实施这些条款，既有利于保护国家税款的安全，也有利于保护自然人的合法民事权利。除此，《民法典》还体现了对生命健康、财产安全、交易便利、生活幸福、人格尊严等各方面权利平等保护的理念，各级税务机关要把《民法典》作为行政决策、行政管理、行政监督的重要标尺，既要保护国家之债，又要秉持税收法定原则，保护纳税人缴费人权利，谨防对民事主体私权利造成不当侵犯。通过规范行政许可、行政处罚、行政强制、行政征收、行政检查、行政裁决等活动，提高依法行政能力和水平。

再如，税务机关征收城镇土地使用税、土地增值税、房产税等税收，税务人员必须学习土地管理、土地出让转让、房屋规划建设等法律制度，税法的实施以相关领域法律制度实施为基础，税务工作应当充分尊重这些法律领域的法律规定，遵循、利用这些规定来处理税务问题，而不是脱离甚至违背这些规定来处理税务问题。

延伸阅读

税收法定主义

税收法定主义的确立，与市民阶级反对封建君主恣意征税的运动不可分割。在“无代表则无税”的思潮之下，形成了征税须经国民同意，如不以国民代表议会制定的法律为根据，则不能行使征税权的宪法原则。税收法定主义对法治主义的确立乃至宪法的出现，均产生了极为重要的影响。

税收法定主义肇始于英国。1215 年的英国大宪章已初露税收法定主义的萌芽；1627 年的《权利请愿书》曾规定，非经国会同意，不宜强迫任何人征收或缴付任何租税或类此负担，从而正式在早期的不成文宪法中确立了税收法定主义。

此后，各国亦纷纷将税收法定主义作为宪法原则加以确认，尤其是倡导法治的国家，无论其发达程度、地理位置、社会制度、气候条件、历史传统如何，多注重在其宪法中有关财税制度的部分，或在有关国家机构、权力分配、公民权利和义务的规定中，对税收法定主义予以明确规定。例如，科威特宪法规定，非有法律规定，一般不得征收新税、修改或废除旧税。非有法律规定，任何人不得全部免除或部分免除应缴的该项税款。除法律的范围以外，不得要求任何人支付其他税款、费用或承受其他负担。不难看出，该国宪法要求税收的开征、变更、停征、减免均必须有法律依据，纳税人的负担仅以法律规定的范围为限，这与前述对税收法定主义的概括是较为一致的。

又如，埃及宪法规定，只有通过法律才能设置、修改或取消公共税捐；除法律规定的情况以外，任何人均不得免交税捐；只有在法律规定的范围内，才可以责成人们交纳其他形式的赋税。这些规定力图说明和强调的是，征税主体必须且只能依法开征、变更、停征或免除税收，纳税主体也只有在法律规定的范围内才有纳税义务。可见，这些规定与前述对税收法定主义的概括也是较为一致的。此外，美国、日本、法国、德国的宪法也在有关税收立法权的规定方面，体现了税收法定主义的精神。

资料来源：张守文．论税收法定主义［J］．法学研究，1996（6）：9.

第三章　新时代税收法治之合理性思维

合法是法治思维的底线，然而形式上的合法性，只能评价某一行为在形式方面是合乎要求的，但不能回答其实质、其内容是否是“正当的”。法谚有云，“法律不容忍不合时宜或有违理性之事。”说某事是合理的，就是认为它是有意义的、恰当的、满足需要的，或者说它是与某个公认的目的（如求真或求善）相一致的。合理思维的重点在于追问什么是合乎理性的，它是对事物的存在或人的活动及其结果是否“应当”“正当”“可取”的认识和评价，是对对象的正当性、应当性、正常性、可接受性的认识和评判，由此而决定主体对客体的取舍态度。符合合理性就意味着合乎理智而被认为是正常的，合乎规范而被认为是妥当的，有根据而被认为是应当的，有理由而被认为是可理解的，有价值而被认为是可接受的，有证据而被认为是可信的，有目标而被认为是自觉的，有效用而被认为是可采纳的等。

在法律实践中我们可能会遇到“合理但不合法”或者“合法但不合理”这种纠结。在大多数情况下，合理的同时也是合法的，合法的也就是合理的。当我们遇到“合法的不合理，合理的不合法”的情况时，作为一名执法人员，要尽可能地做到两者兼顾，在个案中既符合法律规范的要求，也满足合理性的要求。既追求法律效果，也满足社会效果。但这实际上很难实现，对执法人员素质要求很高。合理原则被认为是现代行政法治的一项重要原则，其基本内容包括：行政行为应符合立法目的，应建立在正当考虑的基础上，不得考虑不相关因素；平等适用法律规范，不得对相同事实给予不同对待；符合自然规律和社会道德。2004 年，国务院印发的《全面推进依法行政实施纲要》中提出合理行政原则，强调行政机关实施行政管理，应当遵循公平、公正的原则。要平等对待行政相对人，不偏私、不歧视。行使自由裁量权应当符合法律目的，排除不相关因素的干扰；所采取的措施和手段应当必要、适当；行政机关实施行政管理可以采用多种方式实现行政目的的，应当避免采用损害当事人权益的方式。在税收工作中坚持合理性思维，意味着我们在税收法治实践中不断追问，什么样的行为是合理的、正当的、应当的，不断审视我们所采用的法律方式、法律手段在具体的环境和条件下的适当性，我们在法治思维的指引之下，所为或者不为与法治本身的价值理念是否一致，我们冠之以法治之名的各种活动在目的、手段、结果等方面是否具有正当性。

第一节 坚守权力行使的合理边界

习近平总书记在十八届中央政治局第四次集体学习时的讲话（2013 年 2 月 23 日）中指出："法律需要人来执行，如果执法的人自己不守法，那法律再好也没用！我们要加强对执法活动的监督，坚决排除对执法活动的非法干预，坚决防止和克服地方保护主义和部门保护主义，坚决防止和克服执法工作中的利益驱动，坚决惩治腐败现象，做到有权必有责、用权受监督、违法必追究。"行政执法的核心是关于行政权力与公民权利的关系问题。法国启蒙时代思想家孟德斯鸠曾说过，一切有权力的人都容易滥用权力，这是万古不易的一条经验。有权力的人们使用权力一直到遇有界限的地方才休止。对行政机关而言，法治就是依法行政，就是对行政权力和公民权利的合理配置，国家通过立法实现对行政权力的规制，这是行政权力行使的合法性边界。然而，世界上没有任何法律制度是完美的，法律语言具有抽象性、概括性，法律制度也不可避免地存在着模糊不清甚至空白地带，立法也不可能做到穷尽所有的可能并且作出正义的决断，立法机关很难预见未来的发展变化，随着社会迅速发展，新技术、新领域不断出现，很多事情必须留给行政人员去酌情处理，行政机关因此而获得了立法所给予的自由裁量空间。自由裁量鼓励执法人员发挥主观能动性和创造性，在法律授权的空间内探寻法律的精神，以最好的方式实现法律的效果，同时，也必须为权力行使设立合理性的边界，从实质上防止行政权力滥用，确保没有政府责任的空白，同时又能够避免"法律使行政陷于瘫痪的情况"，更加适应社会的客观需要。

一、权力行使应合乎比例

如何将行政权力的行使保持在适度、必要的限度之内，尤其是在执法人员拥有自由裁量空间时，如何保证裁量是适度的，不会为达目的而不择手段，现代行政法通过比例原则来实现这一任务。比例原则也称为均衡原则，是指行政主体实施行政行为应兼顾行政目标的实现和适当性手段的选择、保障公共利益和相对人权益的均衡。如果行政目的的实现不得不对行政相对人的权益造成某种不利影响，则应当将这种不利影响限制在尽可能小的范围和限度内，保持二者处于适度的比例。按照比例原则的要求，行政机关不得采取超过目的需要的措施，行政执法即便是在合法的范畴之内，也不能为了实现某一目的而“不择手段”，不能“用大炮打麻雀”。

比例原则主要有三项要求：一是适当性，即行政机关拟实施行政行为，特别是实施对行政相对人不利的行政行为时，只有认定该行为有助于达到相应行政目的或目标时才能实施。如该行为并无助于相应行政目的的实现，行政机关则应选择另外的行政行为方案。二是必要性，即行政机关实施行政行为，必须在多种方案、多种手段中选择对行政相对人权益损害最小的方案、手段实施。该原则亦称“最小损害原则”。三是均衡性，即行政机关拟实施行政行为，必须进行利益衡量，只有通过利益衡量，确认实施该行为不仅对于实现相应行政目标是适当和必要的，而且可能取得的利益大于可能损害的利益，收益大于成本，才能实施。

在我国，宪法并没有直接明确规定比例原则，但如今已经有越来越多的法律、行政法规、地方性法规、行政规章、内部行政规则等法律文本，开始规定比例原则的相关内容。2004 年国务院发布的《全面推进依法行政实施纲要》第三条第 5 点规定；“行使自由裁量权应当符合法律目的，排除不相关因素的干扰；所采取的措施和手段应当必要、适当；行政机关实施行政管理可以采用多种方式实现行政目的的，应当避免采用损害当事人权益的方式。”是我国最早对比例原则的相关内容作的比较全面的阐述。在司法层面，1999 年，最高人民法院作出了比例原则适用第一案，即汇丰实业发展有限公司诉哈尔滨市规划局行政处罚案，该案被看作是“比例原则在中国行政法领域得以确立的一个重要开端”。在此之后，法院适用比例原则的案件开始逐渐增多。在最高人民法院公报案例且被誉为“专车第一案”的陈超诉济南市城市公共客运管理服务中心客运管理行政处罚一案①中，法院裁判指出：行政机关在依据现行法律法规对其进行处罚时，应当尽可能将对当事人的不利影响控制在最小范围和限度内，以达到实现行政管理目标和保护新生事物之间的平衡。

① 《最高人民法院公报》2018 年第 2 期（总第 256 期）。

二、信赖利益应得到保护

现代社会，行政活动方方面面影响着人们的经济活动和生活安排，人们需要对行政机关有基本的信赖，行政机关也应当给人们这样的信赖感。信赖利益保护原则作为行政法的一项基本原则，随着现代行政法治文明的发展，显得越来越重要。信赖利益保护原则的基本含义是政府对自己做出的行为或承诺应守信用，不得随意变更，不得反复无常。

信赖利益保护原则的要求主要有四个方面：一是行政行为一经作出，非有法定事由和经法定程序不得随意撤销、废止或改变，此源于行政行为的确定力和公定力。二是行政机关对行政相对人作出授益行政行为后，事后即使发现有违法情形，只要这种违法情形不是因相对人过错（行贿或提供虚假资料、信息等）造成的，行政机关亦不得轻易撤销或改变，除非不撤销或改变此种违法行政行为会严重损害国家、社会公共利益。三是行政行为作出后，如事后据以作出该行政行为的法律、法规、规章修改或废止，或者据以作出该行政行为的客观情况发生重大变化，为了公共利益的需要，行政机关可以撤回、废止或改变已经作出的行政行为。但是行政机关在作出撤回、废止或改变已经作出的行政行为的决定前，应进行利益衡量。只有通过利益衡量，认定撤回、废止或改变已经作出的行政行为所获得的利益确实大于行政相对人将因此损失的利益时，才能撤回、废止或改变相应行政行为。四是行政机关撤销或改变其违法作出的行政行为，如这种违法情形不是因相对人过错造成的，要对相对人因此受到的损失予以赔偿。行政机关因公共利益的需要撤回、废止或改变其合法作出的行政行为，如这种撤回、废止或改变导致相对人损失，也要对相对人的损失予以补偿。

《中华人民共和国行政许可法》（以下简称《行政许可法》）第八条的规定体现了信赖利益保护原则："公民、法人或者其他组织依法取得的行政许可受法律保护，行政机关不得擅自改变已经生效的行政许可。行政许可所依据的法律、法规、规章修改或者废止，或者准予行政许可所依据的客观情况发生重大变化的，为了公共利益的需要，行政机关可以依法变更或者撤回已经生效的行政许可。由此给公民、法人或者其他组织造成财产损失的，行政机关应当依法给予补偿。"《税收征管法》第五十二条第一款规定，因税务机关的责任，致使纳税人、扣缴义务人未缴或者少缴税款的，税务机关在 3 年内可以要求纳税人、扣缴义务人补缴税款，但是不得加收滞纳金。对由于税务机关适用税收法律、行政法规不当或者执法行为违法而使纳税人、扣缴义务人未缴或者少缴的税款，可在3年内要求补缴但不得加收滞纳金。纳税人、扣缴义务人未缴或者少缴税款是由于对税务机关执法行为的信赖而导致的，因此，在补缴税款时不予加收滞纳金，在一定程度上体现了对纳税人信赖利益的保护。

在司法实践中，人民法院以信赖利益保护原则为由在税务行政诉讼案件裁判中对税务机关的征税行为进行合理性审查也时有发生。如在某包装印刷物资有限公司诉某市税务局稽查局一案中，一审法院以稽查局违背信赖利益保护原则为由判决撤销稽查局作出的税务处罚决定，稽查局不服提出上诉。二审法院支持了一审法院的观点认为：在区人民政府2014年46号、47号文件规定的包括地方税务机关在内的联合专项清查组，已给该企业核定了税款，税款已上缴，其他出租部分按合同约定由承租方缴纳，应缴的各种税金承租方也按税务部门核定的税款已上缴。企业基于对税务机关完税凭证的信赖而形成的信赖利益应予保护。税务机关作为联合执法五部门之一，未曾调查核实，未予充分考虑上述行为产生的法律后果，作出被诉行政行为，属明显不当，也存在适用法律错误。同时指出，税务机关未能充分考虑企业的涉案土地使用纠纷不断发生，大部分土地不能正常使用，不能整体开发，使用权属纠纷至今未能解决，特别是在国土资源部门经测定证明，政府出让给企业的土地之证载面积与实际占用使用土地面积相差巨大等实际情况，仍按证载面积核算税款，有失公平公正，不利于统筹兼顾保障国家税收和保护纳税人的合法权益，促进经济社会发展。

三、行政裁量权不得滥用

行政裁量权是法律、行政法规赋予行政机关在行政管理中依据立法目的和公正合理的原则，自行判断行为的条件，自行选择行为的方式和自由作出行政决定的权力。行政裁量权既是自由的，但又不是无限制的自由权力，行政裁量权的行使，必须在一定范围内根据一定原则合理行使。在行政法中，行政机关及其执法人员作出的行政行为虽然在其自由裁量权的范围内，但违背或者偏离了法律、法规的目的、原则，不合理地行使自由裁量权，属于滥用职权。不合理行使职权是构成滥用职权的实质要件。《中华人民共和国行政诉讼法》（以下简称《告诉诉讼法》）第七十条规定，“行政行为有下列情形之一的，人民法院判决撤销或者部分撤销，并可以判决被告重新作出行政行为：……（五）滥用职权的；……”，将“滥用职权”作为判断行政行为是否可被撤销的事由之一。

(一) 正确看待自由裁量权

法治反对人治，是反对人治的专横、任性、自私和自利因素，并不否定政府的自由裁量权。很多执法人员喜欢追求羁束裁量，认为立法越具体越细密越详细越好。但是在某些程度上，立法越详细、自由裁量空间越小，可能的实质合理性就越少；相反，行政执法领域的自由裁量空间越大，就越能更多地包含反映体现实质合理性。但是，自由裁量权越大，不确定性就越大，因而滥用自由裁量权的危险就越大。行政自由裁量权产生的原因主要在于立法能力的有限性，无法概览无余地预测、规范变幻不居、姿态万千的社会发展，有时候也不能用清晰、准确的语言描述规则，需要裁量来弥补。习近平总书记曾引用“法与时转则治，治与世宜则有功”（《韩非子·心度》）的典故，强调法律应当适应时代变化，必须体现党和人民事业的历史进步。在行政执法中，行政自由裁量权的行使在一定程度上便承担着“法与时转”的使命。法学家哈特就曾指出，由于语言的变迁、情境的多样化以及行政目的不确定，决定了自由裁量在法律秩序中要有不同程度的保留，使得根除自由裁量成为永远无法实现的梦想。行政自由裁量有着适应社会经济发展和性质规制的需要，更有利于实现个案的正义。

行政自由裁量存在两个层面的选择，一是行为选择，包括作为与不作为；二是在作为的前提下，产生的有关幅度、时间、程序、方式上的选择。如《税收征管法》第六十条规定，纳税人有下列行为之一的，由税务机关责令限期改正，可以处 2000 元以下的罚款；情节严重的，处 2000 元以上 1 万元以下的罚款：(1) 未按照规定的期限申报办理税务登记、变更或者注销登记的；……根据该条规定，法律规定税务机关“责令限期改正”及处以罚款的职责权限，但具体的行使方式则授予税务机关自由裁量，在法定的幅度内，具体处罚金额的确定也由税务机关自由裁量，并且，在立法中采用“可以处二千元以下的罚款……”这样的选择法律用语，意味着税务机关在个案处理时，可以选择作为与不作为。再如，《税收征管法》第六十二条规定，纳税人未按照规定的期限办理纳税申报和报送纳税资料的，或者扣缴义务人未按照规定的期限向税务机关报送代扣代缴、代收代缴税款报告表和有关资料的，由税务机关责令限期改正，可以处 2000 元以下的罚款；情节严重的，可以处 2000 元以上 1 万元以下的罚款。何为“情节严重的”，税务机关在适用时有一定范围内自定标准、自行判断和自行解释的自由。又如,《税收征管法》第三十五条规定:"纳税人有下列情形之一的,税务机关有权核定其应纳税额:……(六)纳税人申报的计税依据明显偏低,又无正当理由的。"其中,"明显偏低"的标准如何界定?何为"正当理由"?就是立法留给税务机关自由裁量的自由。

(二)合理行使自由裁量权

税收治理现代化的重点是约束行政机关的自由裁量权。现代化的税收治理以保护纳税人权利为起点,同样以保护纳税人权利为终点。行政自由裁量权的行使,应当符合合法行政与合理行政的要求,遵循比例原则,合乎法律的目的。如果行政机关或者执法人员滥用行政裁量权,即使形式上合法,但行政裁量权的滥用背离了法律的价值取向,往往对行政相对人的权益造成现实的损害,背离公正的基本要求。合理行使自由裁量权,从实体公正角度看,要求执法人员必须考虑相关因素,且不得考虑与行使裁量权不相关的事由。从程序正义角度看,自由裁量权的行使必须遵循正当程序原则。

1. 考虑相关因素

行政自由裁量权的行使是否考虑了相关因素以及是否考虑了不相关因素,对行政决定的合理性具有重要影响。相关因素是指在作出行政自由裁量决定时应该考虑的因素,它对作出决定的推理质量会产生一定的影响,能够保证行政行为基本上按照法律设定的目标方向作出,有助于推进和实现法律所体现的特定目的和政策。相关因素一般包括:法律明确规定的行使行政自由裁量权必须具备的法律和事实条件,以及与这些条件存在合理关联的其他因素;法律对行政机关权限和职责的规定;根据法律上下文的语境,对立法机关的意图的把握;根据行政法基本原则要求以及正确行使行政裁量权的情境和观念,推导出某些合理因素等。① 在行政执法中,对于相关因素的考虑,应当反映在行政机关对案件的集体讨论、审理审议、研究等记录或纪要中,并同时在行政决定、行政处罚告知等相关决定或文书中的说明理由中予以阐述。行政机关在行使裁量权时既要考虑应当考虑的相关因素,也不能节外生枝,考虑与行使裁量权不相关的事由。

2. 受到程序控制

法律法规往往在实体问题上授予行政机关自由裁量权,同时又会在程序上

① 余凌云. 行政法讲义[M]. 北京:清华大学出版社,2020:192-193.

对行政机关行使自由裁量权加以程序上的控制。即使立法上对行使自由裁量权的程序没有具体的要求，根据合理行政原则和程序正当的要求，行使自由裁量权也应当遵循必要的正当程序要求。一般来讲，行政自由裁量在程序方面应当遵循以下制度：

（1）告知制度。告知制度是指行政机关在行使自由裁量权时，在作出行政决定之前，应书面告知行政相对人拟作出的决定或者采取措施的理由、依据，以及陈述申辩、要求听证的方式和途径。《行政处罚法》第六十二条规定，行政机关及其执法人员在作出行政处罚决定之前，未依照该法第四十四条、第四十五条的规定向当事人告知拟作出的行政处罚内容及事实、理由、依据，或者拒绝听取当事人的陈述、申辩，不得作出行政处罚决定；当事人明确放弃陈述或者申辩权利的除外。《中华人民共和国行政强制法》（以下简称《行政强制法》）第三十五条规定，行政机关作出强制执行决定前，应当事先催告当事人履行义务。催告应当以书面形式作出，并载明下列事项：①履行义务的期限；②履行义务的方式；③涉及金钱给付的，应当有明确的金额和给付方式；④当事人依法享有的陈述权和申辩权。

（2）听取陈述申辩意见。听取陈述申辩意见制度是指行政机关在作出行政决定前，应当听取行政相对人的陈述、申辩意见，并进行复核的制度。我国《行政处罚法》第四十五条、《行政强制法》第三十六条均明确规定了当事人陈述和申辩的程序要求。《税收征管法》第八条规定，纳税人、扣缴义务人对税务机关所作出的决定，享有陈述权、申辩权；依法享有申请行政复议、提起行政诉讼、请求国家赔偿等权利。行政机关应当充分听取当事人的意见，对当事人提出的事实、理由和证据，应当进行记录、复核。当事人提出的事实、理由或者证据成立的，行政机关应当采纳。

（3）听证制度。听证制度是行政机关在作出影响行政相对人合法权益的决定前，由行政机关告知决定理由和听证权利，行政相对人表达意见、提供证据以及行政机关听取意见、接纳证据的程序所形成的一种法律制度。我国《行政处罚法》和《行政许可法》中均规定了听证制度。如《行政处罚法》第六十三条规定，行政机关拟作出下列行政处罚决定，应当告知当事人有要求听证的权利，当事人要求听证的，行政机关应当组织听证：①较大数额罚款；②没收较大数额违法所得、没收较大价值非法财物；③降低资质等级、吊销许可证件；④责令停产停业、责令关闭、限制从业；⑤其他较重的行政处罚；⑥法律、法规、规章规定的其他情形。

（4）职能分离制度。职能分离制度是指行政机关作出行政决定的人员、机构通常应分离，从事行政决定审理、审核人员要保持与调查人员、机构的相对独立性。如《税收征管法》第十一条规定，税务机关负责征收、管理、稽查、行政复议的人员的职责应当明确，并相互分离、相互制约。《税务稽查案件办理程序规定》（国家税务总局令第 52 号）第五条规定，稽查局办理税务稽查案件时，实行选案、检查、审理、执行分工制约原则。

（5）裁量基准制度。行政裁量权基准是指行政机关依职权对法定裁量权具体化的控制规则。中共中央、国务院印发的《法治政府建设实施纲要（2015—2020 年）》明确提出，建立健全行政裁量权基准制度，细化、量化行政裁量标准，规范裁量范围、种类、幅度。建立执法全过程记录制度，制定行政执法程序规范，明确具体操作流程，重点规范行政许可、行政处罚、行政强制、行政征收、行政收费、行政检查等执法行为。《行政处罚法》第三十四条规定，行政机关可以依法制定行政处罚裁量基准，规范行使行政处罚裁量权。行政处罚裁量基准应当向社会公布。国家税务总局在 2016 年 11 月 30 日就制定并公开发布了《税务行政处罚裁量权行使规则》（国家税务总局公告 2016 年第 78 号发布），统一了税务行政处罚领域行政裁量权行使基准。

第二节　遵循公平公正的合理价值

公平公正是人类社会追求的永恒价值理性，是衡量一个社会法治发展水平和文明程度的重要标志。法国思想家孟德斯鸠在《论法的精神》一书中曾写道："无论什么情况下，无论团体利益有多大，官吏永远只是官吏，待人处事不因亲疏和好恶而不同，他们就像法律一样，宽恕不是因为爱，惩罚不是因为恨。"行政机关在实施各种行政行为时，要以人为本，善于合理地、适当地协调不同的目标和利益，使各种行政关系得到最佳调整，使国家、社会的公益和个人、组织的私益得到最好的兼顾。

一、平等对待行政相对人

《宪法》第三十三条第二款规定："中华人民共和国公民在法律面前一律平

等。”中国共产党十八届四中全会将“坚持法律面前人人平等”确定为全面推进依法治国必须坚持的五大原则之一，并将“平等”定位为“社会主义法律的基本属性”。平等是法律的目标与价值，《牛津法律大辞典》将平等定义为“人或事物的地位完全处于同一标准或水平，都被同样对待”。在税收领域，平等原则也是各个国家税收制度所遵守的基本原则。亚当·斯密认为，税收平等原则要求“一国国民，都须在可能范围内，按照各自能力的比例，即各自在国家保护下享有收入的比例，缴纳国赋，维持政府”。

平等对待相对人、不歧视是公民在“法律面前一律平等”的宪法原则在行政法领域的具体体现。行政机关实施行政行为，无论是抽象行为还是具体行为，无论是授予权益行为还是要求履行义务行为，无论是赋予某种资格的行为还是科处某种处罚的行为，都必须依法平等地对待任何相对人，不能因相对人的身份、民族、性别、宗教信仰等的不同而对之予以不平等的待遇。平等原则要求行政机关在行政执法中要遵照“同等情况同等对待，不同情况不同对待”的要求，不得根据执法对象或相关人的种族、性别、社会出身等的不同而有所偏袒或进行歧视对待，做到秉公执法，不得因人而异。行政机关执法时，除非有正当理由，不得区别对待，不得选择性执法。平等原则是极其重要的法律理念，即使法律未明确规定“平等适用法律”，执法人员也应当依据平等原则公平处理公务，合理行使职权。

二、在个案中彰显公平公正

对行政机关而言，公平公正体现在每一个行政执法的个案中，没有个案公正，就没有执法公正。我国《行政处罚法》第五条确定了行政处罚公正原则。处罚公正的原则要求，行政处罚必须公平、公正，没有偏私，设定和实施行政处罚必须以事实为依据，与违法行为的事实、性质、情节以及社会危害程度相当。《税务行政处罚裁量权行使规则》第五条规定：“行使税务行政处罚裁量权，应当遵循以下原则：……（三）公平公正原则。对事实、性质、情节及社会危害程度等因素基本相同的税收违法行为，所适用的行政处罚种类和幅度应当基本相同。”我国《中华人民共和国行政复议法》（以下简称《行政复议法》）与《行政诉讼法》中，将具体行政行为“明显不当”列为可撤销、变更或者确认违法的情形之一。行政执法中的“明显不当”，一般是指行政处罚虽然在形式上不违法，但与法律的精神相违背，严重违反行政合理原则，处置结果明显不妥当、不公正、不具有合理性，损害了公民、法人或者其他组织的合法权益，是具有通常法律意识和道德水准的人均可判断的不公正。

例如，在“沈某诉某区税务局一案”中①，一审法院认为，沈某曾缴纳的税款自其与刘某基于以房抵债的行为不具备法律效力时，已不符合税的根本属性，不具备课税要素条件和税收依据，依法应予退还，否则将有违税法的立法精神和宗旨。但《税收征管法》第五十一条中没有与之完全相对应的适用情形，在此情况下，需要行政机关运用行政合理原则，正确行使自由裁量权。法院认为，行政合理原则，主要体现在行政机关自由裁量权的行使过程中，不仅应当按照法律、法规规定的条件、种类和幅度范围实施行政管理，且要符合法律的意图、精神和宗旨，符合公平正义等法的价值目标。《税收征管法》第五十一条规定：“纳税人超过应纳税额缴纳的税款，税务机关发现后应当立即退还”，其主旨也是考虑本着税收公平、公正等基本原则，赋予税务机关针对客观上确应予以退税的情形，不以期限限制而运用行政自由裁量权加以甄别和判断，以确保依法及时退还多缴税款，最大程度保护纳税人及相关利害关系人的合法权益。本案中，税务机关应遵循税法立法精神和税收法定、公平、公正等基本原则，综合考虑刘某一直通过民事诉讼等途径主张纳税损失等具体情况，对沈某提出的退税申请予以全面、客观、正确的评价和考量并作出实质性判定，切实解决在房产交易经司法审查不能继续履行的情况下，最大程度保护行政相对人合法权益的问题。根据对涉案事实的分析，沈某缴纳的税款性质发生变化，在已不具备课税要素以及税收依据的前提下应予以退还，如若不然，将不符合税收公平、适度、法治等基本原则。

三、体现税收实质正义

（一）量能课税与税收公平

量能课税是税法的基本原则，是宪法平等原则在税法上的具体化。量能课税，要求纳税不仅仅要按照税收法定主义的要求，而且要按照公平观念确定税收的负担，有的时候还要突破法律的形式规定，在实质公平理念指导下去征纳税款，确定纳税人的税收负担。量能课税原则不仅要求法律上形式平等的实

① “国家税务总局北京市西城区税务局等与沈恒二审行政判决书”，北京市第二中级人民法院（2019）京02行终963号，中国裁判文书网。

现，而且更加强调实质平等的贯彻。我国台湾学者葛克昌认为，税法不能仅仅视为政治决定的产物，更不能经由形式上的立法程序即取得正当合法依据，相反，它必须受正义等价值观念的拘束，而量能课税正是税法体现伦理要求的基本原则。量能课税不仅应成为税收立法的指导理念、税法解释的准则，同时还是税法漏洞补充的指针和行政裁量的界限。不过，在税务执法中适用量能课税原则，必须受到税收法定主义及其他法律原则的限制，不能任意地适用量能课税原则，而调整和改变税法关于税收负担能力的设定。

（二）实质课税与反避税

实质课税原则，是指对于某种情况不能仅根据其外观和形式确定是否应予课税，而应根据实际情况，尤其应当注意根据其经济目的和经济生活的实质，判断是否符合课税要素，以求公平、合理和有效地进行课税。实质课税原则在税法解释、反避税方面发挥了独特作用，既在一定程度上促进了税收正义，也在一定程度上保证了国家利益。① 实质课税原则的适用，不能违反税收法定原则，并且，应当具备三个条件：首先，适用实质课税原则的目的是追求税法上的公平和平等；其次，形式上的事实与事实上的实质存在不一致，适用税法上的形式课税会发生不公平的结果；最后，是否产生经济效果和经济生活的实质。

实务中，实质课税原则的适用，主要体现在税务机关反避税当中。一般认为，避税是一种滥用税法的行为。国际财税文献局（International Bureau of Fiscal Documentation）1988 年版《国际避税词汇》中将避税界定为：为税收目的，纳税人通过合法的安排减少他的纳税义务。如通过个人或企业实务的人为安排，利用税法的漏洞、含糊、不规范和其他缺陷，规避或减轻其纳税义务的行为。避税与节税、税收筹划的区别在于，避税违反了立法的意图或是采取了迂回、不合理的行为。在我国税法中，如关于独立交易原则、视同销售等规定，均体现了反避税的立场。实务中，税务机关适用实质课税原则解决个案中课税问题，也时有发生。例如，由最高人民法院再审的“陈建伟诉莆田市地方税务局稽查局行政复议案”“林碧钦与莆田市地方税务局稽查局行政复议案”中，人民法院对税务机关适用实质课税原则与量能课税原则处理个案中的税收课征予以了肯定。

---

① 刘剑文，王文婷．实质课税原则与商业创新模式［J］．税收经济研究，2011（2）．

第三节　掌握法律实施的合理方法

孟子曰："徒善不足以为政，徒法不足以自行。"（《孟子·离娄上》）法律的生命力在于它在社会生活中的具体实施。2015 年 6 月 26 日，习近平总书记在十八届中央政治局第二十四次集体学习时的讲话中强调指出："法规制度的生命力在于执行。'盖天下之事，不难于立法，而难于法之必行。'现在，我们有法规制度不够健全、不够完善的问题，但更值得注意的是已有的法规制度并没有得到严格执行。"法律实施的方式有法律遵守、法律执行、法律适用和法律监督等。国家行政机关的法律执行活动使得大多数法律在社会生活的各个领域发挥作用，是法律实施的主要途径。行政机关要执行好法律，就必须将这种抽象、概况的法律规定适用于鲜活、具体的个案之中，这个过程体现着执法人员对法律推理方法的运用，体现着执法人员对法律规则的"理解"和"解释"，体现着执法人员对事实发现和证明方法的运用。作为执行国家税法的税务人员，除了具有良好的法律知识基础，还需要学会运用法律推理、法律解释等法律思维来分析问题、解决问题，以更好地推动精确执法。

一、法律推理方法

推理，是逻辑思维的基本形式之一，是由一个或几个已知的判断（前提）推出新判断（结论）的过程。在推理中，用作推理根据的命题或命题集叫作前提，经过推理得到的命题叫作结论。前提和结论之间存在一种程度不一的证据支持关系，即"证据支持度"。这种思维活动在法律领域中的运用就泛称法律推理，即以法律规则和事实两个已知的判断为前提，运用科学的方法和规则，从而为法律适用结论提供正当理由的一种逻辑思维活动。麦考密克在《法律推理与法律理论》一书中指出："我将法律推理视为实践理性得以应用的一个分支，所谓实践理性，亦即人们运用理性决定在特定情势下如何行动才算正当"。就执法人员而言，运用法律推理的核心任务是为其行为的正确性和妥当性提供正当理由，是一种寻求正当性证明的推理。执法人员执行法律的过程中，需要通过法律推理回答以下问题：①所选择和适用的法律规范的正确含义及其有效性；②所实施行政行为是否合法或者正当；③行政相对人是否拥有权利、是否拥有义务、是否应当负法律责任等。现行有效的法律规范是进行法律推理的前提，也是法律推理的制约条件。在我国，宪法、法律、行政法规、地方性法规等正式法律渊源都是法律推理的前提，同时，在缺乏明确法律规定情况下，法律原则、政策、法理和习惯都可以作为法理推理的前提，成为法律行为的正当性根据。法律推理主要分为形式推理与辩证推理两类。

（一）形式推理

形式推理又称分析推理，就是运用形式逻辑进行推理。根据运用的逻辑方法不同，形式推理方法又进一步可分为演绎推理、归纳推理和类比推理。

1. 演绎推理

演绎推理是由一般到特殊的推理方法。与归纳推理相对，推论前提与结论之间的联系是必然的，是一种确实性推理。在法律适用中，演绎推理就是根据一般性的法律规范（大前提）与事实认定（小前提），按照符合演绎的方式将结论（执法决定或判决）从一般性的法律规范之中演绎出来。在形式逻辑上，三段论的推论形式为，大前提是T，小前提是S，如果T有法律效果R，则当S与T相对应时，也能够产生R的效果。三段论的推理形式可用公式表示如下：

T→R（如果具备T的要件，则适用R的法律效果）

S = T（特定的案件事实符合T的要件）

S→R（得出结论即适用R的法律效果）

在具体个案处理中，寻找恰当的法律依据与法律规则的理解和解释密不可分。首先，执法人员必然要对案件事实进行认定，确定其中的法律关系性质，即按照法律的要件发现或者识别案件事实。其次，执法人员需要解释大前提（法律依据）与小前提（案件事实）之间的联系。在三段论推理的过程中，必然要通过一定的方法将大前提中的规范要件和小前提中的事实要件密切地结合在一起，以得出对个案处理而言妥当的定性处理结论，这个过程被称为“涵摄”。涵摄就是将普遍、抽象的法律规则与具体案件事实相涵摄，以实现法律规范对预设事实的调整。最后，执法人员还应当进行必要的法律论证，说明案件定性处理的理由，通过合乎逻辑、事实或理性的方式来证明行政决定的正确性和正当性。

2. 归纳推理

归纳推理是一种由个别到一般的推理。在法律推理中归纳是一种回溯，是从案件到规则或规范、从个别到一般的综合性推理。归纳推理的任务在于通过整理、概括经验事实，使分立的、多样的事实系统化、同一化，从而揭示出对象的规律性。法律适用过程中运用归纳推理的典型是英美国家的判例法制度，正如卡多佐法官所说："普通法的运作并不是从一些普适的和效力不变的前定真理中演绎推导出结论，它的方法是归纳的，它从具体中得出它的一般。这是普通法规则产生的方式，判例主义的推理正是循着这样的路径展开的。"

一般认为，归纳推理在正确性方面有局限性，但归纳推理也具有一些优点，如同样案件同样处理，不断积累经验、修正错误，填补制定法的空隙、弥补制定法的不足等。因此，我国也借鉴判例法制度的有益经验，建立了案例指导制度。2010 年 11 月 26 日，最高人民法院发布了《关于案例指导工作的规定》(法发〔2010〕51 号)，明确由最高人民法院发布的指导性案例，各级人民法院审判类似案例时应当参照。2020 年 7 月，最高人民法院发布《关于统一法律适用加强类案检索的指导意见（试行)》(法发〔2010〕24 号)，要求检索到的类案为指导性案例的，人民法院应当参照作出裁判，但与新的法律、行政法规、司法解释相冲突或者为新的指导性案例所取代的除外。检索到其他类案的，人民法院可以作为作出裁判的参考。公诉机关、案件当事人及其辩护人、诉讼代理人等提交指导性案例作为控（诉）辩理由的，人民法院应当在裁判文书说理中回应是否参照并说明理由。税务机关在行政执法中，可以借鉴人民法院类案检索制度，在个案处理中，借鉴归纳推理的思维方法，参照以往判例中人民法院的裁判要旨和观点，对同样或类似案件，尽可能做出同样的处理。

3. 类比推理

法谚云：同一理由，同一法律；类似事项，类似判决。类比推理亦称"类推"，是指根据两个或两类对象某些属性相同从而推出它们在另一些属性方法上也可能存在相同点的推理。类比推理符合"同案同判，类案类判"的正义原则。我国《民法典》有很多条文采用了"参照适用"的表述，就属于法律明确规定的类推。如《民法典》第五百二十一条第三款规定："连带债权参照适用本章连带债务的有关规定。"第六百四十六条规定："法律对其他有偿合同有规定的，依照其规定；没有规定的，参照适用买卖合同的有关规定。"

（二）辩证推理

辩证推理又称实质推理，它是对法律规定和案件事实的实质内容进行价值评价或者在相互冲突的利益间进行选择的推理。当作为推理前提的是两个或两个以上的相互矛盾的法律命题时，借助于辩证思维从中选择出最佳的命题以解决法律问题。辩证推理通常适用于疑难案件处理中，如案件涉及的法律规定本身意义模糊，或者出现了法律漏洞或法律空隙，或者涉及的法律规定明显落后于社会发展情势，出现“合法”与“合理”的矛盾等。辩证推理的方法主要有法律解释、论辩、劝说、法律推定、法律拟制等。辩证推理的依据包括法律原则、国家政策、立法精神与目的、法学理论、国际通行做法，以及行业规范、公平、正义观念、判例等。

二、不确定概念与法律漏洞

（一）不确定概念的价值补充方法

法律中的不确定概念是指在内涵和外延上都具有广泛不确定性的概念，如“过错”“合理期限”“善意”“公序良俗”“显失公平”“相当数额”等。奥地利法学家藤策尔（Tenzer）教授最早针对行政法上的自由裁量权问题提出不确定概念，并阐明了研究不确定概念的重要性。不确定概念对社会生活现象进行了高度的概括和抽象，从而使其具有较大的包容性，能够适用于较为广泛的对象，从而可以应对社会不断发展的需要。然而，不确定概念由于其内涵和外延具有不确定性，无法清晰界定其内涵和外延，因而既难以从立法上对其进行定义，也难以通过概念阐释、文义分析等方式对其作出解释。

在税务行政执法中，个案中的税收法律适用不可避免地要对不确定概念进行具体化阐释。由于不确定概念和一般条款具有抽象性、模糊性等特点，无法通过狭义法律解释方法进行解释，这就需要借助类型化的方法，使不确定概念和一般条款变得更为具体、明确，尤其是使其能够与特定的案件相连接，这也有助于实现法的安定性与个案正义之间的平衡。类型化是以类型思维为基础的法律解释方法。所谓类型思维，是指以特征为判断标准，以归类列举为手段，以变动和开放为特点的思维方式。类型思维难以准确界定某类事物的本质属性，而只是借助于事物的主要特征来进行描述，它所指称的事物无法通过抽象概念来界定。类型化是针对不确定法律概念的一种价值补充方法，在价值补充中，要对不确定概念和一般条款进行类型化，必须探究立法目的，以确定待决事项能否通过相关的不确定概念和一般条款进行调整。在类型化的过程中，需要以生活经验为基础进行逻辑上的归纳和总结，发现存在的类型，进而上升到法律规范的层面。

类型化的实质是一种提炼、抽象和概括，是将具有相同特征的事物归纳为同一类别的过程。法律未明确规定的情形纳入法律已经规定的类型之中，将法律未规定的情形与法律明确规定的情形进行类似性比较。即将案件的具体情况与类型化的样态加以比较，确定是否具有类似性，以保障类似案件类似处理。如果法律规则明确列举了一些示例，在类型化的过程中，如果需要将相关事项纳入该规则的调整范围，则该事项应当与该规则所明确列举的事项具有相似性，从而做到类似事项、类似裁决。与之相应，如果事项之间不具有相似性，则应当作不同的处理。在价值补充中，要对不确定概念和一般条款进行类型化，也必须首先探究立法目的。只有在立法目的的指引下，才能进行妥当的类型化。

（二）法律漏洞填补方法

法律漏洞是指由于立法者未能充分预见待调整社会关系，或者未能有效协调与现有法律之间的关系，或者由于社会关系的发展变化超越了立法者立法时的预见范围等原因而导致的立法缺陷。法律漏洞填补必须以法律漏洞的存在为前提。税务执法实践中确实存在着一些法无明文规定的情况，许多人即认为存在法律漏洞。实际上，许多规则是立法者刻意回避，或者立法者将其作为未来法律作出安排，如果立法者已经预见到相关社会需求并有意采取排斥态度的，则应当认为是立法者已经给出了否定的结论，而并非存在法律漏洞。此外，在个案处理中，从表面上看缺乏具体的法律规则可供适用，但如果能够通过解释的方法来发现规则，就不属于法律漏洞。法律漏洞的填补必须在穷尽了所有狭义的法律解释方法之后也无法寻找法律适用的大前提下，才能进行漏洞填补。在识别法律漏洞时，执法人员必须依据立法目的和立法意图的考量来确定立法者是有意排斥某项规则，还是因为疏忽而未做任何安排。在法律漏洞填补过程中，也必须结合立法的目的、精神和价值进行。填补漏洞应当有正当充分的理由，而且应当尽到更充分的论证义务。法律漏洞填补的方法主要有类推适用、目的性扩张解释、目的性限缩解释。

1. 类推适用

类推适用，是指在对特定的案件缺乏法律规定时，比照援引与该案件类似的法律规定，将法律的明文规定适用于法律没有规定、但存在与明文规定相类似的情形。类推适用虽然是以法律的规定为基础，是从文本出发进行的法律解释，但其已经超出了法律文义的可能范围，因此属于漏洞填补方法。类推的理论基础在于平等原则，即类似情形类似处理。通过类推适用，可以实现法的适用的妥当性的效果。类推适用应遵循以下规则：一是类推适用不能违背立法者的意愿。二是类推适用原则上不能加重当事人的责任，即使要加重当事人的责任，也必须有充分的理由。三是类推适用原则上不适用于例外规定，例外规定都是基于特殊的法政策考量而确立的，因此，例外规定原则上不可以类推。例如，我国《税收征管法》第五十二条规定了因税务机关的责任，致使纳税人、扣缴义务人未缴或者少缴税款；因纳税人、扣缴义务人计算错误等失误，未缴或者少缴税款的追征期。同时规定，对偷税、抗税、骗税的，税务机关追征其未缴或者少缴的税款、滞纳金或者所骗取的税款，不受前款规定期限的限制。但是，对《税收征管法》第六十四条第二款，纳税人不进行纳税申报，不缴或者少缴应纳税款的，并未明确是否有追征期的限制。针对这一立法上的不足，国家税务总局在《关于未申报税款追缴期限问题的批复》（国税函〔2009〕326号）中明确："税收征管法第六十四条第二款规定的纳税人不进行纳税申报造成不缴或少缴应纳税款的情形不属于偷税、抗税、骗税，其追征期按照税收征管法第五十二条规定的精神，一般为三年，特殊情况可以延长至五年。"体现了类推适用的方法。

关于税款追征期的适用问题，在"广州德发房产建设有限公司诉广州市地方税务局第一稽查局案"中，最高人民法院审理认为："税收征管法对税务机关在纳税人已经缴纳税款后重新核定应纳税款并追征税款的期限虽然没有明确规定，但并不意味税务机关的核定权和追征权没有期限限制。税务机关应当在统筹兼顾保障国家税收、纳税人的信赖利益和税收征管法律关系的稳定等因素的基础上，在合理期限内核定和追征。在纳税义务人不存在违反税法和税收征管过错的情况下，税务机关可以参照《税收征管法》第五十二条第一款规定确定的税款追征期限，原则上在 3 年内追征税款。本案核定应纳税款之前的纳税义务发生在 2005 年 1 月，广州市地税局第一稽查局自 2006 年对涉案纳税行为进行检查，虽经 3 年多调查后，未查出德发公司存在偷税、骗税、抗税等违法行为，但依法启动的调查程序期间应当予以扣除，因而广州市地税局第一稽查局 2009 年 9 月重新核定应纳税款并作出被诉税务处理决定，并不违反上述有关追征期限的规定。德发公司关于追征税款决定必须在 2008 年 1 月 15 日以前作出的主张不能成立。"

2. 目的性扩张

目的性扩张是指在法律规定的文义相对于其意义有可能过于狭窄时，为了贯彻立法目的，依据法律条文的规范意旨（或称为立法意旨、法律理由）对该规范的内容进行扩张，作出超过其文义的解释。目的性扩张不同于扩张解释，二者虽然都扩张法律条文的含义，而且也都能够在一定程度上使法律规则适应社会发展的需要，但二者存在重要的区别：在扩张解释的情形下，所得出的解释结论并没有离开法律的核心文义，而在目的性扩张的情形下，相关的解释结论已经偏离了法律规则的核心文义，因此，目的性扩张在性质上属于法律漏洞的填补方式。目的性扩张是以法律条文的立法目的为基础进行的漏洞填补，是解决法律规避问题的重要方法。法律规避并非都应当受到法秩序的否定性评价，目的性扩张可以成为解决法律规避问题的重要方法。

3. 目的性限缩

目的性限缩，是指在适用法律时，发现有关法律规范适用于某个特定案件，不符合法律调整目的的要求，则可以将该案件排除在法律规定的适用范围之外，从而追求法律适用的目的。目的性限缩仅适用于法律条文的字面含义超出了依据立法目的确定的其应当适用范围的情形，而不适用于其他类型的法律漏洞。目的性限缩属于法律漏洞填补的方式，其所得出的解释结论将超出法律文本可能的文义范围，因此，其不同于限缩解释。目的性限缩是基于法律条文的立法目的所进行的漏洞填补，以立法目的的考量为基础，即在考虑法律条文立法目的的基础上，将法律条文可以涵盖的类型作区别处理，进而将那些不符合立法目的的类型排除在该法律条文的适用范围之外。

三、事实认定与证据运用

“以事实为基础，以法律为准绳”是行政机关在执法活动中应当遵循的一项基本原则。税务机关在执法中必须在查清事实后，才能作出税务行政行为，如果作出的税务行政行为认定的事实主要证据不足，就意味着该行政行为缺乏事实基础，属于违法行政行为。在社会生活中，我们总认为事实是客观存在的，不以人们的主观意志为转移。但在法律实施过程中，事实从来不是独立于法律而存在的。我们在进行法律推理时，既要受到现行法律的约束，同时也要综合考虑价值、利益、历史、目的诸要素，因此，认定案件事实的过程也是法律推理的一部分。在法律适用的三段论推理中，事实发现属于寻找“小前提”

的过程，构成演绎推理的基础。事实、证据和法律适用三者之间存在着紧密的对应关系，认定案件事实，必须以证据为根据，适用法律规则，必须以案件事实为基础。

（一）待证事实

在执法活动中，需要运用证据加以证明的案件事实及有关事实即待证事实，也称为证明对象。需要注意的是，证明对象是法律规定的要件事实，即执法人员在执法活动中必须查明的事实。在证据制度中，证明对象是首要环节，只有明确了证明对象，才能进一步明确由谁负责证明（证明责任），证明到何种程度（证明标准），以及如何进行证明（证明程序）。证明对象决定着证明活动的方向，在行政执法实践中，对某一具体案件进行处理时，执法人员如能准确地确定证明对象，将有助于明确目标，既不会遗漏案件中必须查明的事实，同时也能够有效地避免在与案件联系不大的枝节问题上浪费时间和精力，从而正确而有效地收集、调查和运用证据，以查明案件事实，正确处理案件，有利于提高办案效率。

在税务行政诉讼中，税务机关作为被告，需要提出证据证明的证明对象主要包括：

（1）被诉税务具体行政行为所依据的事实。我国《行政处罚法》第四十条规定，公民、法人或者其他组织违反行政管理秩序的行为，依法应当给予行政处罚的，行政机关必须查明事实；违法事实不清、证据不足的，不得给予行政处罚。法律要求行政机关对行政相对人作出具体行政行为时，必须首先具有事实依据。在行政诉讼中，被告必须首先就自己作出具体行政行为所依据的事实向法院提供证据。被告作出的具体行政行为合法与否，与是否有事实依据关系密切，没有事实依据或事实依据不充分，该行政机关很难在此基础上正确适用法律。因此，法律不允许行政机关在没有任何事实依据的情况下对行政相对人作出具体行政行为。

（2）被诉税务具体行政行为是否符合法定程序。我国《行政处罚法》第三十八条第二款规定，违反法定程序构成重大且明显违法的，行政处罚无效。《行政诉讼法》第七十条规定，具体行政行为违反法定程序的，判决撤销或部分撤销，并可以判决被告重新作出具体行政行为。行政程序的合法性属于行政行为合法性的一个要素，属于司法审查的范围。因此，行政机关在行政诉讼中应当对此承担举证责任，否则也会因此而导致败诉。

（3）被诉税务具体行政行为的合理性。《行政处罚法》第五条第二款规定，设定和实施行政处罚必须以事实为依据，与违法行为的事实、性质、情节以及社会危害程度相当。行政合理性是行政执法的基本要求，在行政诉讼中，行政机关应当对被诉具体行政行为的合理性承担举证责任，否则，可能因为“明显不当”而败诉。

（二）证据及其种类

通常来讲，可以证明案件真实情况的一切事实，都是证据。证据应当具备真实性、合法性、关联性。根据《行政处罚法》及《行政诉讼法》规定，税务行政执法证据主要包括以下八类：

（1）书证。书证是指以文字、图画或者符号等方式所表达的思想或记载的内容来证明案件事实的书面文件或其他物品。能够作为书证对案件事实起到证明作用的物质资料应当具备如下条件：①书证必须是以文字、图画或者符号等方式记载或者表达人的一定思想的文件或者物品，并能够为一般人所认识和理解。这是书证最基本的条件，也是书证区别于物证的最本质的特征。②书证本身应当是真实的，是当事人或者书证的提供者在案件发生过程中或之后制作的，是其意思的真实反映。③书证所记载的内容真实可靠，且与待证事实存在关联，因而能够用以证明案件事实。

（2）物证。物证是指以其外部特征、存在的场所和物质属性证明案件真实情况的一切物品或者痕迹。从物证的这一概念出发，可将诉讼中的物证划分为物品和痕迹两大类，还可进一步分为实体物证、微量物证、气味物证和气体物证等。物证通过其外部特征、存在的特定场所或者本身体现的物质属性来发挥证明案件事实的作用。物证的外部特征，主要是指物证的形状、大小、数量、新旧、破损程度等；物证的存在场所是指它所处的位置、所占有的空间和时间范围等；而物证的物质属性则表现为物证所具有的重量、质量、成分、结构、材料、性能等。

（3）视听资料。视听资料是指以录音、录像、扫描等技术手段，将声音、图像及数据等转化为各种记录载体上的物理信号，并证明案件事实的证据。视听资料是随着科学技术的发展而出现的一种新型的证据。与物证相比，视听资料虽然也是一种实体物（磁带、录像带等），但它在诉讼中的证明作用并非在于它的外部形态、规格、质量和特征，能起证明作用的是它的内容，即它的音、像、信息和存储资料，因此不能将视听资料归属于物证，它是独立于物证之外的证据。与书证相比，书证是以其文字、符号、图画所表达的内容来证明案件事实是否存在的，而视听资料是以声调、图像、存储资料、信息对案件的事实起证明作用的，这和书证也有重大区别，因此视听资料也无法划归书证的范围。

（4）电子数据。电子数据是指通过电子邮件、电子数据交换、网上聊天记录、博客、微博客、手机短信、电子签名、域名等形成或者存储在电子介质中的信息。数字化是电子数据区别于传统证据类型的根本特征。电子数据与其他证据相比技术含量高，未经过计算机专业培训的人员难以辨别和认识，具有高科技性。

（5）证人证言。证人证言是指了解案件情况的除案件当事人以外的自然人对案件事实的陈述。证人证言在税务执法案件中运用广泛，对查清案件事实具有重要作用。一是证人证言通常能够对案件事实作出明确的回答，因此对案件情况往往起到直接的证明作用；二是证人证言还可以为执法人员提供尚未掌握的证据线索，为进一步收集证据指明方向；三是证人证言可以成为核实其他证据的手段，通过证人证言与其他书证、物证、视听资料、当事人陈述等证据的相互印证，核实各类证据的真实性。

（6）当事人的陈述。当事人的陈述是指税务案件当事人就其所了解的税务案件事实情况向税务机关做出说明。当事人陈述作为证据使用具有两面性：一方面，当事人大都是案件事实的亲历者，是引起争议的实体法律关系发生、变更和消灭的实施者，因此当事人对双方争议的事实情况的了解和掌握最直接、最全面。为证明自己主张的正当性和合理性，当事人往往会主动积极地向执法人员陈述他所知道的有关案件的事实情况。另一方面，由于当事人与案件处理结果有直接的利害关系，为此当事人可能会隐瞒对自己不利的有关事实和证据，而夸大甚至编造对自己有利的事实和证据，向税务机关作虚假的陈述。因此，当事人陈述一方面比任何其他证据形式都更能反映案件的事实情况，但同时又不能忽视其陈述虚假的可能性。

（7）鉴定意见。鉴定意见，是指受税务机关的委托或者聘请，法定鉴定部门运用专业知识，利用专门的仪器、设备，对税务案件中有关的专门性问题进行鉴定后做出的技术意见。鉴定意见通常只涉及案件中需要运用专门知识和技能才能解决的专门技术性问题，而不能解决法律性问题。税务案件中涉及鉴定意见的范围和类型主要包括文件鉴定、痕迹鉴定、司法会计鉴定、物品鉴定、物价鉴定、电子数据鉴定等。

（8）现场（勘验）笔录。现场笔录指执法人员在执行职务的过程中对某些事项当场所做的能够证明案件事实的记录。勘验笔录是指执法人员对物品、现场进行察勘、检验后所做的能够证明案件情况的记录。现场笔录是税务执法案件中比较常见的证据形式之一，同时也是行政诉讼中所特有的证据形式。现场笔录不同于勘验笔录，从制作主体来看，它仅限于行政机关，是由行政机关的执法人员在行政相对人的参加下制作的，司法机关和行政相对人都无权制作现场笔录。从制作的内容来看，它所记载的内容是正在发生或刚刚发生的现场事实，既不能事先提前作好，也不能在事后予以补作。

（三）证据收集与运用

证据必须经查证属实，方可作为认定案件事实的根据。以非法手段取得的证据，不得作为认定案件事实的根据。在税务执法活动中，证据收集必须坚持依法收集证据和全面、客观公正收集证据的基本原则，依照法定职权，法定方式、条件、步骤，全面、客观、公正地调查，收集有关证据。在行政复议和行政诉讼中，能够反映案件真实情况、与待证事实相关联、来源和形式符合法律规定的证据，才能作为认定案件事实的根据。在证据收集和运用过程中，应遵循以下证据规则：

1. 证据排除规则

根据《最高人民法院关于行政诉讼证据若干问题的规定》（法释〔2002〕21 号）第五十七条的规定，以下证据不能作为定案证据：①严重违反法定程序收集的证据材料；②以偷拍、偷录、窃听等手段获取侵害他人合法权益的证据材料；③以利诱、欺诈、胁迫、暴力等不正当手段获取的证据材料；④当事人无正当事由超出举证期限提供的证据材料；⑤在中华人民共和国领域以外或者在中华人民共和国香港特别行政区、澳门特别行政区和台湾地区形成的未办理法定证明手续的证据材料；⑥当事人无正当理由拒不提供原件、原物，又无其他证据印证，且对方当事人不予认可的证据的复制件或者复制品；⑦被当事人或者他人进行技术处理而无法辨明真伪的证据材料；⑧不能正确表达意志的证人提供的证言；⑨不具备合法性和真实性的其他证据材料。

2. 补强证据规则

补强证据规则，是指某一证据由于其存在证据资格或证据形式上的某些瑕疵或弱点，不能单独作为认定案件事实的依据，必须依靠其他证据的佐证，借以证明其真实性或补强其证据价值，才能作为定案的依据。根据《最高人民法院关于行政诉讼证据若干问题的规定》第七十一条的规定，下列证据不能单独作为定案依据：①未成年人所作的与其年龄和智力状况不相适应的证言；②与一方当事人有亲属关系或者其他密切关系的证人所作的对该当事人有利的证言，或者与一方当事人有不利关系的证人所作的对该当事人不利的证言；③应当出庭作证而无正当理由不出庭作证的证人证言；④难以识别是否经过修改的视听资料；⑤无法与原件、原物核对的复制件或者复制品；⑥经一方当事人或者他人改动，对方当事人不予认可的证据材料；⑦其他不能单独作为定案依据的证据材料。

3. 最佳证据规则

最佳证据规则，是指某一特定案件的事实，只能采用最令人信服和最有说服力的最佳证据予以证明。根据《最高人民法院关于行政诉讼证据若干问题的规定》第六十三条的规定，证明同一事实的数个证据，其证明效力一般可以按照下列情形分别认定：①国家机关以及其他职能部门依职权制作的公文文书优于其他书证；②鉴定结论、现场笔录、勘验笔录、档案材料以及经过公证或者登记的书证优于其他书证、视听资料和证人证言；③原件、原物优于复制件、复制品；④法定鉴定部门的鉴定意见优于其他鉴定部门的鉴定意见；⑤法庭主持勘验所制作的勘验笔录优于其他部门主持勘验所制作的勘验笔录；⑥原始证据优于传来证据；⑦其他证人证言优于与当事人有亲属关系或者其他密切关系的证人提供的对该当事人有利的证言；⑧出庭作证的证人证言优于未出庭作证的证人证言；⑨数个种类不同、内容一致的证据优于一个孤立的证据。

4. 免证事实规则

免证事实规则，是指某些特定事实无须证据证明，可直接认定案件事实。根据《最高人民法院关于行政诉讼证据若干问题的规定》第六十八条规定，下列事实可以直接认定：①众所周知的事实；②自然规律及定理；③按照法律规定推定的事实；④已经依法证明的事实；⑤根据日常生活经验法则推定的事实。其中，①③④⑤项，当事人有相反证据足以推翻的除外。

延伸阅读

自由裁量就是透过法律去发掘正义。

——法谚

法律不规定正确的定义，而委任善良人裁量。

——法谚

法律决不能违反理性，以及法律之所以成为法律，不在于其文字也就是不在于其每一部分的结构如何，而在于其是否符合于立法者的意向，这是我们的法律家所同意的。

——［英］霍布斯《利维坦》

法律推理是建设性阐释的一种运用，我们的法律存在于对我们的整个法律实践的最佳论证之中，存在于对这些法律实践作出尽可能最妥善的叙述之中。

———［美］德沃金《法律帝国》

法律文字是以日常语言或借助日常语言而发展出来的术语写成的，这些用语除了数字、姓名及特定技术性用语外都具有意义的选择空间，因此有多种不同的说明可能。正因为有此种多样的说明可能性，语言才具有丰富的表达力及配合各该情势的适应力。假使以为，只有在法律文字特别“模糊”“不明确”或“相互矛盾”时，才需要解释，那就是一种误解，全部的法律文字原则上都可以，并且也需要解释。需要解释本身并不是一种——最后应借助尽可能精确的措施来排除的——缺陷，只要法律、法院的判决、决议或契约不能完全以象征性的符号语言来表达，解释就始终需要。

关于一个解释何时可以认为“适当”的问题，其取决于解释该文字的目的为何。在日常生活中，或者要认识某段话、一封信或其他记载之原创者的意见，或者要借助文字（更好、更精确、更广泛地）认识该文字指称的事物。后者的适例：对技术性事物的口头或书面说明、使用说明书、专业书籍或报纸。于此，只有当原创者的意见有助于理解事物，才会被关切。相反地，在文学上自我见证的文字，在包含——解释者拟欲探知的——个人立场之陈述，在个人经历的描述中，原创者的意见就变成解释的目标。因解释目标不同，“在诠释学意义上重要的”情况亦异。

无论何种文字，解释非仅关涉个别语词的意义，其关切的毋宁是：依据一定顺序排列而成之语词、语句的意义，借此足以表达一连贯的思想脉络。虽然唯有透过对个别语词、语句的理解，才能获得其连贯的意义，然而，在一般语言中，每个个别的语词每次使用的意义未必均同。语词的意义大都有或大或小的变化范围，此处所指的，或应被了解的意义究系何者，经常须借助语词在文中的位置，以及（在某段谈话或文字的该当位置上）该当语词所处的意义脉络来确定。由此产生理解程序上的特定，大家称之为“诠释学上的循环”。简要言之，其意指：每个语词当下的意义只能透过整个文字的意义关联来取得，后者最后又必须借助——构成它的——个别语词即语词组成的适切意义才能得以确定；因此，每位解释者（或者每位想理解一段有意义关联的文字及谈话者）在探求每个语词的字义时，必须事前考量这个语句及文字的预定意义，以此预定意义为出发点，但是至少在疑问发生时，就应该回头去考虑起初假定的字义，然后在必要时或者修正此字义，或者修正其对整个文字的预定理解，直到两者相互一致为止。

理解程序的开端通常是一种——有时还相当模糊的——意义期待，它经常是在初次的匆匆一瞥中产生。解释者带着“先前理解”来面对各该文字，亦唯有借助“先前理解”才能获得前述的意义期待。先前理解涉及文字拟处理的事物以及用文字言说事物时所应用的语言。假使欠缺这两方面的先前理解就很难，或者根本无法构成一种“意义期待”。但是，若要进入理解程序中，解释者需要这种意义期待，即使在理解程序中可能证明它并不足够，必须做相应的修正。就有关事物，一个人愈是作长期并深入的探讨，他就愈能构成一个适当的意义期待，愈能够快速地结束其理解程序。

——［德］卡尔·拉伦茨《法学方法论》

第四章　新时代税收法治之程序性思维

法治意义上的程序一般分为狭义上的程序和广义上的程序。狭义上的程序是指国家机关行使国家权力所必须遵循的步骤、方式和时限的过程。国家机关行使国家权力的各个方式按照一定的步骤串联起来，形成了行为的全过程，也就构成了程序。广义上的程序，还包括作出行为的主体的合法性和正当性。

依据国家机关行使的国家权力的性质和特点不同，程序可以分为立法程序、行政程序和司法程序。立法程序是国家立法机关制定法律、法规及其他规范性文件的程序，一般包括提案、审议、表决、通过和公布等基本程序。行政程序是行政主体实施行政行为的步骤、方式和时限。行政立法程序是由行政主体在制定行政法规、规章过程中应当遵守的方式、步骤和时限所构成的一个连续过程。行政立法程序属于行政程序，而非立法程序。司法程序是指司法机关办理案件的程序，一般包括起诉、受理、审理、判决和执行等基本程序。立法程序的最大特点是民主，行政程序的最大特点是效率，司法程序的最大特点是公正。

程序依据不同的形态，可以分为正当程序和法定程序。正当程序属于理念层次，法定程序属于制度层次。从理论上说，正当程序与法定程序应是相同的，即将正当程序的理念法定化为制度形态的程序。换言之，法定程序是正当程序的法定化、制度化。然而，在现实中，法定程序与正当程序之间通常存在一定差距。国家机关首先必须严格依照法定程序行使公权力，在此基础上，还应该按照正当程序的要求行使公权力。

第一节　树立正当程序意识

著名法学家边沁曾讲过这样一个故事：两人分一块饼。只能用刀来切，没有任何的尺子、天平之类的测量工具来保证一刀下去，饼能公平地被分成平等的两份。也就是说，两人都有可能在这次利益的分配中吃亏或者占到便宜，这次分割将注定是难以达到实质公平的。那么，怎样做才能让两人心服口服呢?

边沁给了一个答案：一人切，另一人先拿。正义是法治的核心价值之一。法的正义包含实体正义和程序正义。但两者不能兼顾的时候，我们要如何做出取舍？康德曾就此有过精彩的阐述，他说："一次不准确的判决污染的只是水流，而一次不公正的判决污染的却是水源。"实体正义和程序正义，无论哪一个，都不比另外一个距离真正的正义更近。但是，程序正义，却离法律的正义更近。

程序正义又叫"程序公正"，被称为"看得见的正义"，它的重要性可以通过两句法律谚语来体现——"正义不仅应当实现，而且要以人们看得见的方式实现""看不见的正义非正义"。这里"看得见的方式"主要是指程序的公开透明，即公权力行使方式的公开透明。很多人往往认为，只要结果是好的、公正的，程序上、方式方法上有些瑕疵和问题无足轻重。而实际上，程序公正构成了人们获得公平感的必要条件。正是由于程序公正能给人特别是利益攸关者以尊重感和参与感，给人以发言甚至发泄的机会，能够让人富有意义地参与并影响最终的决策，才使它不仅保障了结果公正，也提升了结果的权威性和广泛认可度，有效吸纳了当事人和社会公众可能的不满情绪。相反，倘若程序不公，即便结果公正，也很有可能滋生各种不满和猜测。

一、权力需要程序

现在法治理念普遍认为，权力存在的唯一正当理由就是公共利益，公权力的取得和行使都需要遵守一定的程序。中央电视台综合频道播出的六集政论专题片《法治中国》中曾有一段话形象地说明了程序与权力的关系："程序之于权力，犹如缰绳之于骏马，操之在手则驾驭自如，脱缰失序则为祸甚烈。"如果公权力的运行没有公开、透明、理性的程序，不通过看得见的方式，公众就无法对其进行监督，就很难保证公共利益的实现。法律既要防止公民变成刁民，又要杜绝官员堕落为贪官。现代法治尤其重视通过法律来规范和约束公权力，这其中既有实体规定，也有程序规定。然而，实体规定无论如何明确具体，也无法做到天衣无缝、面面俱到，诸如"公共利益""公正补偿""情节严重""严重后果""重大过失""重大损失"等模糊概念不可避免，行政、司法自由裁量权的存在不仅必然，而且必要。规范约束公权力执掌者的行为，必须依靠正当程序。

（一）科学立法要遵循正当程序

公共利益是法律实践中的重要概念，公共利益的识别必须遵循正当程序。立法和决策必须遵循正当程序，促进立法与决策科学化、民主化适应改革需要。习近平总书记指出：“实现立法和改革决策相衔接，做到重大改革于法有据、立法主动适应改革和经济社会发展需要。在研究改革方案和改革措施时，要同步考虑改革涉及的立法问题，及时提出立法需求和立法建议。实践证明行之有效的，要及时上升为法律。实践条件还不成熟、需要先行先试的，要按照法定程序作出授权。对不适应改革要求的法律法规，要及时修改和废止”[①]。

（二）严格执法要遵循正当程序

重大行政决策必须遵循公众参与、专家论证、风险评估、合法性审查、集体讨论等法定程序。重大决策必须科学化，围绕公正文明执法，完善执法程序，建立执法全过程记录制度。明确具体操作流程，重点规范行政许可、行政处罚、行政强制、行政征收、行政收费、行政检查等执法行为。党的十八届四中全会通过的《中共中央关于全面推进依法治国若干重大问题的决定》要求，要严格执行重大执法决定法制审核制度，要全面推进政务公开。政务公开是预防腐败最有效的机制。涉及公民、法人或其他组织权利和义务的规范性文件，应按照政府信息公开要求和程序予以公布。

（三）公正司法要遵循正当程序

党的十八届四中全会通过的《中共中央关于全面推进依法治国若干重大问题的决定》提出，“要完善确保依法独立公正行使审判权和检察权的制度；优化司法职权配置，完善司法体制，推动实行审判权和执行权相分离的体制改革试点。最高人民法院设立巡回法庭，审理跨行政区域重大行政和民商事案件，健全事实认定符合客观真相、办案结果符合实体公正、办案过程符合程序公正的法律制度”，切实履行“让审理者裁判，由裁判者负责”的司法责任制度。

作为公权力的行使者，国家机关及其公职人员应当树立程序性思维。各级领导干部要提高运用法治思维的能力，首先要提高运用程序思维的能力。在某种意义上，法治国家就是程序法国家。一切国家机关的活动都应该纳入法定程序的轨道，任何国家权力的行使都应受到程序规则的规制。

---

① 习近平．论坚持全面依法治国［M］．北京：中央文献出版社，2020：37.

二、程序重于实体

（一）程序法与实体法的关系

实体法和程序法是以法律规范的内容不同为标准而对法律规范作的一种分类。实体法规定法律关系主体的权利、义务或职权、职责，如《民法典》《刑法》及税法中各税种方面的法。程序法规定保证法律关系主体权利义务得以实现或职权和职责得以履行所需的程序，如《行政诉讼法》《行政复议法》《行政处罚法》《行政许可法》《税收征管法》等。

实体法和程序法是辩证统一的。首先，程序的启动以实体法的实现为目的。例如我国《行政诉讼法》第一条明确规定，我国行政诉讼法的任务是“为保证人民法院公正、及时审理行政案件，解决行政争议，保护公民、法人和其他组织的合法权益，监督行政机关依法行使职权”。其次，程序运作的终点是实体法目标之最大限度地实现。行政目标的实现是行政程序的终点；犯罪分子受到惩罚，无辜的人免于追究，国家和社会的统治秩序得以维护是刑事诉讼的终点；民事权利义务的判定是民事诉讼的终点。最后，实体是评价程序运作状况的标准。实体正义在多大程度上得到实现以及其实现的代价大小，是评价程序运作状况的标准。

应当注意的是，对程序法与实体法的划分并不是绝对的，程序法和实体法之间常常是“你中有我，我中有你”。实际上，现有各国的行政程序法，无一不兼具程序与实体的内容。在实体法中往往也规定了某些程序问题，而在程序法中则多有关于诉讼主体权利义务的规定。如 2021 年 6 月 10 日，十三届全国人大常委会第二十九次会议表决通过的《中华人民共和国印花税法》，是一部以实体法为主体的法律，但其中也有一些关于纳税地点、计征方式、税票使用管理等办事程序的规定。我们平常所说的按程序办事，不仅仅指按照程序法的规定办事，也指要按照实体法规定的程序办事。再如我们通常说《税收征管法》是一部程序法，但《税收征管法》中关于税收违法行为的具体法律责任的规定，实际上是一种实体规定，属于实体法。

（二）程序法具有独立价值

1. 程序法独立于实体法

首先，程序先于实体。初民社会最初并无实体法，许多古代社会的纠纷解决是一种纯粹的程序。罗马法最先提出了“诉权”的概念，日耳曼法的诉讼程式也大致先于实体法产生。水审、火审、决斗等神明裁判所体现的观念，与现代的程序正义理念并无不同。英国古老的法谚“程序先于权利”“审判先于真实”“审判先于证据”都是强调程序先于实体的明证。其次，程序产生实体。以英国为例，梅因在《早期法律与习俗》中指出，英国普通法是“在程序的缝隙中渗透出来的”。最初普通法的内容由令状和程式化的诉讼程序构成，普通法权利依赖于诉讼程序而存在。诉讼程序复杂严格，布满形式主义陷阱，程序错误很可能导致权利丧失。这种情形在 19 世纪中期英国法律改革前相当明显。在当代社会，即使法律未将实体权利纳入法律规范调整的范围，当事人亦可诉诸法院请求司法裁判，除适用诉之利益的原理外，法院不得拒绝裁判。许多实体权利就是通过诉讼产生的，如日照权。此外，程序具有运动性的内在特质，而实体相对稳定，程序会不断冲击实体权利。故程序运行中，实体法存在的问题会不断被发现，从而优化实体权利义务的配置。最后，程序使实体结果正当化。在法律的正当程序中，当事人可以平等和对等地进行理性对话，运用各种诉讼武器进行对抗，在理性的环境中做出理性选择。这有助于当事人接受裁判结果，实现作茧自缚①、吸收不满的程序功能。因此，经过法律的正当程序后，法官作出的裁判便具有正当性和终局性。

（1）表现在功能上的独立价值。程序法的主要功能在于及时、恰当地为实现权利和行使职权提供必要的规则、方式和秩序。为了描述程序的重要性和公正性，美国当代著名伦理学家罗尔斯在《正义论》一书中形象地把公正程序喻为“切蛋糕”的规则。蛋糕是权利和利益的象征，一个人负责分配蛋糕，如果程序性规则允许他在为别人分配蛋糕时也可以不加限制地为自己留一块，则他将有可能尽量少地分给别人，而尽可能多地留给自己。实体法的主要功能在于规定和确认权利和职权以及义务和责任。法律上的权利是法律关系主体（也称为权利主体），如自然人、法人依法拥有的利益、主张、资格、力量或者自由，这种权利的实现归根结底将给权利主体带来有形或者无形的利益。

（2）表现在内容上的独立价值。程序法是规定以保证权利和职权得以实现或行使、义务和责任得以履行的有关程序为主要内容的法律，是正确实施实体

① 季卫东教授在《法律程序的意义》（《比较法研究》1993 年第 1 期）一文中提出，现代程序的基本特征，其中之一是“作茧自缚”的效应。人们一旦参加程序，那么除非程序的进行明显不公正，就很难抗拒程序所带来的后果。程序的所有参加者，都受自己的陈述与判断的约束，事后的抗辩和反悔一般都无济于事。经过程序而作出的决策被赋予既定力。

法的保障。审判活动则是实体法和程序法的综合运用。作为实体法的对称，不能简单地把程序法与诉讼法或者审判法相等同，因为程序法是一个大概念，既包括行政程序法、立法程序法和选举规则、议事规则等非诉讼程序法，也包括行政诉讼法、刑事诉讼法、民事诉讼法等。实体法是规定和确认权利和义务、职权和责任为主要内容的法律，如宪法、行政法、民法、刑法、商法等。而程序法是规定以保证权利和职权得以实现或行使，义务和责任得以履行的有关程序为主要内容的法律，如行政诉讼法、行政程序法、民事诉讼法、刑事诉讼法、立法程序法等。

（3）表现在地位上的独立价值。在我国长期的法律传统中，普遍存在着重实体法轻程序法的观念。即使在今天，我国法律体系中的程序性法律规范也没有受到应有重视，表现为至今立法程序法、行政程序法、违宪监督程序法等重要程序法尚未出台，已有的程序法如2018年修正的刑事诉讼法，以依法治国、建设社会主义法治国家的标准和要求来看，一些内容仍需要进行修改完善。在执法和司法实践中，忽视程序法的现象仍然存在，应当进一步有针对性地加强法治宣传教育，尽快转变人们重实体法轻程序法的观念，努力强化人们的程序法意识。

2. 法治要强调程序重于实体

当下和未来一段时间，中国仍处于全面深化改革的关键期。新时代法治之所以要强调程序正义甚于实体正义，是因为法治的根本任务在于规范约束公权力。规范约束公权力，自然离不开实体性的规定，但面对纷繁复杂、生动活泼的社会实践，法律不可能将行政机关、司法机关的权力完全列举、明确规定，也不可能将行政和司法机关的自由裁量权完全剥夺，而只能将其限定在适度的范围内，法治先进国家莫不如此。相较于其他国家和地区，我国制定法的一个重要特点就是“简单概括”，在这样的“多变”时期，实体法律规定不可能太具体、精细，实体法相对于程序法而言更具目的性，原则模糊的规定更具有适应性，但在一定程度上不利于对公权力的约束。同时，我们必须注意到，面对几十年遗留、积累下来的规模巨大、矛盾尖锐的历史问题，我们既需要权力清单、责任清单和负面清单式的改革，但也不能对这三张清单有不切实际的奢望。三张清单是短期内革除权力干预市场积弊、唤醒市场动力的“猛药”，是对行政权力的合理规制，不会、也不应是要彻底否定自由裁量权。与实体权力具有程度不同的自由裁量性不同的是，程序必须是明确、公开、可操作的，自由裁量的空间要小得多，因而回旋余地小得多，违反程序规定的做法很难有抗辩的理由，更容易被人们发现从而不被容忍，违反法定程序一般被视为“硬伤”，因而与实体权力相比，外界更容易监督，监督的效果也要好得多。正是在这个意义上，可以说不借助于程序规定，公权力将很难被“关进笼子里”，实质正义也无从实现。

近年来，因行政处罚程序违法而导致的税务机关败诉的案件屡见不鲜。税务机关作出税务行政行为，或存在未依法举行听证，未遵守回避原则，或作出不利税务行政行为时未听取当事人的陈述、申辩等严重违反正当程序原则的情形，或涉及税务文书送达等程序性瑕疵问题，上述问题的存在，说明部分税务执法人员尚欠缺程序正义观念。

在一起税务强制执行的真实案例中，某基层税务所因为没有采取直接送达方式将税务文书交原告签收，也未在庭审中提交证据证明直接送达确有困难，径直采用邮寄的方式向原告送达该税务文书，在程序上违反了《税收征管法》的有关规定而被法院判决败诉。根据《中华人民共和国税收征收管理法实施细则》第一百零一条至第一百零六条规定，税务机关送达税务文书是有次序规定的，首先应当直接送达受送达人；在直接送达税务文书有困难的，可以委托其他有关机关或者单位代为送达，或者邮寄送达；只有在同一送达事项的受送达人众多或者采用该章规定的其他送达方式无法送达情况下，才可以采用公告送达方式。税务机关因为行政程序违法而导致败诉的案件表明，培养税务执法人员的程序正义思维，加强税务程序制度建设迫在眉睫。

第二节　发挥正当程序作用

现代法治在很大程度上表现为程序法治。有无正当的法律程序是法治与人治的根本区别。人类最美好的价值理念倘若没有以正当的程序形式表现出来，那么它的作用就无从发挥。没有体现正当程序的法治就不是真正意义上的法治。

关于法律程序的作用，可以从不同方面进行概括。就法律程序与实体权利义务而论，正当法律程序是实现实体权利义务的载体；就法律程序与公正的价值而论，正当法律程序是克服专权滥权、维护公正的手段；就法律程序对人们心理的影响而论，正当法律程序能给人们以公正的影响和暗示；就法律程序独特的价值而论，正当法律程序决定了形式意义上的公正，并且某些法律程序还决定了实质意义上的公正。从法治政府建设、依法行政推进的角度而论，正当法律程序的作用表现为以下两个方面：

一、以正当程序确保行政执法公平公正

在我国税收法治实践中，重实体、轻程序现象在各级税务机关还一定程度存在。即重视税法和税收相关法律有无赋予权力，而轻视上述权力行使的程序。税务机关有无获得法律法规明确授权固然非常重要，但实际上，程序也并非仅仅是可有可无的方式、步骤，其具有独立于税收实体权力的独特价值。

（一）以正当程序保障实体公正

追求和实现实体上的公平正义是人类一直以来梦寐以求的目标，但因受到各种条件和因素的制约，有时候并不能达到人人所认同的实体或者实质意义上的公平正义的目标。在这一前提下，社会生活中又必须有一个人人认同的结果，并赋予这一结果以法律效力，以维护社会秩序和社会生活。而扮演这一角色的就是正当程序。即按照正当程序所得出的结果或者结论，虽然在实体上或者实质上无法判断其是否公平正义，但人们都必须接受这一结果或者结论。如果缺乏正当程序，结论的正当性和合法性就会受到质疑，甚至不可能有结论。

税务行政执法就是如此。税务行政执法行为在功能上是执行税务行政法律规范的活动，其按照行政执法程序得出的结论所根据的是事实和法律。法律事实与客观事实的区别在于，法律事实必须根据证据进行认定，是经由证据所证明的事实。首先，必须有证据还原客观事实的发生；其次，证据必须具有关联性，证据取得的程序和证据固定的方式必须具有合法性，证据必须具有客观性；最后，证据证明的事实必须具有唯一性，而不能是具有两种以上甚至多种可能性的。同时，税务行政执法结论的另一个根据是法律规定。法律调整的对象是社会共同体中的社会关系，而社会共同体中的每一个成员都有自己的利益，法律必须兼顾这些不同的利益，法律必须同时考虑社会共同体的利益，不可能绝对地保护某种利益。因此，法律只能成为不同利益的平衡器、调整器。受事实和法律两大因素制约，同时还要受税务执法人员个人价值观、认识能力、知识水平、技术水平等因素制约，这决定了执法结论不可能是真理，而只能是最接近真理的结论。而行政执法结论如何才能为税务行政相对人和社会所

接受呢？这就只能依靠正当执法程序，即按照正当执法程序所得出的结论虽然有可能不是绝对正确的，但应当不可能有另一个结论比它更接近真理、更易于让人们接受。

（二）以正当程序保障执法理性

正当程序的“正当”要求之一，就是必须在全面地、广泛地、客观地收集所有材料和事实的基础上得出结论、作出决定，而不能在只收集到部分材料和事实，听取某一方面当事人意见的情况下得出结论、作出决定。作出决定的是人，而人都是有感情的，如果仅仅在听到或者看到部分材料和事实后作出决定，该决定很可能就是片面的，甚至是错误的。

众所周知，在行政诉讼中通常采用“谁主张、谁举证”的举证责任分配原则。不同于民事诉讼中的“谁主张、谁举证”原则，行政诉讼虽然是由于原告认为行政机关的行政行为违法而提起的，但行政诉讼法明确要求被告行政机关在诉讼中承担举证责任，而且该证据必须是在作出行政行为之前收集的，在作出行政行为之后所收集的证据，法院不予采纳。其基本根据就是按照正当程序的要求，行政机关必须在有充分确凿的证据之后才能作出决定。

正当程序的“正当”要求之二，就是必须直接听取各方利害关系人的陈述和申辩，了解各方利害关系人的利益、事实、证据、理由等，而不允许只听取一方当事人的意见。在我国，税务行政管理活动几乎涵盖社会生活的方方面面，可以说绝大多数单位和个人都有可能成为税务行政相对人。税务机关必须切实保障行政相对人陈述申辩的权利和机会，并对行政相对人提出的理由和材料进行复核，能够成立的应当予以采纳。此外，税务行政执法中如果涉及多个行政相对人或相关主体的，他们之间的利益很可能是不同的，甚至是相反的，税务机关应当多方听取意见，如果只听取一方当事人的意见，作出的决定可能是不全面、不客观的。税务行政处罚是税务行政执法的重要领域，具有明显的强制性、制裁性特点，税务行政处罚程序一旦被忽视，对行政相对人合法权益将构成直接损害。《行政处罚法》规定了严格的行政处罚程序，税务机关在实施行政处罚时，必须遵守有关规定，严格按照法定程序实施。《行政处罚法》第四十五条规定，当事人有权进行陈述和申辩。行政机关必须充分听取当事人的意见，对当事人提出的事实、理由和证据，应当进行复核；当事人提出的事实、理由或者证据成立的，行政机关应当采纳。行政机关不得因当事人陈述、申辩而给予更重的处罚。

《行政处罚法》第六十三条规定，行政机关作出较大数额罚款、没收较大数额违法所得、没收较大价值非法财物、降低资质等级、吊销许可证件、责令停产停业、责令关闭、限制从业和其他较重的行政处罚决定之前，应当告知当事人有要求举行听证的权利；当事人要求听证的，行政机关应当组织听证。当事人不承担行政机关组织听证的费用。举行听证时，调查人员应提出当事人违法的事实、证据和行政处罚建议，当事人可进行申辩和质证。与修订前的《行政处罚法》相比，新法更加突出了听证程序对行政相对人权利的保护。原来行政相对人只能对“行政机关作出责令停产停业、吊销许可证或者执照、较大数额罚款等行政处罚决定”提出听证申请，新法中进一步扩围，将“没收较大数额违法所得、没收较大价值非法财物、降低资质等级、责令关闭、限制从业以及其他较重的行政处罚”纳入可以要求听证的范围，且将原规定“当事人要求听证的，应当在行政机关告知后三日内提出”修改为在5日内提出，充分体现了新法通过程序设计保障行政相对人合法权利的立法理念。

税务行政许可也是税务行政执法的另一重要领域，依法实施税务行政许可对保护行政相对人合法权益，推进“放管服”改革具有重要意义。税务机关在开展行政许可工作时，应当严格按照《行政许可法》的规定实施。《行政许可法》第三十六条规定，行政机关对行政许可申请进行审查时，发现行政许可事项直接关系他人重大利益的，应当告知该利害关系人。申请人、利害关系人有权进行陈述和申辩。行政机关应当听取申请人、利害关系人的意见。第四十六条规定，法律、法规、规章规定实施行政许可应当听证的事项，或者行政机关认为需要听证的其他涉及公共利益的重大行政许可事项，行政机关应当向社会公告，并举行听证。第四十七条规定，行政许可直接涉及申请人与他人之间重大利益关系的，行政机关在作出行政许可决定前，应当告知申请人、利害关系人享有要求听证的权利；申请人、利害关系人在被告知听证权利之日起5日内提出听证申请的，行政机关应当在20日内组织听证。第四十八条规定，举行听证时，审查该行政许可申请的工作人员应当提供审查意见的证据、理由，申请人、利害关系人可以提出证据，并进行申辩和质证。

（三）以正当程序保障程序性权利

宪法法律赋予国家机关以国家权力，该国家权力由获得授权的国家机关行使。但国家机关行使国家权力不仅仅是该国家机关自身的事情，任何国家权力的行使必然会涉及国家权力所指向的对象，即公民、法人或者其他组织。国家机关行使国家权力是合法的，公民、法人或者其他组织的权利也是合法的。如果国家机关滥用国家权力，则可能侵害公民、法人或者其他组织的合法权益。例如，法律授予税务机关在行政相对人违法的情况下以行政处罚权，而行政处罚权的行使就有可能损害行政相对人的人身自由、财产、作出某种行为的资格、声誉等。相应地，为了防止权力被滥用，保护自己的合法权益，行政相对人应当具有必要的程序性权利。因此，法律在规定税务机关行使权力的同时，也规定了行政相对人的一系列程序性权利。

《行政处罚法》第七条规定，公民、法人或者其他组织对行政机关所给予的行政处罚，享有陈述权、申辩权；对行政处罚不服的，有权依法申请行政复议或者提起行政诉讼。《行政许可法》第七条规定，公民、法人或者其他组织对行政机关实施行政许可，享有陈述权、申辩权；有权依法申请行政复议或者提起行政诉讼；其合法权益因行政机关违法实施行政许可受到损害的，有权依法要求赔偿。第三十条规定，行政机关应当将法律、法规、规章规定的有关行政许可的事项、依据、条件、数量、程序、期限以及需要提交的全部材料的目录和申请书示范文本等在办公场所公示。申请人要求行政机关对公示内容予以说明、解释的，行政机关应当说明、解释，提供准确、可靠的信息。第三十八条第二款规定，行政机关依法作出不予行政许可的书面决定的，应当说明理由，并告知申请人享有依法申请行政复议或者提起行政诉讼的权利。《行政强制法》第八条第一款规定，公民、法人或者其他组织对行政机关实施行政强制，享有陈述权、申辩权；有权依法申请行政复议或者提起行政诉讼；因行政机关违法实施行政强制受到损害的，有权依法要求赔偿。

可见，在税务行政执法过程中，法律赋予行政相对人以知情权、陈述权、申辩权、重大决定的申请听证权，以及作出决定以后的复议申请权、起诉权等。其基本功能是防止公权力被滥用，保障行政相对人的合法权益。

（四）以正当程序保障公信力

如前文所述，我国社会已经进入了利益多元化时代，所有的法律、制度、决定都必须反映这一特点和要求，必须兼顾这些不同的利益、平衡这些利益之间的关系。这样的法律、制度、决定才具有社会可接受性，实施起来成本低、效率高。国家机关的行为不仅应具有合法性，更应具有正当性，这必然增强国家机关的公信力。具体来讲，国家机关在制定法律、制度和作出决定的过程中，必须通过各种途径和渠道广泛听取不同利益主体的意见，相应地，任何人都有权利充分表达自己的利益诉求，参与法律、制度的制定过程，参与决定的作出过程。

《立法法》第三十六条第三款规定，法律案有关问题存在重大意见分歧或者涉及利益关系重大调整，需要进行听证的，应当召开听证会，听取有关基层和群体代表、部门、人民团体、专家、全国人民代表大会代表和社会有关方面的意见。《行政法规制定程序条例》第十三条第一款规定，起草行政法规，起草部门应当深入调查研究，总结实践经验，广泛听取有关机关、组织和公民的意见。听取意见可以采取召开座谈会、论证会、听证会等多种形式。第二十一条规定，国务院法制机构应当就行政法规送审稿涉及的主要问题，深入基层进行实地调查研究，听取基层有关机关、组织和公民的意见。第二十二条规定，行政法规送审稿涉及重大利益调整的，国务院法制机构应当进行论证咨询，广泛听取有关方面的意见。论证咨询可以采取座谈会、论证会、听证会、委托研究等多种形式。行政法规送审稿涉及重大利益调整或者存在重大意见分歧，对公民、法人或者其他组织的权利义务有较大影响，人民群众普遍关注的，国务院法制机构可以举行听证会，听取有关机关、组织和公民的意见。

参照国务院《规章制定程序条例》规定，国家税务总局制定的《税务规范性文件制定管理办法》（国家税务总局令第53号修改）第十七条亦明确，起草税务规范性文件，起草部门应当深入调查研究，总结实践经验，听取基层税务机关意见。起草与税务行政相对人生产经营密切相关的税务规范性文件，起草部门应当听取税务行政相对人代表和行业协会商会的意见。起草部门可以邀请政策法规部门共同听取意见。听取意见可以采取书面、网络征求意见，或者召开座谈会、论证会等多种形式。除依法需要保密的外，对涉及税务行政相对人切身利益或者对其权利义务可能产生重大影响的税务规范性文件，起草部门应当向社会公开征求意见。

党中央、国务院高度重视科学民主依法决策。党的十八届四中全会提出，健全依法决策机制，把公众参与、专家论证、风险评估、合法性审查、集体讨论决定确定为重大行政决策法定程序。2015年12月，党中央、国务院印发《法治政府建设实施纲要（2015—2020年）》，提出了推进行政决策科学化、民主化、法治化的具体目标和措施。近年来，很多地方政府出台了规范重大行政决策程序的文件，科学民主依法决策水平在一定程度上得到提升。但实践中，仍存在不少问题，严重损害政府公信力，有损营商环境，影响改革推进和经济社会发展。2021年，新的法治政府建设纲领性文件《法治政府建设实施纲要（2021—2025年）》明确提出，要“坚持科学决策、民主决策、依法决策，着力实现行政决策程序规定严格落实、决策质量和效率显著提高，切实避免因决策失误产生矛盾纠纷、引发社会风险、造成重大损失”。

为进一步提高重大行政决策质量和效率，2019年4月20日，国务院印发了《重大行政决策程序暂行条例》。该条例明确了重大行政决策程序应当坚持的基本原则：一是坚持党的领导。明确要求重大行政决策应当坚持和加强党的全面领导，全面贯彻党的路线方针政策和决策部署，发挥党的领导核心作用，把党的领导贯彻到重大行政决策全过程，要求重大行政决策出台前应当按照规定向同级党委请示报告。二是坚持科学民主依法决策。将科学民主依法决策的要求贯穿于形成决策草案、审查决定、决策执行与调整等决策全过程，通过规范决策过程来提高决策质量和效率。三是坚持问题导向，注重制度设计与当前客观实际、法治政府建设进程相适应。对社会普遍期待、绝大多数地方有条件做到的，提出明确规范；对现阶段难以做到或者只有少数地方能做到的，鼓励有条件的地方探索实践、逐步推广；对需要“因地制宜”“因事制宜”的事项、程序，为各地方自主决策或者相关领域专门立法留有余地。

根据《重大行政决策程序暂行条例》要求，为推进依法科学民主决策，国家税务总局制发《国家税务总局工作规则》（国税发〔2003〕56号），对重大行政决策的决策主体、事项范围等予以明确。各省市税务局依照法定职责和权限，也先后出台了一系列规范重大税务行政决策程序，提高税务决策质量和效率，明确税务决策责任的程序规定，对关系税务工作全局、社会影响面广、专业性强的重大事项，包括税收发展中长期规划、重大税费政策和改革方案、税收法规、规章草案，以及直接涉及社会公众切身利益或社会关注度高的其他重大事项所作出的决定。

在税收工作中，实体性权利是最终影响到权利人实际利害关系的权利，而程序性权利是确保实体性权利最终归属的权利，保证权利和职权得以实现或行使、义务和责任得以履行。《税务稽查案件办理程序规定》（国家税务总局令第52号）作为税务机关在税务稽查过程中的程序法，纳税人缴费人权益更多体现为程序性权利，稽查过程中纳税人缴费人程序性权利具体表现为：

（1）回避申请权。为了更好落实被查对象申请回避的权利，稽查人员应向被查对象告知具体回避情形；此外，对于回避申请可适用于稽查、审理（包括重案审理程序）、执行阶段全过程。

（2）知情权和监督权。稽查局对被查对象无论是决定中止检查还是终结检查，都应通知当事人，给予相对人对中止或终结检查程序的知情权和监督权。其次，税务机关的告知义务不限于行政处罚程序，既应包含税务行政处罚决定，也应包括税务行政处理决定。

（3）申请听证权利。根据《行政处罚法》相关规定，税务机关应当告知行政相对人听证权利，仅限于拟作出较大数额罚款和没收较大数额违法所得、没收较大价值非法财物等情形。但从损益性行政行为的角度而言，对于税务行政处理决定也应向当事人履行告知义务，并给予当事人陈述、申辩权利。

（4）陈述、申辩权。在第四章审理这一章中规定，被查对象或者其他涉税当事人可以书面或口头提出陈述、申辩意见。对于当事人的陈述、申辩权利不限于审理阶段，应贯穿于税务稽查的全过程。

二、以正当程序确保行政程序科学合规

我国至今尚未制定统一的行政程序法，有关行政程序的规范分散在不同的法律、法规、规章之中。行政立法程序主要规定于立法法、行政法规制定程序条例、规章制定程序条例等法律法规中。行政行为程序主要规定于行政处罚法、行政许可法、行政强制法等法律法规中。

行政程序正当理念是法治行政的应有之义，包含着程序公正、公平、公开、参与、公共利益、效率等原则和价值，要求行政程序不仅合法而且正当。早在2004年，国务院发布的《全面推进依法行政实施纲要》中就将“程序正当”规定为依法行政的基本要求之一。贯彻正当程序的理念，规范行政权力的行使，是依法高效有序地实施各项行政行为的保障。

（一）行政程序基本要求

行政程序应当合法。这是贯彻正当程序理念的首要遵循。非因法定事由、非经法定程序不得限制、剥夺公民、法人和其他组织的财产和权利。例如，作为典型的侵益性行政行为之一的税务行政强制应当严格遵守依法律行政的原则。我国《行政强制法》规定了行政强制措施实施程序和行政机关强制执行程序，明确了行政机关实施一般强制时应当遵守的程序法规范。税务机关应当严格依照法定程序作出税务行政行为，规范和制约税务行政权力的运行，充分尊重和保障纳税人缴费人权益。

行政程序应当合理。行政程序不仅要合法，而且要适当。程序的缺失或者不充分会影响行政行为的合法有效，而过于繁复的程序又会增加行政的负累、降低行政效率。建立健全行政过程中依法、公正、民主、高效的行政程序，完善政府主导社会参与程序、行政调查程序、说明理由程序等重要的程序机制，简化和优化行政程序。我国《行政许可法》规定，设定和实施行政许可，应当依照法定的权限、范围、条件和程序。并且具体规定了行政许可的实施程序，其中，有关行政许可的公示、告知、说明、公开、听证以及期限等的程序规定使行政许可依法高效有序进行。

行政程序的设定应当体现对国家公共利益和行政相对人合法权益的保护。在行政过程中捍卫公共利益和行政相对人合法权益是追求和实现行政目的的内在要求。例如，在新修订的《行政处罚法》中，修改完善了行政处罚决定的简易程序、普通程序和听证程序，健全了信息公示、告知和说明等程序机制。上述我国相关程序法规范的建立健全，对于规范税务行政执法、确保税务行政实效性、科学有效地保障国家公共利益和行政相对人合法权益具有极为重要的意义。

（二）行政程序重要原则

行政程序正当是依法治国、依法行政、依法治税的基本要求，是税务系统各级领导干部法治思维的构成要素，是对税务人员法治能力考核的重要内容。行政程序正当的制度设计必须体现公开原则、公正原则、参与原则、效率原则等重要原则。

1. 公开原则

公开原则是指与公民、法人或其他组织的权利义务直接相关的行政行为，应通过一定的行政程序让公众或者特定人知晓的原则。正当程序以公开为原则，以不公开为例外。涉及国家秘密和依法受到保护的商业秘密、个人隐私等信息，不在公开之列。

推进政府信息公开，是政府服务人民、依靠人民，对人民负责、接受人民监督的重要制度安排。党的十八届四中全会决定指出，全面推进政务公开，坚持以公开为常态，不公开为例外原则，推进决策公开、执行公开，管理公开，服务公开，结果公开。党的十九届四中全会对政府信息公开工作作出新部署，国务院新修订的《中华人民共和国政府信息公开条例》第五条规定，行政机关公开政府信息，应当坚持以公开为常态、不公开为例外，遵循公正、公平、合法、便民的原则。

税收是市场主体开展经营活动的重要关切，是营商环境的重要组成部分，推进政府信息公开，是优化税收营商环境的重要举措。税务部门是重要执法部门，加大力度推进政府信息公开，接受纳税人缴费人对税务执法权的监督，让权力在阳光下运行，是防范化解税务领域重大风险的有力保障。

根据公开原则，我国《行政许可法》第五条规定，设定和实施行政许可，应当遵循公开、公平、公正非歧视的原则。有关行政许可的规定应当公布；未经公布的，不得作为实施行政许可的依据。行政许可的实施和结果，除涉及国家秘密、商业秘密或者个人隐私的外，应当公开。

2. 公正原则

公正原则是指行政机关在作出行政行为的过程中，在程序上要公正、平等对待各方当事人，排除各种可能不平等或不公正的因素的原则。公正原则主要由以下程序制度表现出来：①回避程序。与当事人有利害关系的工作人员应当避免参与有关行政行为，以免影响行政行为的公正处理。②决议程序。行政行为应经由若干行政机关工作人员组成的会议讨论后作出，以显出行政行为的公正性。③陈述申辩程序。当事人各方有平等的陈述权和申辩权，以便维护自己的合法权益。④调查程序。在税务行政执法实践中，税务机关和税务执法人员坚持公正原则，应公正地查明一切与作出税务行政行为有关的事实真相。

3. 参与原则

参与原则是指行政机关在实施行政行为时应在程序上保障相对人或者有关人员有发表意见或观点的权利的原则。比如行政机关作出行政行为应当说明理由，并告知相对人权利；作出影响相对人权益的行为，应当听取相对人的意见；特别是作出对相对人不利行为时，必须听取其陈述和申辩。相对人是利害关系人，最知情，只有给予相对人陈述和申辩的权利，裁决者才能做到兼听则明。

国务院《重大行政决策程序暂行条例》把公众参与尤其是公众参与的有效性作为一个很重要的方面予以体现：一是公众参与贯穿了重大行政决策的全过程。二是在怎样听取公众意见的方式方法上，也作了非常具体明确的规定。三是在具体程序要求上，比如向社会公开征求意见和召开听证会这两种方式，都作出了具体规定。四是在公众意见的研究处理上，明确规定了决策承办单位应当对社会各方面提出的意见进行归纳整理、研究论证，充分采纳合理意见，以完善决策草案。

听证是公民参与政治活动的一项基本权利，它便于公民参与国家行政管理，监督行政机关及其工作人员行使职权，防止腐败现象。参与原则在税务工作中的具体程序形式主要是召开听证会。实践中，一些税务机关工作人员对组织税务听证不甚积极，认为费时费力、劳民伤财，表现为能不举行听证的就不举行听证，能不让相对人参与听证的就不让相对人参与听证。针对过去有些听证会“走过场”的现象，《重大行政决策程序暂行条例》对听证会代表的广泛性，和不同意见的听证会代表，都有了比较具体的规定，税务机关必须予以贯彻落实。

目前，与税务工作有关的听证主要局限于两类情形：一是针对不特定的多数人的利益，如立法听证等；二是针对特定人群的重大利益，如重大税务行政处罚决定、重大税务行政许可决定等。无论是针对不特定的多数人的利益还是针对特定人群的重大利益，如果这些决定在作出之前举行了听证，以听证的方式听取了不同意见和建议，在此基础上再作出决定，就能够更好地保证这些决定的合法性和合理性，避免税务机关未来在行政复议或者行政诉讼中处于被动地位。

4. 效率原则

效率原则是指正当程序应保证行政行为能准确、及时或者简便、有效地得以实施的原则。“效率”与“公平”是人类追求的两大目标，“效率优先、兼顾公平”是新时代税收治理的基本原则。[①] 树立税收法治思维，要用发展的眼光看待税收改革“做大蛋糕”和税收法治“分好蛋糕”的问题。在税务实践中，设定税收正当程序不宜太烦琐、复杂，应简化、便捷、高效，这样既可保证工作效率，又能及时保护行政相对人的合法权益。

总之，坚持正当程序原则是推进国家治理体系和治理能力现代化的重要要求之一。在推进税收治理现代化的进程中，税务人员不能因实体正确而轻视程序，不能因怕麻烦增加工作量而厌烦程序，不能因单纯追求效率而跨越程序，不能因节省成本而随意减损程序，不能为刁难相对人而随意增加拖延程序，不能以法律没有规定或规定不明确而滥用程序，要始终坚持和广泛运用正当程序原则来行使法律赋予的权力。

① 汪康. 关于新时代税收治理问题的研究［J］. 税务研究，2019（12）.

第三节 遵循正当程序要求

法治是随着正当程序被认可、确立而孕育、发展起来的。1215 年，被世人尊称为“法律传统基石”的英国《大宪章》确立了税收法定、正当程序、法律职业专门化这三个具有永恒价值与意义的法治原则，至今为世界各国宪法性文件或国际人权公约所公认。如今，正当程序是英美法系非常重要的宪法原则。美国宪法修正案所包含的“不经正当法律程序，不得剥夺任何人的生命、自由和财产”的内容被称为“正当程序条款”。新时代以来，中国特色社会主义法治作为“程序之治”，愈加强调程序的合法性、正当性以及程序相较于实体的优越性，并提出了遵循程序正当的具体要求。

一、遵循正当程序的基本要求

学术界对正当程序思维的内涵有着不尽相同的概括，但在程序正当性主要来源于程序的中立、程序的理性、程序的参与、程序的时限等方面达成了共识。

（一）程序中立思维

程序中立思维，是指任何人都不能“既做运动员、又做裁判员”。国家机关工作人员遇到法定回避的情形应当回避，应当平等对待参与程序的各方，对各方的主张、意见和证据给予同等的尊重和关注，不得偏袒或歧视任何一方。程序中立是正当程序的首要要求。要求程序参与各方不得因程序设计而受到不公正对待或享受特殊优待。“自己不得做自己的法官”所强调的就是程序的中立性，回避原则即这一原则的体现。实践中如果出现自己非做自己的法官不可的情况，那就要在其他方面予以弥补，从而将程序不中立可能带来的问题消解掉。在我国的科学立法进程中，之所以要将过去的政府主导立法改为由人大主导立法，一个很重要的原因就是“中立”这一正当程序的要求。

（二）程序理性思维

程序应具有合理性，以有效防止武断、恣意、专横或反复无常。为此，决定的制作者应为自己所作决定说明理由；程序操作应体现职业主义原则，程序步骤合理，通过程序而产生的决定应符合形式逻辑的一般要求。程序理性的核心在于权力应当以一种合理的，可以通过说明、论证以及逻辑上一致的方式而行使。[①]

树立程序理性思维，最主要的就是要“通过一系列的程序机制限制自由裁量权”，“防止恣意或者反复无常”。[②] 一方面，裁决者通过某个程序活动作出决定时，应当说明理由；当事人的意见不予采纳的，也应说明理由。另一方面，非因法定事由并经法定程序，国家机关不得撤销、变更已生效的裁判或者决定；因国家利益、公共利益或者其他法定事由必须撤销或者变更的，应当依照法定权限和程序进行，并对公民、法人或者其他组织遭受的财产损失依法予以补偿。

（三）程序参与思维

程序应具有平等参与性。程序的平等参与，要求接受程序法律后果的各方当事人在相同条件下，从程序主持者获得相关信息，并有相同的机会向程序主持者陈述自己的看法。[③] 在诉讼、仲裁及听证实践中，给不同当事人同样多的发言时间、次数，以及任何裁决都要听取当事人的陈词等都是平等参与的体现。在仲裁、诉讼实践中，禁止仲裁员、法官私自会见当事人，也是为了保障当事人参与的平等性。“在现代国家，国家机关做成与人民本身权益有关之决策，应给予人民参与之机会”，[④] 参与者应当在场，并充分地、富有意义地参与相关问题的陈述和申辩，且不能因其陈述和申辩承担不利后果。在重大民生决策中，应对民众有序通过程序参与决策做出刚性规定，没有举行民意征询程序的就不决策。

（四）程序时限思维

程序应具有及时性。程序的及时性，要求程序应符合效率原则，应有时限，要有终点，不能没完没了。在实践中，当人们说一项法律程序的运作过于迟缓或者过于急速时，实际上是在用“及时性”这一标准对程序进行评价。党的十八届四中全会决定提出申诉案件逐步实行律师代理，目的之一就是要解决有些案件中当事人不达目的不罢休、无休止申诉的问题，以节约有限的司法资源。一方面，“迟来的正义非正义”，国家机关行使职权，应当遵守法定时限，

---

① 王锡锌．行政程序理性原则论要［J］．法商研究（中南政法学院学报），2000（4）：23.

② 王锡锌．行政程序法与制度研究［M］．北京：中国民主法制出版社，2007：183，194.

③ 李龙，徐亚文．正当程序与宪法权威［J］．武汉大学学报（人文社会科学版），2000（5）：633－634.

④ 吴庚．行政法之理论与实用［M］．北京：中国人民大学出版社，2005：336.

积极履行法定职责，提高办事效率；另一方面，“给得快等于给双倍”，国家机关应当通过优化工作流程，提高办事效率，使实际办结的期限尽可能少于法定的期限。

（五）其他基本要求

一是程序的排他性。每一个程序独立、依法展开后，非经特定程序，不得更改，即排斥与其相同程序的再次重复与冲击。“开弓没有回头箭”，已经走过的程序必须认可经过法定程序之后的结果，除非有违法情节，必须得到承认。实践中，存在程序开始后擅自修改程序规则的情况，甚至存在程序经过之后，因为没有出现领导希望的结果而“推倒重来”的现象。

二是程序的可操作性。程序可操作要求程序应像 Windows 操作程序或者手机充值卡充值提示一样明确、具体、可执行，只要一步一步按指令操作，必将顺利实现程序设定的目标。如果程序设定缺乏可操作性，就失去了程序对权力的规范、控制功能。

三是程序的自治性。程序自治要求程序的参与基于自愿，不得强迫。也就是说，对当事人而言，参与程序一般情况下是其权利，而非义务。因此，不得强制投票、听证。

四是程序的公开性。所谓程序公开，要求公权力的运行除涉及国家机密、商业秘密或者个人隐私外，应当向程序参与人和社会公开。正如习近平总书记所指出的：“阳光是最好的防腐剂。权力运行不见阳光，或有选择地见阳光，公信力就无法树立”。需要强调的是，税收法治领域的“良法善规”的标准是公开，也反对执法潜规则和隐蔽性执法。

由此可见，在税务工作中，正当程序的基本要求包括但不限于：决定过程和决定向社会和当事人公开；作出不利决定前告知当事人将要作出的决定的事实、理由和依据；作出不利决定前听取当事人的陈述和申辩；作出重大决定前依申请或者依职权举行听证；在不利决定中必须充分说明理由；允许当事人寻求行政救济和司法救济。

二、完善正当程序的基本制度

行政决策是行政权力运行的起点，也是规范行政权力的重点。党的十八届四中全会提出，健全依法决策机制，把公众参与、专家论证、风险评估、合法性审查、集体讨论决定确定为重大行政决策的法定程序。2015 年 12 月，党中央、国务院印发《法治政府建设实施纲要（2015—2020年）》，提出了推进行政决策科学化、民主化、法治化的具体目标和措施。国务院颁布的《重大行政决策程序暂行条例》，对重大行政决策事项范围、重大行政决策的作出和调整程序、重大行政决策责任追究等方面作出了具体规定。

注重程序正当的制度规范是现代法治的必然构成。现阶段，进一步将行政程序纳入法治轨道，既要有效落实既有的行政程序法规范，依法推进重点领域立法，特别是重点领域的行政程序立法，更要通过健全各重点领域法律法规中的程序法规范，完善行政立法程序、重大行政决策程序、行政行为程序以及监督程序和责任机制等，逐步建立健全具体领域的程序法规范，形成现阶段对行政程序法体系最有力最有效的支撑。在依法推进税收治理各领域税务程序法规范的建构和完善过程中，尤其是税务行政决策科学化、民主化、法治化进程中，要高度重视以下程序制度的设置与运用。

一是公众参与制度。保障相对人的充分参与是税务行政程序民主的保障。应当进一步完善行政相对人意见表达、专家论证、部门意见反映等参与程序机制的运用，通过对相对人在不同阶段参与税务行政过程的步骤、顺序、方式、时限等程序规定，规范和保障相对人参与的有效实现，确保能充分发挥相对人的积极性、主动性，使相对人各种各样的利益都能够得到表达，使税务行政决定在充分的利益衡量基础上准确依法作出。

二是信息管理制度。全面、准确、客观、真实的信息是税务机关履行法定职责的重要支撑。在税务行政程序法规范中充实有关信息的收集、整备、运用、说明、评价、更新和公开等一系列程序机制，形成具有统一性、协调性和连续性的税务信息管理制度。税务机关通过行政调查等信息收集活动，充分掌握和了解有关涉税信息，为后续税务行政许可、税务行政处罚、税务行政强制等行政行为做好准备。另外，信息公开等机制也成为监督和制约税务行政权力运行的有效方式。

三是说明理由制度。税务机关在对行政相对人作出侵益行政行为时，应当对作出该侵益行政行为的事实、理由和依据等向行政相对人予以说明，这是说明理由最基本的要求。随着税务行政法治的发展，柔性执法理念的提出，说明理由制度在税收治理领域日益具有更广阔的适用空间和更加重要的时代使命，不仅应当在作出侵益性行政行为时，还应当在各类税务行政行为事前、事中、事后都有说明理由程序机制的支撑，从而确保税务行政行为的规范化和标准化，提高税务行政决定的可接受性，预防税务行政争议的产生。

四是监督管理制度。对税务行政权力的行使进行监督管理，这是税务行政程序机制的重要一环。监督管理的程序必须合法正当，这是正当程序理念的基本要求，税务系统唯有依法建立健全科学合理的内部控制监督机制和监督管理程序，才能够更好地规范和制约税务行政权力，督促税务机关和税务人员各尽其责，不越位不缺位。

五是程序责任制度。进一步将行政程序纳入税收法治轨道，要求对于程序不履行或者不适当履行的税务机关，应当承担相应的法律责任。通过程序责任机制的健全，强化税务机关在行政过程中充分遵守和运用正当行政程序的意识，严格依法行政，严格依法治税，实现税务行政行为的规范化、标准化、流程化。与此同时，做好与税务行政复议、税务行政诉讼等纠纷解决机制的衔接，形成系统完备的权力制约和权利保障体系。

正当程序能够满足行政相对人对制度正义实现的心理需求，容易引导纳税人缴费人对程序结果的认同和肯定。正当程序的实现，需要通过一些基本制度作为保障。除上文已提到的“听取陈述申辩”“听证”制度外，还应遵循以下制度。

1. 书面受理制度

书面受理制度，即申请人提出申请以后，无论是否应当受理，都必须以书面形式答复。依据《行政许可法》第三十二条的规定，税务机关作出的不予受理或者受理行政许可决定及告知补正通知书，应当出具加盖本税务机关印章（或许可专业印章）和注明日期的书面凭证。根据《国家税务总局关于简化税务行政许可事项办理程序的公告》（国家税务总局公告 2019 年第 11 号修改）规定，税务机关要简化受理文书，对能够当即办理的税务行政许可事项，直接出具和送达《准予税务行政许可决定书》，不再出具《税务行政许可受理通知书》。书面受理的法律意义在于，如果税务机关应当受理而不受理，申请人可以据此寻求法律救济。

2. 表明身份制度

表明身份制度，即税务执法人员在执行公务时，必须持税务执法身份证件表明自己的执法人员身份。税务机关公务员既是公民个人，又是国家公务员。当他以公民个人身份进行活动时，其行为性质为个人行为，其他社会主体没有服从的义务，行为后果由个人承担；当他以公务员身份实施公务行为时，其行为性质为公务行为，其他社会主体负有服从的义务，行为后果由国家承担，直接的后果由其所在税务机关承担。依据《行政处罚法》第五十二条规定，税务执法人员当场作出税务行政处罚决定的，应当向当事人出示执法证件，填写预定格式、编有号码的行政处罚决定书，并当场交付当事人。依据该法第五十五条第一款规定，税务执法人员在调查或者进行检查时，应当主动向当事人或者有关人员出示税务执法证件。当事人或者有关人员有权要求税务执法人员出示执法证件。税务执法人员不出示执法证件的，当事人或者有关人员有权拒绝接受调查或者检查。

3. 事前告知制度

事前告知制度，即税务机关在对当事人作出不利决定前，为满足当事人的知情权，必须告知当事人将要作出的决定的事实、理由和根据。依据《行政处罚法》第六十二条规定，税务机关及其执法人员在作出行政处罚决定之前，未依照该法第四十四条、第四十五条的规定向当事人告知拟作出的行政处罚内容及事实、理由、依据，或者拒绝听取当事人的陈述、申辩，不得作出行政处罚决定；当事人明确放弃陈述或者申辩权利的除外。依据《行政许可法》第三十六条规定，税务机关对行政许可申请进行审查时，发现行政许可事项直接关系他人重大利益的，应当告知该利害关系人。申请人、利害关系人有权进行陈述和申辩。税务机关应当听取申请人、利害关系人的意见。依据《行政处罚法》第六十一条第一款规定，税务行政处罚决定书应当在宣告后当场交付当事人；当事人不在场的，税务机关应当在 7 日内依照《中华人民共和国民事诉讼法》的有关规定，将行政处罚决定书送达当事人。

4. 说明理由制度

说明理由制度是指行政主体在作出影响相对人合法权益的行政行为时，必须向相对人说明作出该行政行为的事实理由、法律根据以及所考虑的政策、公益等因素，法律另有规定的除外。

说明理由是税务机关对行政行为的事实和依据进行法理上的论证和阐述，具有论理性，说理越充分，相对人越容易接受。税务机关说明的理由必须确定和清楚，具有明确性，避免相对人在理解上出现歧义。税务机关应当在作出行政行为的同时说明该行政行为的理由，这又具有程序性，即说明理由的时间与作出税务行政行为的时间是同时进行的，事后说明理由就违反了法定程序。

在税务执法实践中，需要说明的理由包括案件中有哪些证据、可采信的证据是什么、依据这些证据如何认定事实、违法行为的性质及程度、在处理时哪些是可考虑的因素、裁量决定的理由、决定依据的规范性文件及具体条款项目。在当事人有异议时，需说明哪些异议不能成立，为什么不能成立。依据《行政许可法》第三十八条规定，申请人的申请符合法定条件、标准的，税务机关应当依法作出准予行政许可的书面决定。税务机关依法作出不予行政许可的书面决定的，应当说明理由，并告知申请人享有依法申请行政复议或者提起行政诉讼的权利。

5. 信息公开制度

推进政府信息公开，是政府服务人民、依靠人民，对人民负责、接受人民监督的重要制度安排。在《政府信息公开条例》出台之前，《行政处罚法》和《行政许可法》中均有对公开制度的具体规定。比如《行政许可法》第五条第二款规定，有关行政许可的规定应当公布；未经公布的，不得作为实施行政许可的依据。党的十九届四中全会对政府信息公开工作作出新部署，国务院新修订的《政府信息公开条例》对政府信息公开工作提出新要求。国务院出台的《优化营商环境条例》要求各级人民政府及其部门坚持政务公开透明，以公开为常态、不公开为例外，全面推进决策、执行、管理、服务、结果公开。

6. 回避制度

回避制度，是指行政机关工作人员在行使职权的过程中，因其与所处理的事务有利害关系，为保证实体处理结果和程序进展的公正性，根据当事人的申请或工作人员的请求，有权机关依法终止其职务的行为并由他人代理的一种法律制度。《行政处罚法》第四十三条规定，税务执法人员与案件有直接利害关系或者有其他关系可能影响公正执法的，应当回避。当事人认为税务执法人员与案件有直接利害关系或者有其他关系可能影响公正执法的，有权申请回避。《税收征管法》第十二条规定，税务人员征收税款和查处税收违法案件，与纳税人、扣缴义务人或者税收违法案件有利害关系的，应当回避。

7. 权力分离制度

为了防止权力过于集中而滥用权力，必须将权力作出一定的分离，包括同一个行政机关内部的部门分离和不同机关之间的分离。依据《行政处罚法》第五十七条规定，调查终结，行政机关负责人应当对调查结果进行审查，根据不同情况，分别作出如下决定……对情节复杂或者重大违法行为给予行政处罚，行政机关负责人应当集体讨论决定。该法第六十七条第一款规定，作出罚款决定的行政机关应当与收缴罚款的机构分离。《税收征管法》第十一条规定，税务机关负责征收、管理、稽查、行政复议的人员的职责应当明确，并相互分离、相互制约。

8. 格式制度

行政机关在作出决定时必须符合法律法规规定的格式要求。依据《行政处罚法》第五十九条规定，税务机关依照《行政处罚法》第五十七条的规定作出税务行政处罚，应当制作税务行政处罚决定书。税务行政处罚决定书应当载明下列事项：①当事人的姓名或者名称、地址；②违反法律、法规、规章的事实和证据；③行政处罚的种类和依据；④行政处罚的履行方式和期限；⑤申请行政复议、提起行政诉讼的途径和期限；⑥作出行政处罚决定的行政机关名称和作出决定的日期。税务行政处罚决定书必须盖有作出税务行政处罚决定的税务机关的印章。

9. 顺序制度

行政机关作出决定时，必须按照法律规定的顺序、步骤。以税务行政处罚决定为例，如果按照简易程序作出决定，其顺序是发现线索→出示执法身份证件→告知将要作出决定的事实和理由→听取当事人陈述和申辩→作出决定→备案；如果按照普通程序作出决定，其顺序是立案→调查→作出初步决定→告知当事人将要作出决定的事实和理由→听取当事人陈述和申辩→作出正式决定→送达决定书；如果按照听证程序作出决定，其顺序是立案→调查→初步决定→告知→听证→正式决定→送达决定书。依据《行政强制法》第十八条规定的精神，税务机关实施查封、扣押、冻结等税务行政强制措施也应当遵守一系列顺序性规定。

10. 调查制度

行政机关在调查案件材料时，必须按照法律规定的调查人员人数、调查程序及调查方法的要求进行。依据《行政处罚法》第五十五条的规定，税务执法人员在调查或者进行检查时，应当主动向当事人或者有关人员出示税务执法证件。当事人或者有关人员有权要求税务执法人员出示执法证件。税务执法人员不出示执法证件的，当事人或者有关人员有权拒绝接受调查或者检查。当事人或者有关人员应当如实回答询问，并协助调查或者检查，不得拒绝或者阻挠。询问或者检查应当制作笔录。依据该法第五十六条的规定，税务机关在收集证据时，可以采取抽样取证的方法；在证据可能灭失或者以后难以取得的情况下，经税务机关负责人批准，可以先行登记保存，并应当在 7 日内及时作出处理决定，在此期间，当事人或者有关人员不得销毁或者转移证据。

三、善用税收正当程序

坚持依法治国、建设社会主义法治国家是我们党和国家的战略选择。依法治税是依法治国基本方略在税收管理领域的具体体现，税务执法程序合法正当则是确保依法治税落实落地的前提条件。近年来，税务系统加快了正当程序制度建设，聚焦纳税人和社会各界普遍关注的税务执法突出问题，进一步统一了执法标准，完善了执法程序，创新了执法方式，着力构建了“无风险不打扰、有违法要追究、全过程强智控”的税务执法新体系，增强了税务执法效能。

近年来，为进一步完善税务执法程序，税务系统聚焦行政执法的源头、过程、结果等关键环节，在税务行政执法领域全面推行行政执法公示、执法全过程记录和重大执法决定法制审核“三项制度”，重点规范与纳税人密切相关的行政征收、行政检查、行政许可、行政处罚、行政强制等执法活动，促进执法透明、规范、合法、公正。发挥行政执法“三项制度”对促进严格规范公正文明执法的基础性、整体性、突破性带动作用，建立健全执法资格、执法证件、执法监督、执法责任等配套制度，着力打造阳光税务、规范税务、法治税务。

公平正义是人类文明的重要标志。进入新发展阶段以来，中共中央办公厅、国务院办公厅印发的《关于进一步深化税收征管改革的意见》从严格规范税务执法行为、完善税务执法制度和机制、不断提升税务执法精确度、强化执法内部监督等方面提出了一系列明确要求。贯彻落实依法行政要求，推进依法治税，做到权力法定、权责明晰，加强权力运行的监督制约，需要持续健全税务执法制度规定，进一步优化税务执法方式，确保严格规范公正文明执法，充分保障相对人合法权益。

近年来，税务执法环境发生深刻变化，新修订的《行政处罚法》等法律法规都需要通过完善相关制度规定予以衔接和落实。税收征管体制改革后形成的集约型税务执法体系需要完备的制度加以保障。同时，基层执法实践中一些成熟定型的做法也需要以制度形式加以固定。以税务稽查执法为例，稽查执法作为税务执法的重要方面，需要按照进一步深化税收征管改革的要求从制度层面进行规范，进一步提升稽查执法水平、提高执法效能，为推进税收治理体系和治理能力现代化提供制度基础和法治保障。

按照党中央、国务院关于依法行政、依法治税的总体要求，为贯彻落实中共中央办公厅、国务院办公厅印发的《关于进一步深化税收征管改革的意见》，深入推进精确执法、精细服务、精准监管、精诚共治，落实《行政处罚法》等法律法规，切实保护行政相对人合法权益，更好发挥税务稽查维护税收秩序、税收安全、社会公平正义的职能作用，国家税务总局对《税务稽查工作规程》（国税发〔2009〕157号印发，国家税务总局公告2018年第31号修改，以下简称《规程》）进行了修订，并更名为《税务稽查案件办理程序规定》（国家税务总局令第52号，以下简称《规定》），以国家税务总局规章的形式发布。

《规定》是规范税务稽查执法的基础性制度，与经济社会生产生活和行政相对人权益密切相关。原《规程》为税务规范性文件，《规定》升级为部门规章，提升了稽查执法制度的依据层级。通过提升稽查执法基础性制度的依据层级，进一步加大对稽查执法的规范力度，提高稽查法治化水平。《规定》围绕稽查执法工作中与行政相对人密切相关的执法环节，依据相关法律法规进一步完善稽查执法制度机制，全流程规范稽查执法行为，充分保障行政相对人的知情权、陈述申辩权等合法权益，推动提高税法遵从度和社会满意度。《规定》坚持问题导向，应对稽查执法过程中出现的新情况、新问题，以及涉税违法手段的新变化、新趋势，进一步完善稽查案件办理流程，细化制度规定，明确工作要求，为稽查执法工作在新形势下有效开展提供制度保障。

《规定》共六章六十一条，分为总则、选案、检查、审理、执行、附则。主要修订内容包括：

一是进一步明确立法目的。在第一条将“为了贯彻落实中共中央办公厅、国务院办公厅印发的《关于进一步深化税收征管改革的意见》”作为《规定》修订的目的之一，明确将贯彻落实《意见》部署作为税务稽查执法的总体要求。

二是进一步完善立法宗旨。在第一条增加“保护纳税人、扣缴义务人和其他涉税当事人合法权益”的立法宗旨。坚持以人为本的执法理念，将注重保护行政相对人合法权益的原则要求贯穿于稽查案件办理全过程。

三是增加对行政相对人个人信息的保护。在第九条明确“对实施税务稽查过程中知悉的个人信息应当依法予以保密”。落实民法典有关规定，防止稽查执法中泄露相对人个人信息，进一步提高稽查执法的合法性和规范性。

四是明确行政执法全过程记录要求。新增第十一条“税务稽查案件办理应当通过文字、音像等形式，对案件办理的启动、调查取证、审核、决定、送达、执行等进行全过程记录。”贯彻落实国务院关于全面推行执法全过程记录制度等“三项制度”的工作要求，进一步促进税务稽查严格规范公正文明执法。

五是细化提取电子数据的程序。在第二十三条增加“收集、提取电子数据，检查人员应当制作现场笔录，注明电子数据的来源、事由、证明目的或者对象，提取时间、地点、方法、过程，原始存储介质的存放地点以及对电子数据存储介质的签封情况等。进行数据压缩的，应当在笔录中注明压缩方法和完整性校验值”的规定。依据行政处罚法、税收征收管理法等相关法律规定，进一步规范电子数据提取的具体规定和操作要求，适应实际执法中提取电子证据的需要，保障电子数据取证工作合法合规。

六是细化保障行政相对人知情权和陈述申辩权的相关规定。在第十五条、第二十条明确实施检查和进行询问时对当事人要“告知其权利和义务”，在第四十条增加“应当充分听取当事人的陈述、申辩意见；经复核，当事人提出的事实、理由或者证据成立的，应当采纳”的规定，落实行政处罚法等法律法规的要求，充分保障当事人的知情权、陈述申辩权等合法权益。

七是将证据纳入处罚决定书的填写范围。在第四十四条增加税务行政处罚决定书应当包括“税收违法证据”，与行政处罚法有关规定相衔接，强化证据填写要求，确保税务行政处罚决定文书证据充分、事实清楚。

八是增加税务行政处罚决定公开和撤回程序规定。与《行政处罚法》有关规定相衔接，在第四十四条明确税务行政处罚决定应当依法公开和税务行政处罚决定依法撤回的程序要求，完善税务行政处罚决定工作流程。

九是明确税务稽查案件办理期限。落实行政处罚法有关规定，在第四十七条明确：“稽查局应当自立案之日起 90 日内作出行政处理、处罚决定或者无税收违法行为结论。案情复杂需要延期的，经税务局局长批准，可以延长不超过 90 日；特殊情况或者发生不可抗力需要继续延期的，应当经上一级税务局分管副局长批准，并确定合理的延长期限”，既保障疑难、复杂案件查处，又强化监督制约，提高办案效率。

十是增加暂缓或延期缴纳罚款的规定。新增第五十一条“当事人确有经济困难，需要延期或者分期缴纳罚款的，可向稽查局提出申请，经税务局局长批准后，可以暂缓或者分期缴纳。”落实行政处罚法有关要求，充分考虑当事人的实际困难，做到税务稽查执法既有力度又有温度，推动提升税法遵从度和社会满意度。

十一是明确实施税收强制执行前的催告程序。在第五十二条明确："作出强制执行决定前，应当制作并送达催告文书，催告当事人履行义务，听取当事人陈述、申辩意见。经催告，当事人逾期仍不履行行政决定，且无正当理由的，经县以上税务局局长批准，实施强制执行。"落实行政强制法有关规定，进一步完善执法程序，提高稽查执法的合法性和正当性。

十二是完善处理处罚决定重新作出工作机制。新增第五十八条"税务处理决定书、税务行政处罚决定书等决定性文书送达后，有下列情形之一的，稽查局可以依法重新作出：（一）决定性文书被人民法院判决撤销的；（二）决定性文书被行政复议机关决定撤销的；（三）税务机关认为需要变更或者撤销原决定性文书的；（四）其他依法需要变更或者撤销原决定性文书的。"依据《行政处罚法》《行政诉讼法》《行政复议法》相关规定，健全税务稽查重新作出处理处罚工作机制，进一步完善稽查执法工作流程。

由于《税收征管法》与《行政强制法》《行政处罚法》为特别法与一般法的关系，对前者未能涵盖的程序内容，应当适用一般法的规定。在《税务稽查案件办理程序规定》中引入《行政强制法》《行政处罚法》，不仅有利于完善税务稽查程序，而且可以有效提示税务机关不能忽视一般法的规定，《税收征管法》未明确规定的程序，仍需依照《行政强制法》和《行政处罚法》的一般性规定执行。

正当程序的基本功能在于，一方面防止公权力滥用，遏制腐败；另一方面保障人权，保护公民、法人和其他组织的合法权益不受公权力主体滥权、恣意行为侵犯。强化税务稽查中的正当程序原则并在税务稽查过程中予以落实，是值得税务执法人员深入思考的重大问题。

根据全面推行行政执法"三项制度"的要求以及最高人民法院相关司法裁判案例，税务机关对相对人作出的损益型行政处理、处罚决定时，因其行为直接牵涉相对人的合法权益，应当遵循正当程序原则，采取实质审查方式，全面审查证据材料的数量、形态、外观以及内在质量。

诚然，税务执法实践中，由于"程序"本身并不是一个具体、明确的概念，这使得税务行政执法实践中把握"程序合法"这一要求容易出现偏差。以税务稽查执法为例，根据税法和行政法基本原理及其相关规定，对程序合法所应当具备的要素进行分析，税务稽查“程序合法”应当具备以下基本要素：

一是税务稽查局具有独立执法主体地位并对案件有管辖权。根据《税收征管法》及其实施细则规定，省以下税务局的稽查局具有独立执法主体地位。税务稽查案件管辖包括职权管辖、地域管辖和级别管辖。

二是税务稽查人员具有执法资格。税务稽查人员同时符合以下两项条件的具有执法资格：①应当具有公职人员身份；②应当持有税务稽查专用检查证；③税务稽查行政行为符合法定权限。根据《税收征管法》及其实施细则、《税务稽查案件办理程序规定》等相关规定，稽查局具有税务检查权、税收保全权、税款追征权、滞纳金加收权、行政处罚权等多项行政权力，在税务稽查过程中可能实施若干项具体执法行为。程序合法要求稽查局实施的每一项执法行为均应符合法律法规等规定的权限要求，不得超越权限实施具体行政行为，即法有授权方可行、法无授权不可为。

三是税务稽查行政行为符合法定形式。依据产生法律效力是否应当具备特定形式可以将行政行为区分为要式行政行为和非要式行政行为。要式行政行为是指必须具备特定形式才能产生法律效果的行政行为。非要式行政行为指不需具备特定形式即可产生法律效果的行政行为。根据现行法律规定，税务稽查过程中实施的绝大部分行政行为属于要式行政行为，必须具备法定的形式才能产生法律效力。基于此，税务稽查过程中所实施的每一项要式行政行为均应当符合法律法规等规定的形式要求。

四是税务稽查行政行为符合法定顺序。根据现行规定，税务稽查过程中实施的某些行政行为有执行步骤或施行顺序上的特殊要求。对于此类行政行为，程序合法要求其应当符合法律法规等规定的步骤或顺序。需要注意的是，税务稽查过程中实施的某些行政行为不仅需要遵从《税收征管法》及其实施细则等税收法律规范规定的步骤或顺序，还应当遵守其他行政法律规范关于步骤或顺序的限制。如实施强制执行措施时，除《税收征管法》及其实施细则外还应当符合《行政强制法》有关程序的规定。

五是税务稽查行政行为符合法定期限。行政法中有关行政行为期限规定的立法目的是规制行政机关的行为，防止因行政行为实施时间过长对相对人合法权益造成损害，故行政行为符合法定期限亦是程序合法的必然要求。税务稽查中应当特别予以关注的法定期限主要包括调取账簿资料的期限和实施税收保全措施的期限。

延伸阅读

优化税务执法方式全面推行“三项制度”实施方案

为深入贯彻习近平总书记关于优化税务执法方式等重要指示批示精神，认真落实《中共中央关于全面推进依法治国若干重大问题的决定》和《法治政府建设实施纲要（2015—2020年）》有关要求，做好税务系统全面推行行政执法公示制度、执法全过程记录制度、重大执法决定法制审核制度（以下统称“三项制度”）工作，进一步提高税务执法效能，促进公平公正监管，优化税收营商环境，确保减税降费政策措施落地生根，现根据《国务院办公厅关于全面推行行政执法公示制度执法全过程记录制度重大执法决定法制审核制度的指导意见》(以下简称《指导意见》)，结合前期试点情况和税务工作实际，制定本实施方案。

一、总体要求

（一）指导思想

以习近平新时代中国特色社会主义思想为指导，全面贯彻党的十九大和十九届二中、三中全会精神，深入落实全面依法治国基本方略，紧扣新时代新税务新职责新要求，以“三项制度”为主抓手，牢固树立法治思维，强化执法质量意识，着力推进税务执法透明、规范、合法、公正，不断健全执法制度、完善执法程序、创新执法方式、加强执法监督，全面提高税务执法效能，确保税务机关依法履行法定职责，有效防范税务执法风险，切实维护纳税人和缴费人合法权益，为进一步深化“放管服”改革、优化税收营商环境、提升税收治理能力提供有力法治保障。

（二）基本原则

坚持稳中求进。坚持法定职责必须为、法无授权不可为，周密部署、细致安排、精心组织，加强指导，强化监督，充分借鉴试点经验，分步有序实施，积极稳妥推行。

坚持科学规范。坚持从实际出发，尊重税收工作规律和法治建设规律，深入调查研究，广泛听取意见，确保统一规范，防止脱离实际、各行其是。

坚持优化创新。聚焦基层执法实践需要，在确保统一规范的基础上，鼓励支持因地制宜、符合实际的探索创新，着力解决税务执法突出问题，提高执法质效。

坚持统筹协调。注重运用系统思维，做到制度化、规范化、信息化一体建设，加强制度融合、资源整合、信息聚合，推进集约高效，不搞重复建设。

坚持便利高效。牢固树立以人民为中心的发展思想，方便纳税人和缴费人及时获取税务执法信息、便捷办理各种手续、有效监督执法活动。强化为基层服务意识，能由税务总局做的不要省局承担，能在税务总局、省局层面解决的不交给基层，形成上下联动、协同推进的合力。

（三）工作目标

立足当前、着眼长远，坚持不懈、积极作为，逐步实现“三项制度”在各级税务机关全面推行，在税务执法过程中全面落实，行政处罚、行政强制、行政检查、行政征收、行政许可等行为得到有效规范。税务执法信息公示制度机制不断健全，执法行为过程信息全程记载，重大执法决定法制审核全面覆盖，全面实现执法信息公开透明、执法全过程可回溯管理、执法决定合法有效，行政自由裁量权得到有效约束，税务执法能力和水平大幅提升，税务执法社会满意度显著提高。

二、主要任务

（一）全面推行行政执法公示制度，确保税务执法透明

行政执法公示是保障行政相对人和社会公众的知情权、参与权、表达权、监督权的重要措施。各级税务机关按照“谁执法、谁公示、谁负责”的原则，结合政府信息公开、权责清单公布、“双随机、一公开”监管等工作，在行政执法的事前、事中、事后三个环节，依法及时主动向社会公开税务执法信息。涉及国家秘密、商业秘密、个人隐私等不宜公开的信息，依法确需公开的，要作适当处理后公开。发现公开的税务执法信息不准确的，应当及时予以更正。

1. 强化事前公示，保证税务执法源头合法。全面准确及时主动公开税务执法主体、人员、职责、权限、依据、程序、救济渠道等基本信息，随机抽查事项、“最多跑一次”“全程网上办”等清单信息，办税指南等办税信息。因法律法规及机构职能发生变化而引起公示信息变化的，应当及时进行动态调整。

2. 规范事中公示，做到税务执法过程公开。税务执法人员执法时要按规定着装、佩戴标识，着装、佩戴标识可能有碍执法的除外；在进行税务检查、调查取证、采取强制措施和强制执行、送达执法文书等执法活动时，必须主动出示税务检查证，向当事人和相关人员表明身份；在税务执法时，要出具执法文

书，主动告知当事人执法事由、执法依据、权利义务等内容。办税服务场所要设置岗位信息公示牌，明示工作人员岗位职责、申请材料示范文本、咨询服务、投诉举报等信息。各省（自治区、直辖市、计划单列市）税务机关（以下简称省税务机关）要建立非即办执法事项办理进度查询工作机制，方便当事人实时查询办事进度。主管税务机关要公示定期定额个体工商户核定定额的初步结果等事中执法信息。

3. 加强事后公示，实现税务执法结果公开。税务机关按规定时限、内容和有关要求，向社会主动公开非正常户认定、欠税公告、税收减免、纳税信用等级评定等执法信息，公示税务行政许可决定、行政处罚决定信息。建立健全税务执法决定信息公开发布、撤销和更新机制。已公开的税务执法决定被依法撤销、确认违法或者要求重新作出的，要及时从信息公示平台撤下原执法决定信息。建立行政执法统计年报制度，省以下税务机关应当于每年1月31日前公开上年度行政执法总体情况有关数据，并报本级人民政府和上一级税务机关。

4. 拓展公示途径，提升税务执法公信力。税务总局依托官方网站建立全国统一的税务执法信息公示平台，推动与政府行政执法信息公示平台的互联互通。税务机关要通过执法信息公示平台、官方网站、政务新媒体、办税服务厅公示栏、服务窗口等渠道，及时向社会公开税务执法信息。

（二）全面推行执法全过程记录制度，确保税务执法规范

行政执法全过程记录是行政执法活动合法规范有效的重要保证。税务机关采取以文字记录为主、音像记录为辅的形式，对税务执法的启动、调查取证、审核决定、送达执行等全部过程进行记录，并全面系统归档保存，做到执法全过程留痕和可回溯管理。

1. 完善文字记录，规范税务执法文书。税务机关以纸质文件或电子文件的形式对执法活动进行文字记录，做到记录合法规范、客观全面、及时准确。税务总局参照全国行政执法文书基本格式标准，结合税务执法实际，完善统一适用的税务执法文书格式文本，制作执法文书范本，研究制定税务执法规范用语；省税务机关可以制作说理式文书模板，推行说理式执法。

2. 规范音像记录，监督税务执法行为。税务机关通过照相机、录音机、摄像机、执法记录仪、视频监控等记录设备，实时对执法活动进行音像记录。做好音像记录与文字记录的衔接，对文字记录能够全面有效记录执法行为的，可以不进行音像记录；对查封扣押财产等直接涉及重大财产权益的现场执法活

动，要推行全程音像记录；对现场检查、调查取证、举行听证、留置送达和公告送达等容易引发争议的执法过程，根据实际情况进行音像记录。税务总局建立健全执法音像记录管理制度及记录行为用语指引，明确执法音像记录的设备配备、使用规范、记录要素、存储应用、监督管理等要求，规范音像记录行为。省以下税务机关应当按照工作必需、厉行节约、性能适度、安全稳定、适量够用的原则，结合本地区经济发展水平和税务执法具体情况，配备音像记录设备，建设税务约谈（询问）室等办公场所。

3. 严格记录归档，完善税务执法档案。要完善税务执法档案管理制度。各级税务机关按照规定归档保存执法全过程记录资料，实现所有执法行为有据可查。对涉及国家秘密、商业秘密和个人隐私的记录资料，归档时要严格执行国家有关规定。省税务机关按照相对集中、经济高效、安全好用的原则，确定音像记录的存储方式，通过技术手段实现对同一执法对象的文字记录和音像记录的“一户式”集中归档。建立健全基于电子认证、电子签章的税务执法全过程数据化记录机制，形成业务流程清晰、数据链条完整、数据安全有保障的数字化归档管理制度。

4. 发挥记录作用，提高税务执法实效。各级税务机关在作出执法决定前，要调阅相关记录资料，对执法行为的合法性、规范性等进行审核。加强执法全过程记录信息的统计分析，查找执法薄弱环节，持续改进执法工作。要充分发挥记录信息对案卷评查、执法监督、法律救济、评议考核、舆论引导、行政决策、内控机制和纳税信用体系以及涉税专业服务信用建设等工作的积极作用，促进严格规范公正文明执法，依法维护税务人员和行政相对人的合法权益。

（三）全面推行重大执法决定法制审核制度，确保税务执法公正

重大执法决定法制审核是保障行政执法机关作出的重大执法决定合法有效、保证执法公正的重要措施。税务机关作出重大执法决定之前，要严格进行法制审核，未经法制审核或审核未通过的，不得作出决定。税务稽查案件审理、重大税务案件审理属于法制审核，其审核范围、内容、程序等分别适用《税务稽查工作规程》《重大税务案件审理办法》的有关规定。

1. 明确审核主体，保障法制审核力量。县以上税务机关负责法制工作的机构、稽查局审理部门是重大执法决定法制审核机构，法制审核机构要确保专人负责本单位重大执法决定法制审核工作；对稽查案件实施集中审理的地区，市税务局稽查局审理部门同时负责同级跨区域稽查局重大执法决定法制审核工

作。各地可结合实际建立重大执法决定法制审核委员会，实行集体审理。加强法制审核队伍正规化、专业化、职业化建设，落实《指导意见》要求，确保2020年7月底前，各级税务机关的法制审核人员原则上不少于本单位从事行政处罚、行政强制、行政检查、行政征收、行政许可等执法活动的人员总数的5%，同时把政治素质高、业务能力强、具有法律专业背景的人员调整充实到法制审核岗位。充分发挥法律顾问、公职律师在法制审核中的作用，建立本系统内法律顾问、公职律师跨区域统筹使用机制，实现法律专业人才资源共享。

2. 明确审核事项，拓宽法制审核范围。凡涉及重大公共利益，可能造成重大社会影响或引发社会风险，直接关系行政相对人或第三人重大权益，经过听证程序作出税务执法决定，以及案件情况疑难复杂、涉及多个法律关系的，都要进行法制审核。税务总局明确重大执法决定法制审核事项基础清单。省税务机关可结合实际增加法制审核事项。省以下税务机关根据法制审核事项清单，明确本级法制审核事项的具体标准，并于制定或修改相关标准后1个月内报上一级税务机关备案。

3. 明确审核内容，确保法制审核质量。要严格审核执法主体是否合法，执法人员是否具备执法资格；执法程序是否合法；案件事实是否清楚，证据是否合法充分；适用法律、法规、规章、规范性文件是否准确，裁量基准运用是否适当；是否超越本机关法定权限；执法文书是否齐备、规范；违法行为是否涉嫌犯罪、需要移送司法机关等。法制审核机构完成审核后，提出同意或者存在问题的书面审核意见。税务执法承办机构要对法制审核机构提出存在问题的审核意见进行研究，作出相应处理后再次报送法制审核；对审核意见有异议的，应与法制审核机构进行沟通，未达成一致意见的，由承办机构提请其分管局领导专题协商研究；协商研究仍未达成一致意见的，报请主要负责人决定。

4. 明确审核责任，健全法制审核机制。各级税务机关主要负责人是推动落实本单位重大执法决定法制审核制度的第一责任人，对本单位作出的行政执法决定负责。税务总局确定法制审核流程，明确送审材料报送要求和审核的方式、时限、责任。税务执法承办机构应及时将符合法制审核范围的重大执法事项提交法制审核，并对送审材料的真实性、准确性、完整性，以及执法的事实、证据、法律适用、程序的合法性负责。法制审核机构对重大执法决定的法制审核意见负责。因承办机构的承办人员、负责法制审核的人员和审批税务执法决定的负责人滥用职权、玩忽职守、徇私枉法等，导致税务执法决定错误，要依纪依法追究相关人员责任。

（四）积极推进信息化建设，确保税务执法高效

按照立足实际、优化集成、统筹规划、分步实施的原则，加快推进信息化建设，推动公示信息自动化采集、执法记录数字化管理、法制审核信息化控制，逐步构建操作信息化、文书数据化、过程痕迹化、责任明晰化、监督严密化、分析可量化的税务执法信息化体系。

1. 以金税三期系统为支撑，推进“三项制度”信息化建设。税务总局将“三项制度”全面融入金税三期系统，注重功能集成和系统集成；完善金税三期系统的信息自动采集功能，实现自动抓取有关执法公示信息，坚持“先审查，后公开”“一事一审”“全面审查”原则，严格履行发布审批和保密审查程序后推送至税务执法信息公示平台；研究推进将金税三期系统业务节点信息推送至电子税务局，实现执法进度信息网上即时查询；将重大执法决定法制审核环节嵌入金税三期系统，强化法制审核的过程控制。省税务机关建立健全执法音像记录信息管理平台，按照税务总局确定的接口方案与金税三期系统对接，实现对文字记录、音像记录的数字化归档管理。

2. 依托现代信息技术手段，提高税务执法信息化水平。税务总局借助大数据、云计算、移动终端等信息技术手段，持续优化金税三期系统和电子税务局等信息系统，逐步推进执法信息网上录入、执法程序网上流转、执法活动网上监督、执法决定实时推送、执法信息统一公示、执法信息网上查询，努力实现对税务执法活动的即时性、过程性、系统性管理。认真落实国务院部署要求，在确保信息安全的前提下，推进跨地区、跨部门执法信息系统互联互通共享，探索建立以税务执法主体信息、权责清单信息、执法办案信息、执法监督信息和执法统计分析为主要内容的税务系统执法信息资源库，按照行政处罚、行政强制、行政检查、行政征收、行政许可等执法行为类型，对金税三期等信息系统中的相关征管数据进行转换、加工和归集，形成集税务执法数据储存、共享和分析功能为一体的“税务执法数据应用平台”，为全面系统掌握税务执法状况、及时发现税务执法薄弱环节、采取有针对性的执法改进措施及相关领导决策提供支撑。适应健全完善税务监管体系和跨区域稽查执法体制新要求，税务总局和省税务机关建立税务稽查视频指挥系统，提高集中统一指挥、多方协同作战能力，高效、精准打击重大涉税违法活动，进一步规范税收秩序，维护国家税收安全。

3. 推进人工智能技术应用，提升税务执法的精准性。税务总局和有条件的省税务机关可研究开发税务执法裁量智能辅助信息系统，利用语音识别、文本分析等技术对税务执法信息数据资源进行分析挖掘，发挥人工智能在证据收集、案例分析、法律文件阅读与分析中的作用，聚焦争议焦点，向执法人员精准推送法律法规规定、相似案例等信息，提出处理意见建议，生成执法决定文书，有效约束规范税务行政自由裁量权，确保执法尺度统一。深化对金税三期等信息系统中税务执法大数据的智能分析和应用，提升税务立法、行政决策、税务执法和风险防范水平，促进税务执法更加精准有效。

三、组织实施

（一）加强组织领导

各级税务机关全面依法行政领导小组要加强对“三项制度”推行工作的领导，主要负责同志是第一责任人。要认真研究审定实施方案和制度办法，统筹部署推行任务，定期听取有关工作情况报告，及时研究解决工作中的重大问题，确保实施有方案、部署有要求、推进有标准、任务有落实、工作有考核、组织有保障。

各级税务机关全面依法行政领导小组办公室承担“三项制度”推行过程中的沟通协调、跟踪指导、督促落实、组织评估等日常工作。建立联络员工作机制，领导小组办公室成员单位指定本单位1名同志担任联络员。根据“三项制度”全面推行进展情况，可组织业务骨干成立推进小组，集中攻关，重点解决推行过程中遇到的突出问题和困难。

（二）明确任务分工

政策法规司牵头负责税务系统全面推行“三项制度”有关工作，拟订“三项制度”实施方案、实施办法、事项清单和工作指引，并根据社会保险费和非税收入征管职责划转情况及时修改调整相关内容，牵头负责行政执法公示制度、执法全过程记录制度、重大执法决定法制审核制度推行工作；办公厅负责“三项制度”推行工作的督查督办和绩效考评；征管和科技发展司牵头负责“三项制度”信息化建设；财务管理司负责推行工作的经费保障；人事司负责推行工作的人才保障；教育中心负责相关培训保障；税收宣传中心负责推行工作的新闻宣传、舆论引导；其他相关司局结合工作职责，做好有关推行工作。各司局要切实履职尽责，积极推进本部门职责范围内“三项制度”推行工作有关任务，督促指导下级对口部门开展工作，同时加强部门间工作配合，形成推进合力。

省以下税务机关要参照税务总局的安排部署，建立健全相关制度和工作机制，进一步明确任务分工，压实工作责任，确保任务落实。

（三）分步有序实施

1. 部署准备阶段（2019 年 7 月底前）

税务总局制定实施方案，印发实施办法、事项清单及工作指引等配套文件，明确任务分工，召开动员部署会议，启动全国统一税务执法信息公示平台建设和金税三期等信息系统优化工作。

各省税务机关结合实际，制定具体实施方案，细化实化相关配套文件，在全面调查摸底的基础上，统筹做好本系统执法资格证件清理核发、法制审核人员配备、执法音像记录设备配置，以及“三项制度”专题教育培训和学习宣传等工作。

2. 推进实施阶段（2019 年 8 月至 2020 年 7 月）

各级税务机关按照本实施方案及有关要求，认真组织实施“三项制度”，结合税务总局印发的“三项制度”事项清单，按照“与纳税人和缴费人利益最直接的事项先推、社会公众最关切的事项先推、推行条件成熟的事项先推、先行开展尤其是开展全部‘三项制度’试点的单位先推”的原则，突出重点，循序推进，确保 2020 年 7 月底前推行到位。要加强跟踪调研，对推行效果进行适时评估，及时发现解决实施中存在的问题，完善相关制度办法，提高“三项制度”运行实效，推进法治税务建设。

3. 持续深化阶段（2020 年 8 月起）

深入推行“三项制度”，全面总结工作经验，巩固已有成果，分析存在问题，持续改进提升，不断推动法治税务建设迈上更高台阶。

四、工作要求

（一）提高思想认识

聚焦行政执法的源头、过程、结果等关键环节，全面推行“三项制度”，是着力防止任意执法、选择执法、简单粗暴执法等问题的重要举措，对优化税务执法方式、促进严格规范公正文明执法具有基础性、整体性、突破性作用。各级税务机关要高度重视“三项制度”全面推行工作，从落实全面依法治国方略、建设法治税务、推动实现税收治理体系和治理能力现代化的高度充分认识其重要意义，切实增强使命感、责任感和紧迫感，坚持目标导向、问题导向、任务导向，明确任务分工，强化保障措施，稳妥有序推进，积极探索创新，确保继续走在前、出经验。

（二）注重统筹集成

各级税务机关要坚持制度化、规范化、信息化一体建设。将“三项制度”具体要求融入权责清单和税收征管、税务稽查等执法规范，嵌入到具体税务执法事项之中，推动税务执法更加透明规范合法公正。科学编制“三项制度”业务需求，嵌入到税收征管信息系统，实现“三项制度”信息化，全面带动提升税务执法信息化建设水平。以全面推行“三项制度”为突破口，加强和完善执法资格考试和证件管理、执法案例指导、执法裁量权基准、执法案卷管理和评查、执法投诉举报以及执法责任制等制度建设，积极做好相关制度衔接工作，形成统筹税务执法各个环节的制度体系。

（三）加强培训宣传

各级税务机关要制定“三项制度”专题培训方案，开展分级分类培训，与岗位大练兵、业务大比武等活动有机结合，提高培训的针对性、实效性。认真落实“谁执法谁普法”普法责任制的要求，加大宣传力度，通过官方网站、电子税务局、纳税人学堂、12366 服务热线等方式，广泛宣传全面推行“三项制度”的重要意义、主要做法、典型事例和实施效果，凝聚思想共识，回应社会关切，为推行工作营造良好氛围。

（四）强化推行保障

各级税务机关要重视税务执法人员能力素质建设，加强思想道德和素质教育，着力提升执法人员业务能力和执法素养，打造政治坚定、作风优良、纪律严明、廉洁务实的税务执法铁军。严格实行执法人员资格管理制度，建立全国税务执法人员和法制审核人员数据库，健全科学的考核评价体系及人员激励机制。要加大法律专业人员招录力度，并优先配备到法制审核岗位，加快推动法律专业人才归位。健全执法人员和法制审核人员岗前培训和岗位培训制度。鼓励和支持执法人员参加国家统一法律职业资格考试。要将税务执法装备配备、设备配置、设施建设和信息化建设所需经费纳入经费预算，为全面推行工作提供保障。

（五）务求工作实效

各级税务机关要充分考虑地域差异、工作基础，坚持因地制宜，不搞“一刀切”。分步有序实施的时间节点要求是最后时限要求，基础较好、条件具备的地区可以加快推进。凡是现有制度规定、工作事项、业务流程、表证单书、信息系统等基本上符合和适应“三项制度”要求的，应当继续保留和使用，并按照便捷高效的原则进一步优化、改进和完善。注重发挥“三项制度”在落实减税降费政策、加强事中事后管理、防范和打击虚开骗税等方面的积极作用。注重选树“三项制度”推行工作先进典型，发挥示范带动作用。将“三项制度”推行情况纳入绩效考评和督查督办，对工作不力的要及时督促整改，对工作中出现问题造成不良后果的单位及人员要通报批评，依纪依法问责，确保“三项制度”各项工作落到实处、取得实效。

各省税务机关要于2019年5月底前将本系统优化税务执法方式全面推行“三项制度”工作方案报税务总局备案；税务总局驻各地特派办与其所管辖范围内省税务局进行协商，在相关省税务局的工作方案中明确其落实“三项制度”的有关原则和要求。

（来源：国家税务总局官方网站）

第五章　新时代税收法治之权责统一思维

在我国，权责统一是一条重要的法治原则。对公权力的行使实行严格的法律监督并以问责制作为保障，是法治国家、法治政府建设的基本需要。权责统一是行政权力与生俱来的本质属性，行政职责是行政职权不可分离、不可或缺的伴生物。法律授予行政机关职权的同时，实际上已经赋予了行政机关义务和责任，可以说是权责同授；行政机关在接受授权的同时，也接受了义务和责任，亦是权责同承。

权责统一是国家治理的必然趋势。党的十九届四中全会重申了“国家治理体系与治理能力现代化”，权力与责任作为一种综合的体系性目标，在新时代国家治理体系中构成一对典型的要素组合，没有无责任相伴的权力，也没有无权力相伴的责任。权力可以保障责任的履行，责任又对权力的行使进行监督制约。这样就能保证行政机关依法行权履责，做到依法行政。

中共中央、国务院印发的《法治政府建设实施纲要（2021—2025 年）》提出要加快构建职责明确、依法行政的政府治理体系，全面建设职能科学、权责法定、执法严明、公开公正、智能高效、廉洁诚信、人民满意的法治政府，坚持有权必有责、有责要担当、失责必追究，着力实现行政决策、执行、组织、监督既相互制约又相互协调，确保对行政权力制约和监督全覆盖、无缝隙，使党和人民赋予的权力始终用来为人民谋幸福。

税收治理是国家治理的重要方面。进入新时代以来，权责统一作为依法治税的一条重要原则，事关税收权力的运行与价值目标，是税收法治走向科学化和现代化的标志。税务机关坚持权责统一思维，应建立权责清单，依法履行税收管理职责，由法律、法规赋予税务机关相应的执法权限和执法手段。税务机关违法或者行使职权不当，应当依法承担法律责任，实现权力和责任的统一。依法做到执法有保障、有权必有责、用权受监督、违法受追究、侵权须赔偿。各级税务机关和税务人员应该清醒认识权力与责任的辩证统一，落实好有权必有责、有责要担当，用权受监督、失责必追究，自觉做到敬畏权力、依法履责、担当有为。

第一节　有权必有责，权责应统一

权责统一思维的第一要义就是“有权必有责”。“有权必有责”中的“权”指的是权力，“责”指的是法律责任。权力即义务，是应当履行的职责，与权利具有选择性、可行使、可放弃、可转让相反，权力必须行使、不可放弃、不可转让，行使或者不正当行使都会导致责任。有权必有责包括两个方面的含义：一是行使权力要对所引起的法律后果负责，法律授予了权力，同时也就意味着赋予了责任；二是被法律赋予了权力而不去行使或者行使不到位，就是不尽职、不作为，就是失职渎职，也要承担相应的法律责任。

树立正确的权力观是党员干部公正用权、依法用权的前提。公权力到底意味着什么？很多人认为公权力意味着“名誉、地位和利益”，意味着“位高权重却无责任或责任很轻”，这种态度和想法是缺乏正确的权力观的表现。作为党员干部，只有正确认识权力的来源、明确权力的边界，才能对权力保持敬畏，从而更好地行使权力。现代法治的核心是正确处理权力和权利的冲突，限制公权力、保障私权利是现代法治的精髓。法律赋予公职人员其一定的权力必然要求其承担起一定的责任来。税务人员作为公权力的行使者和责任的担当者，理应树立“有权必有责，权责应统一”的思维。当然，权责统一原则同样适用于私权利，税务行政管理相对人在行使法定权利的同时也要履行相应的法定义务，如果他们没有依法履行义务，税务机关及其工作人员也应依法追究其法律责任。但本章主要针对公权力进行分析。

一、有权必有责

（一）有权必有责是公权力的来源决定的

法国著名思想家让·雅克·卢梭针对早前很多封建主义和资本主义政治思想家提出的“主权神授”和“主权在君”的观点，明确提出了“主权在民”的思想。卢梭认为国家是基于人民的自由意志并订立社会契约而建立的，其根据是人民的同意，因此国家的最高权力“主权”应该属于全体人民。

《宪法》第二条规定：“中华人民共和国的一切权力属于人民。人民行使国家权力的机关是全国人民代表大会和地方各级人民代表大会。”人民通过权力机关即人民的代表组成的代表大会制定出法律，通过法律赋予国家机关以权力，所以公权力来源于私权利，而国家机关在享有权力的同时要履行相应的责任，即为人民提供公共服务。

李克强总理在回答中外记者的提问时曾经指出：正确处理好政府和市场的关系，市场经济也是法治经济，我们要努力做到让市场主体“法无禁止即可为”，让政府部门“法无授权不可为”。其实“法无授权不可为，法不禁止即自由”是一句法谚，源于17、18世纪的西方，正是卢梭《社会契约论》和孟德斯鸠《论法的精神》的相关表述与延伸。其中的法无授权不可为，是指国家公权力的行使必须经过法律授权；法不禁止即自由，则是指公民私权利的行使无法律禁止皆不违法。

对于行使公权力的税务机关而言，更需要意识到，公权力和私权利的不同之处还在于，私权利可以放弃，公权力却不能自由处分，不能随意放弃。公权力的“权”与“责”的对应还包含着公权力本身就是一种责任，一种职责，不行使权力就意味着没有履行职责，如税务机关依法征收税费、依法实施税务行政处罚、依法采取税务行政强制措施、税务行政强制执行，都属于税务机关依职权需要主动实施的行为，既是权力，又是责任。

权责性思维要求有权必有责、权责应统一。既要认识到责任保障权利、约束权力的功能，也要认识到责任限制自由的效果。法律责任不到位固然不好，但法律责任也不是越严越好。作为公权力的行使者，税务人员要树立个人责任、过错责任等现代责任观念，反对结果责任及责任的泛化。各级税务机关要准确配置责任，做大精准问责。

（二）有权必有责也是公权力的行使目的决定的

权力既是人民赋予的，就必须对人民负责，必须用来为人民谋利益，而不是成为权力行使者自身谋取利益的工具，“权为民所用、情为民所系、利为民所谋”，为民谋利是为官的责任和担当。权力要尽可能与自身利益或家人、朋友的利益脱钩，要与自身责任挂钩。税务机关及其工作人员行使手中的权力不是为谋取自身利益，也不能拿着手中权力和他人进行“权钱交易”，而是要为国家利益和社会公共利益，并最终为最广大纳税人缴费人的合法权益提供优质服务。这既是税务机关及其工作人员的使命，也是责任。

总之，权力和责任不可分割，行使法定权力，就必须对行使权力的过程和结果承担法律责任。权力与责任缺一不可，统一于最广大人民的最根本利益。

坚持权责统一，还需盯紧权力运行的各个环节，及时发现问题，纠正问题，减少权力设租寻租的空间。

（三）“有权必有责”之“权”

关于“有权必有责”之“权”，我们很多人虽不陌生，但也并非完全清晰。根据党的十八届三中全会通过的《中共中央关于全面深化改革若干重大问题的决定》，政府的主要职能可概括为“宏观调控、市场监管、公共服务、社会管理、环境保护”。需要指出的是，这一政府职能的 20 字概括，主要是从全面深化改革加快政府职能转变的角度提出的基本职能范畴。以政府宏观调控职能为例，自 2003 年非典型肺炎在我国暴发之后，行政应急权开始进入我国公众视野，我国也制定了一系列应急法律授予政府以广大的应急权力，以应对新冠肺炎疫情、水灾、地震等突发事件。依据学界的共识及我国《立法法》的规范，税收优惠属于法律保留事项，但法律未尽事项，允许在取得法律授权的前提下先行制定行政法规。由于常规税法规范具有稳定性与不周延的特点，因而将突发事件中的税收优惠全部纳入法律规范中是不现实的，相比较之下，行政机关反应更快、程序也更灵活。而且，作为宏观调控的重要工具，突发事件中税收优惠政策的目的是为灾区救援、物资供应、受灾企业的快速恢复等保驾护航，其本身即为应急举措之一，具有较强的时效性特征，因而将其纳入行政应急权范畴较为妥切。梳理历次突发事件，应急税收优惠也有许多规范趋于常态化，如对于公益捐赠的税前抵扣、救灾人员的工作补助免税、对接受捐赠的物资免税等税收优惠，将这些经验逐步固化为应急机制及逐步上升为法律，符合突发事件管理的整体需求。

此外，五大职能主要涵盖政府的经济职能和社会职能，并没有涉及政治职能。事实上，政府维护国家安全和主权完整的政治职能从来不会消灭，而且在当前国际和地区形势并不乐观的情形下，必须强调政治职能。另外，在经济职能中，作为公有制主导的国家，宪法及法律肯定政府享有代表国家行使国有资产权力的情况下，必须突出政府的资产运作职能。可以说，以上介绍的政府的职能同时也是政府的权力。此外，权力不仅指行政权力，还包括立法权和司法权。在构筑责任大厦时，不能遗忘立法权和司法权。

（四）“有权必有责”之“责”

“有权必有责”之“责”，通常指法律责任。在我们日常语言中还有道德责任、家庭责任、政治责任等不同表述，且责任和义务两个概念始终纠缠不清。

因此，我们有必要简单澄清一下。《汉语大词典》将“责任”一词的含义界定为三：一是使人担当起某种职务和职责；二是分内应做之事；三是做不好分内应做的事，因而应承担的过失。有学者对此进一步解释为，第一重含义大都见于古代汉语中，所以“责任”主要还是从后面两层含义来理解：一是分内应做之事，二是未做好分内应做之事所应受的谴责和制裁。《现代汉语词典》（修订本）将“义务”界定为三种含义，分别是：公民或法人按法律规定应尽的责任，道德上应尽的责任，不要报酬的。从上述“责任”和“义务”的界定来看，“责任”含义中的“使人担当起某种职务和职责”“分内应做之事”和“义务”含义中“公民或法人按法律规定应尽的责任”“道德上应尽的责任”之间有循环定义、界分不明的问题。其实，法学上关于义务和责任的界定是相对比较清晰的，义务强调的是义务承担者应当为或不得为，责任强调的是不履行或不完全履行义务而导致的否定性评价及其强制性制裁手段。若依此思路，我们可以说“责任”就是做不好分内应做的事而应承担的否定性评价，以及相应的谴责或制裁。也有学者认为，前者其实就是积极意义上的责任，后者是消极意义上的责任。也可以说责任有广义和狭义之分，广义的“责任”包含了义务的内容，即包括积极意义的责任（义务或职责）和消极意义的责任（不履行义务的不利后果），而狭义的“责任”则仅指消极意义上的责任。我们可以根据不同的语境来理解“责任”二字。本书主要阐述的是消极意义上的狭义的责任，但有时也会结合积极意义上的广义的责任进行分析。

既然义务有道德义务、法律义务、政治义务、团体义务（如党员的义务）、社会义务等之分，责任也相应地有道德责任、法律责任、政治责任、团体责任（党的纪律责任应该属于该责任类型）、社会责任等之别。

对于税务人员来说，纪律责任相对熟悉，但对政治责任和法律责任的认识通常比较模糊。新时代，各级税务机关首先是政治机关，同时作为重要的经济管理和税务执法部门，税务机关又承担各类法律责任，廓清税务机关政治责任与法律责任的关系，是发挥税务机关职能作用的前提。

（五）政治责任与法律责任

政治责任与法律责任的区别主要表现在以下四个方面：

一是法律责任在法律中都有相应的明文规定，政治责任却不能完全用精确的条款明文予以规定。首先，法律判断无法代替政治判断，某种政治行为可能并不违法，甚至形式上看上去合法，但须承担相应的政治责任。政治责任既是对政治责任主体的行为是不是符合法律程序的评价，也是对政治责任主体的政治性决策的考察。这一区别的强调可以防止一些责任主体借口符合法律程序，推卸相关的政治责任。法律能判断某项政策是不是合法，但是并不能判断政策是不是合理，也无法判断其可行性。另外，合法的政策并不一定就合理，政策的合理性和可行性直接影响着对政治责任的评价。

二是相对于法律责任来说，尤其是相对于刑事法律责任来说，政治责任的实现具有一定的优先性。倘若对政治责任不优先追究，政治责任主体手中仍握有公共权力，那么法律责任主体需要去承担的法律责任，尤其是刑事责任，就会因为遭受权力的影响，不能有效地追究。政治责任相对于法律责任追究的优先性，于党员领导干部问责制中所表现得最明显、典型。领导干部问责，具有非常强烈的政治色彩。党员领导干部问责，在问责情形、问责对象、问责权限、问责程序、处理依据等方面，都要依据党内法规和监察法等法律法规。但是，查明党组织、党的领导干部失职失责问题，要综合考虑动机态度、客观条件、性质程度、历史原因、工作过程和当事人一贯表现、挽回损失等因素，正确区分不同情况，精准作出问责决定，防止简单机械搞“一刀切”，这又凸显出政治责任相对于法律责任追究的优先性和特殊性。

三是政治责任的承担方式有别于法律责任。政治责任主体具有多重角色，承担的责任也具有多重性。作为法律责任主体，它的承担方式可以分为民事责任、行政责任和刑事责任。实践中，容易将政治责任与刑事责任的承担方式混淆。政治责任主要是承担政治上的不利后果，具体方式不尽相同，最严厉的形式是政治权利的行使资格丧失。刑事责任是对违反刑法的行为予以惩罚，包括强制性限制或剥夺责任人的人身自由。由此可见，两者承担方式的严厉程度区别很大。混淆以上两者承担方式，造成的后果也是截然不同的。一种是用政治责任替代刑事责任，导致刑事责任无法得到追究。由于政治责任的承担方式较弱，用政治责任的承担方式承担刑事责任，就减轻了责任主体需要承担的责任，权大于法，破坏法律面前的人人平等原则。另一种就是用刑事责任来代替政治责任，这样一来也会有两种结果产生，一方面，政治责任用刑事责任的方式追究，使政治责任主体付出过高的代价，所承担的责任也相对较重；另一方面，用刑事责任的标准衡量政治责任，实际就是提高承担政治责任的要求和标准，无法实现政治责任。

四是政治责任有连带性，法律责任不搞连带。引申来看，政治责任的连带性主要是体现在责任主体不仅对自己行为负政治责任，还会由于下属成员的行为或组织行为承担相应政治责任。而法律责任是不实行连带的，任何一个自然人违法犯罪，他的法律责任只能由他本人承担，不能牵连旁人[①]。

（六）行政问责与党内问责

行政问责与党内问责是我国政治体制中的两种基本问责方式。广义上的“问责制”包括各种责任的追究，但狭义上的“问责制”仅指内部纪律责任或团体责任或政治责任的追究，而不包括法律责任的追究。问责的具体责任形式与法律责任形式也有区别，如对于领导干部的“免职”处理属于问责形式，而“撤职”处理则属于行政法律责任的处分种类。

行政问责是指特定的问责主体对于行政机关及其工作人员的不合法行政或者不合理行政或者不作为行政的情形，追究相关人员责任的一种制度。在税收领域，这个“特定的问责主体”比较广泛，不仅仅指税务机关内部的上级对下级的问责监督，还包含党、人民代表大会、司法机关、民主党派、新闻媒体、社会公众等各领域对税务机关的监督与制约，因此，行政问责应是“同体问责”和“异体问责”的综合体。概而言之，税务系统的行政问责既包含对领导干部的问责，也包含对一般税务人员的问责，既包含对违法行政的问责，也包含对行政不作为的问责。党内问责主要是中国共产党内部的一种问责纠错机制。关于党内问责的内涵，可以表述为：在中国共产党内部，党组织对各级党委（党组）、党的工作部门及其领导成员，各级纪委（纪检组）及其领导成员，因其违反职责要求的行为而追究其责任的一种制度。2016 年 6 月 28 日中共中央政治局审议通过，并于 2019 年 9 月 4 日新修订的《中国共产党问责条例》面对问责党委领导以及党员干部责任缺失的问题，科学设计出了全面的、系统的制度规范约束。

两种问责方式的主要区别在于问责对象和问责范围的不同。行政问责是对行政机关的领导干部和工作人员在行使行政权力，作出行政行为时违法或者不作为，不仅包含犯了错、违了法，还包括能力不足、推诿扯皮等“小节”导致的行政管理秩序受到影响，或者损害了行政相对人的合法权益而进行的问责。因此，行政问责的范围通常是行政机关领导干部或工作人员的违法行政或者不作为行政，这些行为或者出于主观故意，或者由于过失，都属于行政问责的范

① 张贤明．政治责任与法律责任的比较分析［J］．政治学研究，2000（1）：9.

围。党内问责主要是针对党组织、党的领导干部在违反党章和其他党内法规方面的问责。《中国共产党问责条例》列举了一些关于党的领导力、政治、思想、组织、作风、纪律、党风廉政建设等方面的欠缺和问题，以及是否全面从严治党主体责任落实不力，或者是否监督责任未落实。另外，履行管理、监督职责不力、不作为、乱作为、慢作为、假作为等这些涉及群众切身利益的相关问题也是属于党内问责的主要范围。

进入新时代以来，随着有关党内法规的相继颁布实施，党内问责已经逐步走向规范化、制度化，行政问责与党内问责全面协调发展，行政问责与党内问责作为针对不同对象的问责制度，能够使党委、政府都承担起应有的责任，使得党政关系更加明晰，问责更加公平，有利于构建公平法治社会，共同致力于我国民主政治体制的发展建设。

二、权责应统一

在我国法治建设过程中，权责统一作为一种原则层面的要求最早出现在2004年国务院发布的《全面推进依法行政实施纲要》。从2004年《全面推进依法行政实施纲要》中依法行政的权责统一要求和“权责明确”的行政执法体制，到2014年《中共中央关于全面推进依法治国若干重大问题的决定》中权责统一的依法行政体制和“权责法定”的法治政府，再到《法治政府建设实施纲要（2015—2020年）》权责统一的行政执法体制，建构“权责”的目标逐渐明确，“权”与“责”不仅始终没有被分开，而且其联系的程度与覆盖面也越来越宽泛。2019年10月，党的十九届四中全会在“完善权力配置和运行制约机制”中再次提到权责统一。随着中国共产党各类党内法规的完善与推行，党内权责一致机制也进一步确立和完善。

修订后的《中国共产党问责条例》针对实践中“问下不问上”“板子打偏了”等问题，增加“权责一致、错责相当”原则，强调问责问的是主体责任、监督责任、领导责任，突出问责对象的重点，抓住“关键少数”，细化领导责任的区分，明确“在职责范围内”承担相应责任，使得问责的“板子”打得更准，有利于督促各级党的领导干部正确行使权力，切实履职担责。

我国各级政府有权必有责，犹如一块硬币的两面。同时，政府权责都是有限的，如果政府权力无限，不受约束，就会膨胀异化，公权私有；反之，政府责任无限，什么都管，结果什么都管不好，最终失责。我国政府代表国家和人民实施行政权、履行责任，都是为了把国家管理好。政府享有某种权力的同时要承担相应的责任，履行某种责任的同时也享有相应的权力。权责一致，不可分割。具体体现在：

一是法律法规中的对应对等关系。中央及地方各级政府的权责都是法定的，政府制定和执行各种法规和政策，都是遵循宪法及其相关法律所赋予的权限，严格按照规定履行职责，不可逾越，否则无效。大量事实证明，政府权力大于责任，权力就会变成特权，责任大于权力，就难以完成责任。因此，在相关法规和政策中，权力与责任的总量大体是相等对应的，不能畸轻畸重。政府的任何一项法律责任都有相对应的权力，二者作为法律关系是同时产生又相应存在。在法律和事实上不存在只享有权力不履行责任，或只履行责任不享有权力的政府。因此，党中央三令五申依法行政的基本要求就是权责统一，《中共中央关于完善社会主义市场经济体制若干问题的决定》中指出："推进依法行政，严格按照法定权限和程序行使权力、履行职责。""合理划分中央和地方经济社会事务的管理责权。按照中央统一领导、充分发挥地方主动性积极性的原则，明确中央和地方对经济调节、市场监管、社会管理、公共服务方面的管理责权。"国务院发布的《全面推进依法行政实施纲要》中指出："实现权力和责任的统一。依法做到执法有保障、有权必有责、用权受监督、违法受追究、侵权须赔偿。"可见，权责相依，互相关联，建立权责统一的法治政府是政府转型的重要目标，而仅提出从"权力政府"向"责任政府"转变作为政府转型的目标与党中央精神仍有较大距离。

二是公共管理中的互补互动关系。政府权力的享有与责任的履行，彼此互补互动。一方面，国家法律保障政府享有和行使职权，公务员是代表国家和人民行使管理社会公共事务的权力，大胆而认真地处理各种社会问题，把社会主义各项事业不断推向前进。另一方面，公务员自觉地履行责任，为民办实事做好事，必然提高政府的权威，增强政府的公信力，获得广大人民的拥护和支持，为政府行使各种权力创造良好的环境，有助于充分发挥政府权力的作用。政府稳固执政是获得公众高度信任的结果，尽责是政府行使权力后对人民应尽的义务。政府的权力与责任互动平衡，是政府公务活动正常开展的有力保障，是人民政权巩固的必要条件，也是实现经济、社会和政府改革与创新的全面协调发展的重要保证。

三是矛盾转化中的相辅相成关系。政府的权力和责任是辩证统一的，寓于同一体之中。如各级政府互相监督、接受培训教育、市场监管、公共管理与服务以及反腐倡廉等，既是权力，又是责任。税务机关加大征税的力度，增加国家财富，既是用权之果，又是尽责之实。既可推进国民经济发展，又可提高国民福利待遇，改善人民生活。可见，政府的权力与责任是互相影响、互相矛盾的统一体。从哲理上看，假如政府责任与权力脱钩，没有和"责任"相称的"权力"，责任政府就失去存在的条件和意义，因此，我们不仅要看到权责双方存在的对立性、排斥性，更要看到其统一性、联结性，彼此互为存在的条件。没有"权力政府"就没有"责任政府"，没有"责任政府"也没有"权力政府"，唯"权力"或唯"责任"就不成其"政府"。当前要解决就业难、读书难、看病难等问题，既要依靠政府的权力正确运作，又要政府尽职尽责。正因如此，权责之间这种矛盾运动，推动着政府改革和各项工作。

三、税务机关及税务人员的权力

广义税务机关是指所有行使税费征收职能的行政机关，包括狭义的税务机关和海关等部门。狭义税务机关则仅指各级税务机关，不包括海关等部门。根据《税收征管法》，狭义税务机关具体指"各级税务局、税务分局、税务所和按照国务院规定设立的并向社会公告的税务机构"。再根据《税收征管法实施细则》："按照国务院规定设立的并向社会公告的税务机构"是指"省以下税务局的稽查局"，所以狭义上的税务机关包括各级税务局、税务分局、税务所和省以下税务局的稽查局。

税务机关的权力一般称为税务职权，是税务机关作为税务行政主体代表国家实施税务行政管理活动的资格及其权能。国家的行政管理职权只有授权给具体的行政机关履行才能实现。税务机关在取得国家法律法规授权之后，就具有代表国家行使税务行政管理活动的资格和权能。

根据职权的内容，税务职权主要分为：行政立法权、行政决策权、行政决定权、行政征收权、行政检查权、行政奖励权、行政许可权、行政处罚权、行政强制权、行政司法权（行政复议）等。

税务机关的工作人员代表税务机关并以税务机关名义行使各项税务行政职权。

税务职权具有以下四个显著特点：

第一，不能放弃的权力。权力的设定就是为了管理国家和社会公共事务的需要，具有管理性质，不可放弃；否则，社会就会一片混乱。所以，行政职权同时也是一种职责，一种义务。如果没有法律依据并经法定程序，行政主体不能增加、减少、放弃或转让行政职权。例如，税务机关放弃征税权就是一种渎职。

第二，以法定授权为基础的权力。曾经有过这样一个案例，税务人员在税务检查的过程中，发现纳税人有严重的偷税行为，在作出处理、处罚决定的同时，税务人员强行拿走了该纳税人的营业执照。行政职权的行使必须以法定授权为基础，我国《行政处罚法》第十七条规定："行政处罚由具有行政处罚权的行政机关在法定职权范围内实施。"如果行政机关所作的行政处罚决定超越了其职权范围，那就是无效的。对于工商户营业执照的管理，我国有专门的登记管理机关，我国在城市管理、市场监管、生态环境、文化市场、交通运输、应急管理、农业等领域也推行建立了综合行政执法制度，相对集中行政处罚权，但是没有法律、法规、规章的授权规定税务机关可以扣押纳税人的营业执照。即使是作为非处罚性质的其他行政行为，也缺乏法律依据。因此，本案中税务局直接拿走企业营业执照的行为属于典型的行政越权行为，是没有法定依据的违法行为。

第三，不以税务行政相对人意志为转移的权力。在税收征收和管理活动中，税务机关行使行政职权均是单方面行为，其效力的发生通常不以行政相对人的意志为转移。为保障行政管理秩序的稳定性、连续性和有效性，行政法承认行政行为具有公定力。即行政行为一经作出，只要未被有权机关正式撤销，就被推定为有效。行政相对人对此不服，可以依法提起行政复议或行政诉讼，在行政复议或行政诉讼期间，只要没有法律上的特别规定，原则上不停止该行政行为的执行。

第四，相互制约的权力。行政权因其本身具有高度集中的特征，为防止权力过分集中于同一行政主体而导致滥用，同时基于监督、制约需要，往往对行政权加以适当分散，至少在一个行政主体内部的不同机构间实行分离。如根据《税收征管法》等有关规定，税务机关负责征收、管理、稽查、行政复议的人员的职责应当明确，并相互分离、相互制约。

四、税务机关及税务人员的责任

税务机关的权力通过具体的税务人员行使，税务人员对外是以税务机关的名义在行使职权，履行职责。因此，责任追究时单位的责任与个人的责任也往往关联。如税务机关被认定为行政违法的，除对单位追究行政法律责任外，对主要负责人和直接责任人也要予以处分。税务机关构成单位犯罪的，除追究单位的刑事责任，还要对单位有关个人追究刑事责任。

由于公权力与责任的对应性和统一性，税务机关及其工作人员的责任从积极意义的责任来说，首先表现为应尽可能全面地行使好上述各项税务权力，即全面正当履行各项税务职责。而从消极意义的责任来说，税务机关及其工作人员的责任，是指税务机关及其工作人员在履行职务过程中存在违纪违法行为或其他过错行为而应承担的不利后果。本书主要分析税务机关及其工作人员消极责任中的内部纪律责任、行政法律责任和刑事法律责任等。

内部纪律责任是依据税务机关内部管理规定所应承担的责任；行政法律责任是依据我国行政法律规范所应承担的法律责任；刑事法律责任是依据我国刑事法律规范所应承担的法律责任。税务机关及其工作人员如有过错行为，因其违纪违法情节程度不同，可能承担内部纪律责任、行政法律责任或刑事法律责任，三类责任可以并用，但不能相互替代。

1. 内部纪律责任

纪律，是指一定的社会组织所制定的，要求其内部成员共同遵守的行为规范。违反纪律的，该组织可以对其作为组织成员所享有的权利加以限制或剥夺，这样的责任就是纪律责任。实践中，一些行政机关在法律、法规、规章之外，还规定了一些仅适用于该机关的纪律规范，违反这些纪律规范，会受到内部管理的惩戒。这些惩戒相对于法律责任较为轻微。本书所述内部纪律责任，是指行政法律责任之外、违反税务内部纪律，由税务机关对某些单位和成员给予惩戒的相关责任。

另外，税务人员的社会身份具有多重性。例如，有的税务人员是中国共产党党员，需要遵守的纪律不仅包括公务员的纪律，还包括党的纪律。违反党纪的，需要受到党纪处分。党纪处分属于党组织及其成员因违反党纪承担的责任。这里所述的内部纪律责任不包括党纪责任。

税务内部纪律是税务机关基于内部管理需要而制定的要求其成员普遍遵守的各类税务行为规范。国家税务总局规定了一系列税务内部纪律，如《税收执法考评与过错责任追究暂行办法》等，各级税务机关也就如何贯彻国家税务总局文件作出了一些更具体和细化的规定。

根据上述规定，税务内部纪律责任的形式主要包括批评教育、责令作出书面检查、通报批评、取消评选先进的资格、责令待岗、调离执法岗位、取消执法资格等惩戒措施。

2. 行政法律责任

税务行政法律责任，是指税务机关及其工作人员因违反各种行政管理法律规范而应承担的法律责任或应受到的惩戒。

对税务人员追究行政法律责任的主要依据有《税收征管法》、《税收征管法实施细则》、《中华人民共和国公务员法》（以下简称《公务员法》）、《行政机关公务员处分条例》、《中华人民共和国公职人员政务处分法》（以下简称《政务处分法》）、《税收违法违纪行为处分规定》等。

任免机关、单位给予的处分原来一般称“政纪处分”或“行政处分”，而《政务处分法》将其称为“处分”，以与监察机关实施的“政务处分”区分，且对同一违法行为不能重复给予两种处分。根据《公务员法》第五十七条第三款的规定：“对公务员涉嫌职务违法和职务犯罪的，应当依法移送监察机关处理”。另外，根据《公务员法》第六十一条第二款的规定：“对同一违纪违法行为，监察机关已经作出政务处分的，公务员所在机关不再给予处分”。《政务处分法》第十六条也规定：“对公职人员的同一违法行为，监察机关和公职人员任免机关、单位不得重复给予政务处分和处分”。

但无论是处分还是政务处分，种类是一致的，包括警告、记过、记大过、降级、撤职、开除六种。

根据《税收征管法》的规定，税务人员利用职务上的便利，收受或者索取纳税人、扣缴义务人财物或者谋取其他不正当利益的，应当承担行政法律责任；徇私舞弊或者玩忽职守，不征或者少征应征税款，致使国家税收遭受重大损失，应当承担行政法律责任；滥用职权，故意刁难纳税人、扣缴义务人的，应当承担行政法律责任；对控告、检举税收违法违纪行为的纳税人、扣缴义务人以及其他检举人进行打击报复的，应当承担行政法律责任；等等。

3. 刑事法律责任

税务刑事法律责任，是指税务机关及其工作人员实施了违反刑事法律规范构成犯罪并应承担刑事责任的行为，由司法机关追究的法律责任，是最严重的责任追究形式。

税务人员可能涉嫌的刑事犯罪包括职务犯罪和非职务犯罪，职务犯罪是与其行使职务有关的或利用职务之便实施的犯罪，职务犯罪又主要分为两类，一类是以牟利为目的的，以贪污、贿赂、挪用等犯罪为典型的经济型职务犯罪，还有一类是不以牟利为目的的，以渎职犯罪为典型的非经济型职务犯罪。税务人员可能涉嫌的渎职犯罪如滥用职权罪、玩忽职守罪、徇私舞弊发售发票罪、徇私舞弊抵扣税款罪、徇私舞弊办理出口退税罪、徇私舞弊不征少征税款罪、徇私舞弊不移送刑事案件罪等。

经济型职务犯罪的主体可以是自然人，也可以是单位，某些税务机关也会成为单位犯罪的主体，如单位受贿罪、单位行贿罪，也可以由税务机关构成。单位犯罪实行双罚，既要对单位判处罚金，还要对单位的主要负责人和直接责任人按自然人犯罪追究刑事责任。渎职犯罪根据现行立法规定，只能由自然人构成。

如果税务人员在发售发票过程中，严重不负责任，违反有关发售发票的规定，造成纳税人利用领购的增值税专用发票恣意虚开，该税务人员可能会涉嫌玩忽职守罪这种渎职类的职务犯罪。但如果在纳税人虚开增值税专用发票过程中，税务人员与纳税人事先通谋，直接参与了纳税人虚开增值税专用发票犯罪活动的策划和具体的运作，则该税务人员不构成渎职犯罪，而是涉嫌虚开增值税专用发票罪，构成该罪的共犯。本书所称税务人员刑事法律责任，主要是指税务人员因职务犯罪应承担的刑事法律责任。

需要注意的是，刑事法律责任的追究主体是司法机关。但监察体制改革后，涉税职务犯罪由监察机关立案调查，由检察机关审查起诉，由人民法院审理并裁判。非职务犯罪一般仍由公安机关立案侦查。税务机关在行政管理过程中如果发现税务人员涉嫌犯罪，可能承担刑事法律责任的，应当移送监察机关处理。

第二节　权责相匹配，用权受监督

权责相统一还要求权力与责任要相当，要互相匹配。权责统一思维关键目的还是在于实现权力与责任的合理匹配，防止责任归结出现错误甚至空白。

一、权责要一致

权责主体要一致。谁享有权力谁就要承担责任，不应出现享有权力的人不承担责任，或者承担责任的人并不是实际行使权力的主体的情况，权与责主体脱节。如有的领导干部行使权力后出了问题却让其下属为其担责，有的“一把手”自己决策失误却让主管领导和经手人员、承办人员“背黑锅”。这都是权力主体和责任主体脱节的现象，不符合权责一致的要求。

权责内容要一致。享有什么样的权力就应相应履行什么样的义务，承担什么样的责任。权与义、权与责在具体内容和范围上要相互对应，否则可能导致权力无法行使或责任难以追究。可以通过精心的制度设计，把人们的权力限制在履行责任所必要的范围之内。权力不能滥设，必须依照责任设定权力，依照责任需要规范权力运行机制。如税务人员滥用职权罪必须有滥用职权的行为，如果行为人没有滥用职权，完全是在具体的职权范围内处理事项，则不能认定为滥用职权罪。但是，不能为了给行为人开脱罪责，而扩大行为人的具体的职权范围；不能以属于官僚主义为由开脱行为人的罪责，官僚主义不是法律用语，但官僚主义行为中包括了滥用职权的行为，因而包含了犯罪行为。

权责程度要相应。有多大权力就有多大责任，享有权力的程度要和履行义务、承担责任的程度相对应。不能权力很大责任却很小，责任很大却不赋予其相匹配的权力。权力和责任应该对等，如果税务人员的职责大于他的权力，他就要为自己一些力所不能及的事情承担责任，自然会引起他的不满，积极性受到很大影响，也会影响行政效率；如果税务人员的职责小于他的权力，他就有条件用自己的权力去做职责以外的事情，甚至滥用权力。其实，权力越大，责任也就越大，税务人员应对权力产生敬畏心，这样有助于遏制其权力的滥用。

二、权责要匹配

首先，权责统一需要决策层与执行层之间权力与责任的匹配。存在上下级关系的决策层与执行层之间的责任分配最容易出现“权责不统一”。《公务员法》明确了我国政府系统中决策层与执行层之间的责任归结模式。《公务员法》第六十条规定：“公务员执行公务时，认为上级的决定或者命令有错误的，可以向上级提出改正或者撤销该决定或者命令的意见；上级不改变该决定或者命令，或者要求立即执行的，公务员应当执行该决定或者命令，执行的后果由上级负责，公务员不承担责任；但是，公务员执行明显违法的决定或者命令的，应当依法承担相应的责任。”从该条文的适用来看，该条已经在上下级“决策执行”的责任科处上起到了很重要的调适作用。比如，涉及税务人员的渎职责任，就应该清晰界分上下级之间在“错误决策”“执行错误决策”“错误执行错误决策”之间的责任分配。在“决策—执行”体制中，对上级的决策，下级应该有几种不同的态度，比如对决策错误的情形，适用《公务员法》第六十条的规定，应指出决策中的错误，同时提出改正或撤销的意见，如果上级不改正时一般予以执行，且不担责；而对明显违法或明显错误的决策，则不能执行，否则，应承担相应责任；对重大决策的执行，不得有瞒报、谎报、漏报以及拖延行为。

其次，权责统一需要决策层内部及其相关环节的责任匹配。责任分配的难题不仅存在于决策层与执行层之间，还同样存在于决策层内部。2019 年 9 月 1 日起施行的《重大行政决策程序暂行条例》（以下简称《条例》）在决策层内部的权责统一方面做了开创性规定，一方面，其是将 2014 年 10 月党的十八届四中全会通过的《中共中央关于全面推进依法治国若干重大问题的决定》中的“健全依法决策机制”中的“重大决策终身责任追究制度”和“责任倒查机制”变为了法条的正式规定（《条例》第三十八条第二款）；另一方面，在具体的规则设置上，也创设了一些更为具体的责任归属规则。比如，《条例》第三十八条第三款“决策机关集体讨论决策草案时，有关人员对严重失误的决策表示不同意见的，按照规定减免责任”。同时，《条例》明确了围绕决策出台和运行的各类主体的责任（见表 5－1）。

表 5－1　《重大行政决策程序暂行条例》法律责任规定概览

序号	行为主体	责任情形	责任主体
1	决策机关	违反本条例规定的； 违反本条例规定造成决策严重失误的； 依法应当及时作出决策而久拖不决，造成重大损失、恶劣影响的	行政首长； 负有责任的其他领导人员； 直接责任人员
2	决策承办单位； 承担决策有关工作的单位	未按照本条例规定履行决策程序或履行决策程序时失职渎职、弄虚作假的	负有责任的领导人员和直接责任人员
3	决策执行单位	拒不执行、推诿执行、拖延执行重大行政决策或对执行中发现的重大问题瞒报、谎报或漏报的	负有责任的领导人员和直接责任人员

最后，还应当充分考虑决策权和执行权（决策结果）内部的分离逻辑。决策本身经过党委会讨论后，此时的问责不能仅仅止步于行政首长，要实现党内问责、行政问责和法律问责的无缝衔接。基于《条例》的扩充，权责统一需要

对执行层面的不作为责任予以归责。在执行层面，以作为形式出现的责任是相对容易被认定及科处的，但责任的承担还包括以不作为的形式出现的各种违法导致的责任，尤其是执行环节的不作为责任。

表5-1中三种类型的权责配置与统一基本上涵盖了权责统一的行政序列，但是随着党和国家机构改革的深入进行，税务机构合并后带来新的职能的增加和利益格局的调整，一些旧有矛盾和新发问题又交织在一起，比如编制所带来的责任问题及其定位，责任是否仅局限于税务机关现有的责任表现形式；税务机关作为政治机关，其政治责任与法律责任有没有相应的“交叉地带”；责任与责任之间能否形成制度合力乃至于治理合力，既不放过任何一种相对隐蔽的税务违法违纪行为，也不过度惩罚任何一种新型的税务违法违纪行为，这些问题的存在，都汇集成为影响税务机关“权责一致”原则顺利运行的重要因素。

三、用权受监督

英国历史学家、理论政治家阿克顿勋爵在他写的书《自由与权力》中有句名言：“权力导致腐败，绝对权力导致绝对腐败。”所以，权力的行使需要受到监督。

（一）外部监督

为了防止公权力的滥用，各方对公权力的行使实行了全方位的监督和制约。既有来自外部的，也有来自内部的。其中外部监督主要包括权力机关、纪检监察部门、司法机关、行政机关和社会等多方的监督。税务机关作为行使公权力的行政机关，也受到这些来自方方面面的监督。

党的十九届四中全会通过的《中共中央关于坚持和完善中国特色社会主义制度　推进国家治理体系和治理能力现代化若干重大问题的决定》提出：“健全党和国家监督制度。完善党内监督体系，落实各级党组织监督责任，保障党员监督权利。重点加强对高级干部、各级主要领导干部的监督，完善领导班子内部监督制度，破解对‘一把手’监督和同级监督难题。强化政治监督，加强对党的理论和路线方针政策以及重大决策部署贯彻落实情况的监督检查，完善巡视巡察整改、督察落实情况报告制度。深化纪检监察体制改革，加强上级纪委监委对下级纪委监委的领导，推进纪检监察工作规范化、法治化。完善派驻监督体制机制。推进纪律监督、监察监督、派驻监督、巡视监督统筹衔接，健全人大监督、民主监督、行政监督、司法监督、群众监督、舆论监督制度，发挥审计监督、统计监督职能作用。以党内监督为主导，推动各类监督有机贯通、相互协调。”

1. 权力机关的监督

我国实行“议行合一”的政治制度，人大既是立法机关又是国家权力机关，其他国家机关都由人大选举产生，受人大的监督，向人大报告工作，向人大负责。

2. 纪检监察部门的监督

中国共产党的纪律检查委员会和国家监察机关（国家监察委员会和地方各级监察委员会）是党和国家专司监督职能的机关，他们的监督是一种专责监督。纪检和监察合署办公，共同行使监督职能，实现对公职人员监督的全覆盖。监察体制改革后，监察委员会负责职务违法和绝大部分职务犯罪案件的立案调查。涉税职务犯罪案件由监察委员会立案调查。

3. 司法机关的监督

人民法院和人民检察院的监督是一种司法监督，人民法院主要通过行使对涉税职务犯罪案件和税务行政诉讼案件的审判职能实行对税务机关及其工作人员行使公权力的监督。人民检察院作为专门的法律监督机关，负责对涉税职务犯罪案件的审查起诉，此外，人民检察院还通过行政公益诉讼行使对公权力的监督权。

2017 年，全国人大常委会修改《行政诉讼法》，将行政公益诉讼正式写入该法。行政公益诉讼是指人民检察院在履行职责中发现生态环境和资源保护、食品药品安全、国有财产保护、国有土地使用权出让等领域负有监督管理职责的行政机关违法行使职权或者不作为，致使国家利益或者社会公共利益受到侵害的，应当向行政机关提出检察建议，督促其依法履行职责。行政机关不依法履行职责的，人民检察院依法向人民法院提起诉讼。行政公益诉讼适用行政诉讼法，但其暴露出来的问题往往是行政机关及其工作人员的职务违法和职务犯罪问题，这也是一种对行政行为进行有效监督的重要制度。从已经发生的税务行政公益诉讼案件可以看出，人民检察院已对税务机关的依法履职问题，尤其是不履行职责或不正确履行职责，损害国家税收利益问题纳入重点的审查内容。

4. 行政机关的监督

首先是各级政府法制部门的监督，其次还有其他行政机关的监督，如财政、审计等部门的监督。另外，税务机关上下级之间也有监督和被监督关系（也有人主张税务机关上下级之间的监督属于内部监督）。

5. 社会的监督

社会的监督主要包括来自当事人的监督和各种媒体的舆论监督。当事人认为税务机关及其工作人员的行为违法或侵犯其合法权益，可以向有关部门提出控告、检举，或提起行政复议和行政诉讼、行政赔偿。各种媒体通过舆论宣传也对税务机关及其工作人员行使公权力的行为随时进行监督。

（二）内部监督

税务机关内部的监督主要通过内设的监督机构和监督机制实现。如税务系统的纪检组、督察内审部门、税政法规部门等通过内部的各种考核机制和责任追究机制对税务人员的履责进行监督，"把权力关进制度的笼子"，才能对权力实行有效的监督。

根据2021年3月24日中共中央办公厅、国务院办公厅印发的《关于进一步深化税收征管改革的意见》，要强化税务执法内部控制和监督。2022年基本构建起全面覆盖、全程防控、全员有责的税务执法风险信息化内控监督体系，将税务执法风险防范措施嵌入信息系统，实现事前预警、事中阻断、事后追责。强化内外部审计监督和重大税务违法案件"一案双查"，不断完善对税务执法行为的常态化、精准化、机制化监督。在实现税务执法、税费服务、税务监管行为全过程记录和数字化智能归集基础上，推动绩效管理渗入业务流程、融入岗责体系、嵌入信息系统，对税务执法等实施自动化考评，将法治素养和依法履职情况作为考核评价干部的重要内容，促进工作质效持续提升。

为坚定不移地贯彻落实党中央全面从严治党战略部署，持续深入推进税务系统一体化综合监督体系建设，加快构建"六位一体"全面从严治党新格局，国家税务总局党委和中央纪委国家监委驻国家税务总局纪检监察组在全面总结前期工作的基础上，根据新形势、新任务、新要求，修订完善和制定了《关于构建税务系统一体化综合监督体系的意见》，以及《进一步加强税务系统党委全面监督实施办法》《税务系统接受地方党政机关监督实施办法》《进一步加强税务系统部门职能监督实施办法（试行）》《进一步加强税务系统党的基层组织日常监督实施办法》《进一步加强税务系统党员和群众民主监督实施办法》《税务系统接受社会监督实施办法》等6项配套制度（简称为税务系统构建一体化监督体系的"1+6"制度体系），于2021年8月25日施行。

构建一体化综合监督体系是税务系统贯彻落实习近平总书记关于健全党和国家监督体系重要论述的具体举措，是各级税务局党委“抓好党务、干好税务、带好队伍”的重要抓手，是税务系统推动全面从严治党向纵深发展的重要制度安排，对税务系统促进监督协同、增强监督合力、提升治理效能具有重要意义，对推动党内监督融入税收治理、不断实现“不敢腐、不能腐、不想腐”一体推进战略目标具有重要意义。一体化综合监督体系是一个庞大的系统工程，必须运用系统观念、系统思维和系统方法，持续推动制度机制逐步成熟定型，促使监督主体责任进一步压紧压实、各类监督进一步贯通融合、运行机制进一步顺畅高效、监督之网进一步织牢织密，为高质量推进新发展阶段税收现代化提供坚强保证。

同时，国家税务总局党委、中央纪委国家监委驻国家税务总局纪检监察组又印发了《进一步深化税务系统纪检监察体制改革试点实施方案》及7项配套制度，涉及税务系统全面从严治党“两个责任”、查办案件、提名考察、履职考核、请示报告、队伍建设以及推动监督向基层延伸等各方面。层层压实各级党委主体责任和纪检监察机构监督责任，探索派驻监督向下延伸的有效途径，推动监督下沉、监督落地、监督前移，推动监督融入税收治理，构建起纵向到底、横向到边的一体化综合监督体系，提高监督质量和效果，推动构建“六位一体”税务系统全面从严治党新格局。

四、行权须谨慎

党的十八届四中全会通过的《中共中央关于全面推进依法治国若干重大问题的决定》明确指出：“行政机关要坚持法定职责必须为、法无授权不可为，勇于负责、敢于担当，坚决纠正不作为、乱作为，坚决克服懒政、怠政，坚决惩处失职、渎职。行政机关不得法外设定权力，没有法律法规依据不得作出减损公民、法人和其他组织合法权益或者增加其义务的决定。推行政府权力清单制度，坚决消除权力设租寻租空间。”

（一）公权力不可滥用

如前文所述，公权力来源于私权利，国家一切权力属于人民，人民通过代表大会，制定出法律，通过法律赋予国家机关以公权力。公权力实际上是私权利的一种让渡，而且行使公权力的行为对私权利往往是一种限制或干预，这种限制或干预必须是有限度的，滥用公权力必然会造成对私权利的侵害。所以在现代法治社会里，为维护私权利，公权力的行使必须受到限制或制约。

各级政府及其工作部门要依据权力清单，向社会全面公开政府职能、法律依据、实施主体、职责权限、管理流程、监督方式等事项。要完善权力配置和运行制约机制。坚持权责法定，健全分事行权、分岗设权、分级授权、定期轮岗制度，明晰权力边界，规范工作流程，强化权力制约。

为贯彻落实党的十八届三中、四中全会关于推行权力清单制度的要求，2014 年 12 月国家税务总局印发了《国家税务总局关于推行税收执法权力清单制度的指导意见》（税总发〔2014〕162 号）和《国家税务总局关于印发〈推行税务行政处罚权力清单制度工作方案〉的通知》（税总函〔2014〕652 号）。其后，国家税务总局对法律、行政法规、部门规章设定的税务行政处罚权力事项进行了梳理、确认，并于 2015 年出台《国家税务总局关于发布第一批税务行政处罚权力清单的公告》（国家税务总局公告 2015 年第 10 号），公布了《第一批税务行政处罚权力清单》。2021 年，《行政处罚法》修订，规定了“首违不罚”制度，国家税务总局为贯彻落实中共中央办公厅、国务院办公厅《关于进一步深化税收征管改革的意见》及国务院常务会有关部署，根据新修订的《行政处罚法》，又及时出台了《国家税务总局关于发布〈税务行政处罚“首违不罚”事项清单〉的公告》（国家税务总局公告 2021 年第 6 号），明确了第一批《税务行政处罚“首违不罚”事项清单》。这些都充分体现了对公权力实行限权的理念。

当然，“用权受监督、行权须受限”也不仅仅适用于公权力，对于私权利的行使同样适用，任何人行使权利都不可能不受任何制约，行使私权利的同时也不得损害国家、社会和他人的合法权益。

（二）公权力不可随意放弃

由于公权力的“权”同时就是“责”，该行使的权力不行使也就意味着该履行的职责没有履行，公权力既不能滥用，也不能随意放弃，“法定职责必须为”，对公权力的监督既要防止乱作为，还要防止懒政、怠政等不作为问题。

行政“不作为”的表现形式大致有拒绝履行、不予答复、拖延履行等，它与行政“乱作为”一样，都可能侵犯或损害行政相对人的合法权益。首先，行政不作为违法必须以行政主体具有法定义务为前提。这种法定义务是法律上的行政作为义务，不是其他义务。其次，行政不作为违法以行政主体没有履行法定作为义务为必要条件。行政主体不履行法定义务表现为，行政主体没有作出任何意思表示，或不予接受、迟延办理。如在公民、法人或者其他组织面临人身权、财产权遭受侵害时，行政机关对行政相对人提出的保护人身权和财产权的申请予以拒绝或不予答复。再如，具有相应法定职责的行政机关明确表示不履行或虽然未明确表示不履行但超过法定期限仍不履行，即在法定期限内，既不表示履行也不表示不履行。这里的“不履行”不是行政主体意志以外的原因，而是有履行能力却故意未履行、延迟履行。以实践中常见的举报偷漏税行为为例，税务机关作为税收行政管理机关，负有查处纳税人偷漏税行为的法定职权和职责，以维护法律的公平正义。如果当事人发现税务机关不履行相关责任，不对偷税逃税行为进行调查和处理，可以向有关部门举报或投诉。相关部门应当对税务机关不作为的事项进行调查取证，对确实存在不作为问题的税务机关及其工作人员进行追责。

有的税务人员在工作中采取消极态度，认为“做得越多错得越多”，所以“干脆不做还好些”，懒政怠政问题很严重。他们没有意识到，法律上的“行为”包括两种，一种是积极的“作为”，另一种是消极的“不作为”，消极的不作为在立法有明确规定的情况下，严重到一定程度也可以构成犯罪，如渎职罪中的“玩忽职守罪”就可以由不作为构成。玩忽职守罪是指国家机关工作人员严重不负责任，不履行或者不认真履行职责，致使公共财产、国家和人民利益遭受重大损失的行为。实践中，玩忽职守罪在税务人员的渎职犯罪案件中占到了很大的比重，而其中绝大部分是税务人员没有履行自己应该履行的职责导致的。而且认定税务人员职责的范围不仅仅限于法定的职责，还包括税务机关内部各种规章制度确定的岗位形成的职责和职务形成的职责，如很多案件是因为税收管理员没有履行国家税务总局的《税收管理员制度（试行）》（国税发〔2005〕40号印发）所确定的税收管理员的职责，致使（起码是原因之一）国家税款遭受重大损失，最终被司法机关认定构成玩忽职守罪。因此不作为问题要成为监督公权力行使的重要内容。

五、容错有机制

当前，我国全面深化改革正处在艰巨复杂的攻坚时期，许多疑难问题亟待解决，因此需要更多作风正派、勇于担当、善于作为的干部投入到干事创业的大潮之中。然而，现实中有些干部出现了怕担责，不敢及时决策的情况，出现了所谓的“洗碗效应”，即那些勤快的经常洗碗的人打破碗的概率肯定比那些不洗碗或很少洗碗的人大，一旦打破了碗，会受到他人埋怨或责备，甚至要赔偿，而那些懒惰的不洗碗或很少洗碗的人，当然也就不会打破或很少打破碗，反而不会受到批评，不用担责，所以很多人宁愿不洗或少洗以免担责。为了打破此类“洗碗效应”，激发干部干事创业的积极性，容错纠错机制应运而生。

新时代以来，习近平总书记提出的“三个区分开来”原则已经成为了当前推进容错纠错的一个基本标准。随着《中华人民共和国政务处分法》的颁布与实施，我国的问责机制已初步完成了法制化建设。为解决法治政府环境下“问责”与“效率”之间的矛盾，该法第十一条、第十二条中规定了相应的容错规则。但我们必须看到，该法尚没有对“何错可容，何错不可容”进行明显的区分，问责机构仍有较大的自由裁量权限，若不进行进一步明确，将可能导致滥用问责权力或滥用容错机制的情况，使得容错机制难以得到有效的贯彻和实施。中共中央、国务院印发的《法治政府建设实施纲要（2021—2025 年）》提出坚持严管和厚爱结合、激励和约束并重，做到依规依纪依法严肃问责、规范问责、精准问责、慎重问责，既要防止问责不力，也要防止问责泛化、简单化。

落实习近平总书记“三个区分开来”要求，要建立健全担当作为的激励和保护机制，切实调动各级特别是基层政府工作人员的积极性，充分支持从实际出发担当作为、干事创业。税务系统容错纠错工作深入贯彻习近平总书记关于健全容错纠错机制的重要讲话精神以及《中共中央办公厅〈关于进一步激励广大干部新时代新担当新作为的意见〉》要求，坚持严管厚爱结合、激励约束并重。把干部在推进改革中因缺乏经验、先行先试出现的失误和错误，同明知故犯的违纪违法行为区分开来；把上级尚无明确限制的探索性试验中的失误和错误，同上级明令禁止后依然我行我素的违纪违法行为区分开来；把为推动发展的无意过失，同为谋取私利的违纪违法行为区分开来（即“三个区分开来”）。

2021 年，税务系统探索制定的《税务系统容错纠错实施办法》对八种情形予以容错处理，对税务系统树立重实干重实绩的选人用人导向，进一步激励了广大税务人员勇于创新、担当作为意义重大。

第三节 违法受追究，侵权须赔偿

一、违法受追究

党的十一届三中全会提出“有法可依、有法必依、执法必严、违法必究”的16字社会主义法制建设方针。党的十八届四中全会将“科学立法、严格执法、公正司法、全民守法”作为社会主义法治新的16字方针，并指出目前法治建设方面“有法不依、执法不严、违法不究现象比较严重”，要求“做到有权必有责、用权受监督、违法必追究，坚决纠正有法不依、执法不严、违法不究行为”。

应该说，违法必究是实现社会主义法治的保障，也是“法律面前人人平等”原则的体现，任何组织和个人都不能凌驾于宪法和法律之上，都必须在宪法和法律范围内活动，都没有超越宪法和法律的特权。任何组织和个人不得以任何形式以言代法、以权压法、徇私枉法。任何组织和个人实施了违法行为都应依法追究其法律责任，付出应有的代价。这是维护国家法律尊严和法制统一的必然要求。

税务机关及其工作人员如果在行使行政管理权或行政执法权过程中实施了贪污贿赂、失职渎职等各种违法犯罪行为，没有任何特权可言，要依法承担相应的法律责任，不要指望通过“拉关系”“走后门”等不正当手段逃避法律的制裁，也不要抱着“法不责众”的心理或侥幸心理以为可以避开。严重到一定程度，还会面临内部过错责任、行政法律责任和刑事法律责任等多重责任的追究。税务人员即使是存在与行使“两权”无关的赌博、吸毒贩毒、酒驾醉驾等问题，只要触犯国家法律法规，也要为自己的行为付出应有的代价。

当然，税务机关作为行政执法机关，在查处纳税人缴费人和其他当事人的税收违法行为时也要一视同仁，公正执法，不能搞“选择性执法”，不能徇私偏私，枉法行政。在尽可能提供优质的纳税服务的同时，要严厉查处税收违法行为，尤其是对于虚开、偷逃税、骗税等比较严重的税收违法行为要依法处理、罚当其责。同时还要注意创新和优化执法方式，精确执法，精准监管，并做到宽严相济，使执法既有力度又有温度。

要明确追责的目的。追责虽然具有惩罚性，但其最根本的目的并不是为了惩戒，而是为了教育，为了警示，为了预防，而且这些不仅是针对被追责对象，还包括其他人员，都是一种警示教育，促使他们以后不再犯同样的错。

二、追责要落实

税务机关要落实好执法责任制，要进一步健全各种考核机制和责任追究机制，使追责的内容、对象、事项、主体、程序、方式都逐步实现制度化、规范化、程序化、精细化与合理化。

追责要落到实处。追责不仅要对事，还要对人，而且要追责到具体的人。追责不能走过场，不能流于形式，要坚持“有责必究、究责必严”，发现一个，查处一个，并且一查到底。不能抱着藏着、掖着的心理，不能总想大事化小、小事化了，如果能把问题发现和处理在萌芽状态其实是对税务人员更好的一种保护。对其他税务人员也是一种警醒。追责不能讲情面，要敢于得罪人，敢于“较真”、敢于“叫板”。追责不能短期化，尤其是对领导干部，要实行重大决策终身责任追究制度及责任倒查机制。实践中有些领导干部被问责后又很快被提拔或转换岗位，使问责失去真正的意义。

追责还要讲求实事求是。“只要有投诉就先处理税务人员”的做法就有违实事求是的精神。接到投诉，首先应尽可能调查核实，查清事实，确实是税务机关及其工作人员的责任，该追责的追责，如果不是税务机关及其工作人员的原因，或虽然是税务机关及其工作人员的原因，但不存在主观过错，比如是纯粹系统软件故障等客观原因导致当事人短时间内无法办理纳税申报，则尽量做好说服解释工作，即使无法说服的，也冷静、积极地正面应对，需要走救济程序则按规定程序走。

在法治政府的要求下，我国行政问责机制已初步完成了法制化建设，但行政问责机制的弊端也随之凸显。弊端表现为，部分地方政府对行政问责的落地实施存在抵触心理，影响了我国公职人员依法履职的积极性，部分公职人员抱有“多做多错、不做不错”的心态消极应付，“庸政懒政”的情况亦随之出现。

三、侵权需赔偿

税务机关及其工作人员如果违法行使行政职权，侵害了公民、法人或其他组织的合法权益，并造成损害，应依法给予赔偿。税务行政赔偿是我国国家赔偿制度的一部分，根据《中华人民共和国国家赔偿法》（以下简称《国家赔偿法》），国家赔偿主要分为行政赔偿和司法赔偿两种，税务行政赔偿属于国家行政赔偿的一种。

（一）归责原则和赔偿范围

税务行政赔偿实行违法归责原则，以违法行使职权为前提，如税务机关违法征收税费，违法实施税务行政处罚，违法对当事人财产采取查封、扣押、冻结等行政强制措施等。税务行政赔偿是一种特殊的侵权责任。侵权主体必须是行使税务行政职权的税务机关及其工作人员。公民、法人或其他组织所受到的损害必须实际已经发生，且与税务机关及其工作人员的侵权行为之间存在法律上的因果关系。如果是税务机关工作人员与行使职权无关的个人行为或者因公民、法人和其他组织自己的行为致使损害发生的，不属于税务行政赔偿的范围。

（二）赔偿程序

税务行政赔偿请求人要求赔偿应当先向负有赔偿义务的税务机关提出，也可以在申请行政复议或者提起行政诉讼时一并提出。赔偿请求人应当自其知道或者应当知道税务机关及其工作人员行使职权时的行为侵犯其人身权、财产权之日起两年内提出赔偿请求，但被羁押等限制人身自由的期间不计算在内。在申请行政复议或者提起行政诉讼时一并提出赔偿请求的，适用行政复议法、行政诉讼法有关时效的规定。先向赔偿义务机关申请赔偿的，赔偿义务机关自收到申请之日起两个月内，应当作出是否赔偿的决定。决定赔偿的，应当制作赔偿决定书，并自作出决定之日起10日内送达赔偿请求人。决定不予赔偿的，应当自作出决定之日起10日内书面通知赔偿请求人，并说明不予赔偿的理由。赔偿请求人对不予赔偿的决定不服或对赔偿的方式、项目、数额有异议的，可以依法向人民法院提起诉讼。在行政赔偿诉讼中，赔偿请求人和赔偿义务机关对自己提出的主张，都应当提供证据。赔偿请求人需要证明自己因为税务机关的具体行政行为受到损害的事实。

（三）赔偿方式

税务行政赔偿以支付赔偿金方式为主，以恢复原状、返还财产等方式为辅。侵犯公民、法人和其他组织的财产权造成损害的，按照下列规定处理：处罚款、追缴、没收财产或者违法征收财产的，返还财产；查封、扣押、冻结财产的，解除对财产的查封、扣押、冻结；应当返还的财产损坏的，能够恢复原状的恢复原状，不能恢复原状的，按照损害程度给付相应的赔偿金；应当返还的财产灭失的，给付相应的赔偿金；财产已经拍卖或者变卖的，给付拍卖或者变卖所得的价款；变卖的价款明显低于财产价值的，应当支付相应的赔偿金；吊销许可证件的，赔偿停产停业期间必要的经常性费用开支；返还执行的罚款或者追缴没收的金钱，解除冻结的存款或者汇款的，应当支付银行同期存款利息；对财产权造成其他损害的，按照直接损失给予赔偿。侵害人身权造成身体伤害的，应当支付医疗费、护理费，以及赔偿因误工减少的收入。造成部分或者全部丧失劳动能力的，应当支付医疗费、护理费、残疾生活辅助具费、康复费等因残疾而增加的必要支出和继续治疗所必需的费用，以及残疾赔偿金。造成死亡的，应当支付死亡赔偿金、丧葬费。如果侵害人身权致人精神损害的，应当在侵权行为影响的范围内，为受害人消除影响，恢复名誉，赔礼道歉；造成严重后果的，应当支付相应的精神损害抚慰金。赔偿费用列入各级财政预算。

（四）追偿制度

税务机关赔偿损失后，除对有关责任人员依法给予处分外，还应当向有故意或重大过失的个人追偿部分或者全部赔偿费用，如果构成犯罪，还应当依法追究刑事责任。如果税务机关委托行政，如委托代征税款，代征人有过错侵害了纳税人等当事人的合法权益的，税务机关应先行承担赔偿责任，然后可以向有过错的受委托代征税款的组织或者个人追偿。

四、救济有途径

公民、法人或其他组织认为税务机关的行政行为侵害自己的合法权益，可以依法通过税务行政复议或税务行政诉讼途径寻求救济。税务行政复议和税务行政诉讼既是对税务机关依法行使公权力的监督制度，也是税务行政相对人或利害关系人的私权利被税务行政行为侵害时的救济制度，而且通过这两种制度，可以有效解决税务行政争议，化解征纳双方的矛盾。

税务行政复议是指作为税务行政相对人或利害关系人的公民、法人或其他组织认为税务机关及其工作人员的行政行为侵犯了其合法权益，向复议机关提出申请，由复议机关依法对原行政行为的合法性与适当性进行审查并作出复议决定的一种活动。由于其具有解决争议、处理纠纷的职能，也被称为一种行政司法行为或准司法行为。

税务行政复议的主要法律依据是《行政复议法》《中华人民共和国行政复议法实施条例》和国家税务总局出台的《税务行政复议规则》(国家税务总局令第39号修改)。

对税务行政主体的绝大部分具体行政行为，如税费征收、税务行政许可、税务行政处罚、税务行政强制、税务行政奖励等，无论是作为还是不作为，只要税务行政相对人或其他与税务具体行政行为在法律上有利害关系的人认为其侵害了自身的合法权益，都可以依法申请行政复议。对作出这些税务具体行政行为所依据的规章以下（不含规章）的规范性文件（抽象行政行为）不服，也可以一并申请复议审查。根据《税收征管法》的规定，如果属于纳税争议，当事人申请税务行政复议需要先缴纳税款、滞纳金或者提供担保，在实际缴纳税款、滞纳金后或所提供的担保得到税务机关确认之日起申请行政复议。

税务行政诉讼是指作为税务行政相对人或利害关系人的公民、法人或其他组织认为税务机关及其工作人员的行政行为侵犯其合法权益，依法向人民法院提起诉讼，人民法院依法定程序对税务行政行为进行审理并作出裁判的活动。这是一种真正意义上的司法行为，司法救济是最终的救济。所以除了行政复议决定为最终裁决的情况外，相对人对税务行政复议决定不服的，还可以在法定期限内向人民法院提起诉讼。另外，根据《税收征管法》的规定，如果属于纳税争议，提起税务行政诉讼要求实行税务行政复议前置，当事人须先经过复议，对复议决定不服才能提起诉讼。

税务行政诉讼的主要法律依据是《行政诉讼法》《最高人民法院关于适用〈中华人民共和国行政诉讼法〉的解释》。

根据2014年修正的《行政诉讼法》，规章以下（不含规章）的规范性文件也已纳入行政诉讼的受案范围，相对人对这些作出税务具体行政行为的依据不服，也可以一并申请司法审查。而且司法审查的范围虽然原则上仍然主要作合法性审查，但对于部分行政行为的适当性问题也会进行审查，如行政处罚明显不当的，人民法院也可以判决变更。

在税务行政复议和税务行政诉讼这两种救济程序中，税务机关作为复议被申请人或诉讼中的被告，负有主要的举证责任，需要证明自己行政行为的合法性和适当性。这也是对相对人合法权益的有效保护。

如前文所述，经过复议、诉讼程序，税务行政行为被确认违法并造成损失的，税务机关应依法承担赔偿责任。通过这些救济制度和赔偿机制，进一步促使税务机关及其工作人员规范执法行为，提高依法行政的水平。

延伸阅读

国家税务总局权力和责任清单（试行）节选

国家税务总局2017年5月发布

一、总则

根据法律、行政法规、中共中央办公厅、国务院办公厅印发的《深化国税、地税征管体制改革方案》和“三定”规定，国家税务总局主要履行以下职责：

（一）起草税收法律、行政法规草案及实施细则并提出税收政策建议；制定税收业务、征收管理规章制度。

（二）主管全国税收征收管理工作，组织实施税收和法律、行政法规规定的基金（费）的征收管理；按规定程序对有关法律、行政法规在执行中的一般性问题进行解释和处理。

（三）参与研究宏观经济政策、中央与地方的税权划分并提出完善分税制的建议，研究提出运用税收手段进行宏观调控的建议。

（四）组织实施税收征管体制改革，推进税收征管体制和征管能力现代化建设。

（五）规划和组织实施纳税服务体系建设，建立促进诚信纳税机制，保护纳税人合法权益。

（六）规划和组织实施税收信息化建设。

（七）负责税收收入规划和税收数据管理，推进涉税信息共享，服务经济社会管理和宏观调控。

（八）开展税收国际交流与合作，承担国际税收管理工作，参加国家（地区）间税收关系谈判，草签和执行有关协议、协定。

（九）组织、督办、协调税收违法案件的查处。

（十）监督检查税收法律、行政法规、部门规章及规范性文件的贯彻执行，指导和监督地方税务工作。

（十一）承办党中央、国务院交办的其他事项。

根据以上职责，国家税务总局具体行使以下权责事项。

二、国家税务总局权责事项表

（《国家税务总局权责事项表》编者略，读者可扫描二维码阅读）

三、附则

（一）总则规定的国家税务总局应当承担的主要职责，未列入权责事项表的，国家税务总局应根据法律法规、“三定”规定和党中央、国务院有关部署，全面正确履行相关职责。

（二）未按权责事项表正确履职并产生追责情形的，由相关部门按照党的纪律和国家法律法规进行处理。

（三）国家税务总局要以方便行政相对人为导向，落实透明、高效、便民的原则，编制并公布权责事项运行流程图和服务指南或工作规范，切实减少工作环节，规范自由裁量权，提高行政权力运行的科学化、规范化水平。

（四）根据法律法规立改废和职责调整等情况，由中央编办按规定程序相应调整权责清单。

第六章　新时代税收法治之协同共治思维

“协同”的基本含义是协调、同步、合作，是指两个或两个以上不同的主体，为了实现或达到共同的目标，各自充分运用自身所拥有的资源，相互协作、共同努力的过程。协同共治思维要求最大限度地统筹国家治理体系的公共资源以及全社会一切积极因素有效解决公共问题，国家在制度上做出相应的设计和安排，以更好地发挥公民、企业以及社会组织等多元化治理主体在公共事务管理与公共服务中的作用。多元治理主体的高效协同行动和良性互动，是协同治理的要义。随着后工业化时代的到来，尤其是互联网信息技术的发展，政府权力的内部调适及其向社会的加速迁移，公民权利意识的增强、社会认同的变迁对公共权威产生的影响，迫切要求政府、市场、社会等多元主体寻求共同治理的新模式。协同治理是有效回应新时代公共秩序建构、公共服务供给、公共风险防控等需求，破解传统政府管理困境的必然选择，是全面深化改革、推进国家治理体系和治理能力现代化的题中之义。

党的十九届四中全会提出，坚持和完善共建共治共享的社会治理制度，保持社会稳定、维护国家安全。社会治理是国家治理的重要方面。必须加强和创新社会治理，完善党委领导、政府负责、民主协商、社会协同、公众参与、法治保障、科技支撑的社会治理体系，建设人人有责、人人尽责、人人享有的社会治理共同体，确保人民安居乐业、社会安定有序，建设更高水平的平安中国。习近平总书记在中央全面依法治国工作会议上指出，要坚持在法治轨道上推进国家治理体系和治理能力现代化。法治是国家治理体系和治理能力的重要依托。要坚持依法治国、依法执政、依法行政共同推进，法治国家、法治政府、法治社会一体建设。中共中央印发的《法治社会建设实施纲要（2020—2025年）》进一步强调，法治社会是构筑法治国家的基础，法治社会建设是实现国家治理体系和治理能力现代化的重要组成部分。全面提升社会治理法治化水平，依法维护社会秩序、解决社会问题、协调利益关系、推动社会事业发展，培育全社会办事依法、遇事找法、解决问题用法、化解矛盾靠法的法治环境，促进社会充满活力又和谐有序。法治建设需要全社会共同参与，只有全体人民信仰法治、厉行法治，国家和社会生活才能真正实现在法治轨道上运行。[①]

税收不仅是国家组织财政收入的主要工具，还是国家调节经济的重要杠杆之一，在国家治理中发挥着极其重要的作用。在法治轨道上，政府、市场、社会等多元主体的协同共治是新时代国家治理和社会治理的必然选择，是全面依法治国面临的新课题，是全面依法治税的全新空间。新时代，我国持续深化税收领域改革，实施大规模减税降费，税制体系更加完善，征管方式更趋规范。推进高质量税收现代化，是新发展阶段税务改革的重要内容。实际上，在2015年中共中央办公厅、国务院办公厅印发《深化国税、地税征管体制改革方案》中，就提出协同共治的原则。以营造良好税收工作环境为重点，统筹税务机关与涉税各方力量，构建税收共治格局，形成全社会协税护税、综合治税的强大合力。强调建立健全党政领导、税务主责、部门合作、社会协同、公众参与的税收共治格局，着力解决税收环境不够优、全社会诚信纳税意识不够强等问题。

在新发展阶段，随着改革不断深入，新的税制要素、征管方式、信息系统等会涉及不同主体和环节，面临的堵点难点也更加复杂多元，要进一步推动税收现代化就必须合力而为、协同共治。国家税务总局对提升税收治理“六大能力”提出了明确目标。其中，税收协同共治能力是“六大能力”之一。税收协同共治在强调合法性的前提下，需要不断吸收民主、创新、合作、效率、柔性等共治理念，充分运用商谈、协调、对话、参与等机制，整合各方需求和利益，提升管理服务的效益和质量，促使传统的征纳双方单向对流模式向区域协同、部门合作、社会参与等多向度动态持续互动的税收共治模式转变。同时，税收协同共治还要求税务部门在地方经济治理中起到关键作用，并与其他各部门共同为地方经济的发展作出贡献。可以说，税收现代化越是要往前更进一步，就越需要凝聚更多合力；越要更好发挥税收的基础性、支柱性、保障性作用，就越需要认识到协同共治思维的重要性。

---

① 习近平．推进全面依法治国，发挥法治在国家治理体系和治理能力现代化中的积极作用［J］．求是，2020（22）．

第一节　加强区域部门协作

党的十九大报告和十九届五中全会都明确提出了要坚持实施区域经济协调发展战略，无论是从需求还是供给的角度看，区域经济一体化发展都是实现财富生产和分配领域和谐发展的重要途径。税收作为资源配置和收入再分配的主要手段，在区域经济一体化过程中对人员、商品、资源、产业整合调整起着重要作用。税收政策是中央和地方政府用来调节宏观经济发展的主要手段，税收协同发展可以有效规制和优化区域经济一体化发展。

一、加强区域间税收合作

区域间政府合作是指在经济全球化和区域经济一体化的大背景下，相邻的两个或者两个以上的区域内的政府彼此之间加强合作与建立机制以促进经济交流的便利性和整体解决社会问题的合作模式。近年来，区域一体化成为我国经济社会发展的显著特征和重要趋势。在区域一体化进程中，区域政府间合作发挥着至关重要的作用并推动了区域行政法治的发展。区域间政府合作须充分发挥法治的引领和规范作用，区域法治发展也构成了区域政府着力推进制度创新，打造竞争优势法治化的崭新形态。特别是在推进国家治理现代化，建设法治中国的时代潮流下，区域政府的竞争与合作，呈现着一种新的形势，这必将为区域发展和区域法治发展注入新动力。

2019 年 11 月 27 日，国家税务总局发出《关于支持和服务长江三角洲区域一体化发展措施的通知》（税总函〔2019〕356 号），推出便利企业跨省迁移业务办理、便利跨省涉税事项报验业务办理、便利跨省房产土地税源管理业务办理、制定长三角区域“首违不罚”清单等 16 项征管服务措施。2020 年 7 月 31 日，国家税务总局再次发出《关于进一步支持和服务长江三角洲区域一体化发展若干措施的通知》（税总函〔2020〕138 号），进一步推出助力长三角一体化高质量发展的 10 项措施，覆盖了提升税收大数据服务能力、深化增值税电子发票应用、推行“五税合一”综合申报、探索推进纳税申报预填服务、简化增值税即征即退事项办理流程、加快土地增值税免税优惠办理、推进服务贸易对外付汇便利化、统筹开展税收风险管理、推进税收政策执行标准规范统一、构建统一的税务执法清单体系等税收征管服务多个方面。

税收共治有效实施的重要前提就是统一执法标准。在税收征管实践中，跨区域合作征收的技术基础要求较高，且较复杂。因此，跨区域税收共治需建立在完善的纳税信息共享平台基础上，内容包括区域内所有纳税人个人注册信息、征收、管理、服务等完备信息。按照国家税务总局的部署和要求，国家税务总局上海市税务局、江苏省税务局、浙江省税务局、安徽省税务局、宁波市税务局联合制定了《“首违不罚”清单》，自2020年8月1日起实施。内容包括了纳税人和扣缴义务人未按规定办理税务登记事项，未按规定设置、保管账簿，未按规定报备财务会计制度、软件及银行账号，未按规定安装使用税控装置，未按规定办理纳税申报，未按规定开具发票和税收票证，未按规定存放、保管、携带运输及缴销发票等18项“首违不罚”事项。对上述税务日常管理中发生率高、危害不大、容易纠正的税务轻微违法行为，当事人在一年内首次违反且情节轻微，能够及时纠正，未造成危害后果的，依法不予行政处罚，体现了宽严相济、罚教结合、包容审慎的现代监管理念。同时出台的《长江三角洲区域申报发票类税务违法行为行政处罚裁量基准》，首次统一了跨省市税务执法裁量基准，实现区域内“执法一把尺子、处罚一个标准、行为一个准绳”。

中共中央办公厅、国务院办公厅印发的《关于进一步深化税收征管改革的意见》提出“推进区域间税务执法标准统一，实现执法信息互通、执法结果互认，更好地服务国家区域协调发展战略。简化企业涉税涉费事项跨省迁移办理程序，2022年基本实现资质异地共认。持续扩大跨省经营企业全国通办涉税涉费事项范围，2025年基本实现全国通办。”的具体目标，为未来几年加强税务执法区域协同指明了方向，确定了目标。目前，京津冀、长三角、成渝地区正在积极推动实现执法信息互通、执法结果互认，统一区域间税务执法标准等工作。成渝两地已成功建立“川渝通办”电子税务局，涉及企业生产经营事项109项，有效推进了成渝双城经济圈一体化建设过程中的税收共治进程。

二、加强部门间税收协作

在政府职能部门中，税务部门是纵向联系最紧密、先进技术应用最快速的机构之一，而且与其他横向的政府职能部门有着千丝万缕的联系，其拥有的经济数据与地方经济密切相关。可见，税收协同共治有着坚实的体系支撑与技术基础。受新冠肺炎疫情的影响，2019年以来，我国实施了大规模减税降费政策，而减税降费能否真正发挥作用，关键还是要看部门之间的税收协同共治能力发挥得如何。为此，税务部门应主动与财政、市监、社保、公安、民政、住建、监管等部门建立“税务＋部门”的全面合作关系，共同优化营商环境。

在税收征管中加强部门协作，既是法律的基本规则，也是新时代税收协同共治的必然选择。构建以政府为主导，税收部门为先锋的跨部门协同合作机制，可以弥补部门间信息不共享或不对称的主要问题，为税收征管打下较好的保障基础。我国《税收征管法》第五条第二款明确规定，地方各级人民政府应当依法加强对本行政区域内税收征收管理工作的领导或者协调，支持税务机关依法执行职务，依照法定税率计算税额，依法征收税款。各有关部门和单位应当支持、协助税务机关依法执行职务。税务机关依法执行职务，任何单位和个人不得阻挠。为了落实上述规定，各省、市结合本地实际，制定了税收保障办法，将部门协作确定为税收保障的基本原则之一，就信息交换（共享）、税收协助、税收服务和监督等方面明确各单位、机构的协作义务和职责，为加强部门间税收协作提供了坚实的法律保障。

2018 年 8 月以来，国家税务总局、公安部、海关总署、中国人民银行四部委共同部署开展打击虚开骗税违法犯罪两年专项行动，重点打击没有实际经营业务只为虚开发票的“假企业”、没有实际出口只为骗取退税的“假出口”，以打击违法彰显执法威力，有效整顿和规范税收秩序，营造公平有序的税收营商环境。专项行动开展两个月以来，各地已成功查办了一批重大涉税违法案件，专项行动取得初步成效。2021 年 2 月，中共中央办公厅、国务院办公厅印发的《建设高标准市场体系行动方案》要求加强政府部门间涉企信息统一归集共享。2021 年 3 月，中共中央办公厅、国务院办公厅印发《关于进一步深化税收征管改革的意见》，指出要加强部门协作，大力推进会计核算和财务管理信息化，通过电子发票与财政支付、金融支付和各类单位财务核算系统、电子档案管理信息系统的衔接，加快推进电子发票无纸化报销、入账、归档、存储。持续深化“银税互动”，助力解决小微企业融资难融资贵问题。加强情报交换、信息通报和执法联动，积极推进跨部门协同监管。

三、深化大数据共享与应用

习近平总书记高度重视科学技术在国家治理中的作用，他明确指出，要运用大数据提升国家治理现代化水平。“要建立健全大数据辅助科学决策和社会治理的机制，推进政府管理和社会治理模式创新，实现政府决策科学化、社会治理精准化、公共服务高效化”。在法治轨道下推进大数据整合共享与深度应用，逐步消除“信息孤岛”“数据烟囱”，充分发挥大数据作用，以助力社会治理法治化、智能化、专业化水平的提高。

2021 年 3 月，中共中央办公厅、国务院办公厅印发《关于进一步深化税收征管改革的意见》，提出：“充分运用大数据、云计算、人工智能、移动互联网等现代信息技术，着力推进内外部涉税数据汇聚联通、线上线下有机贯通，驱动税务执法、服务、监管制度创新和业务变革，进一步优化组织体系和资源配置。2022 年基本实现法人税费信息‘一户式’、自然人税费信息‘一人式’智能归集，2023 年基本实现税务机关信息‘一局式’、税务人员信息‘一员式’智能归集，深入推进对纳税人缴费人行为的自动分析管理、对税务人员履责的全过程自控考核考评、对税务决策信息和任务的自主分类推送。2025 年实现税务执法、服务、监管与大数据智能化应用深度融合、高效联动、全面升级。”“深化税收大数据共享应用。探索区块链技术在社会保险费征收、房地产交易和不动产登记等方面的应用，并持续拓展在促进涉税涉费信息共享等领域的应用。不断完善税收大数据云平台，加强数据资源开发利用，持续推进与国家及有关部门信息系统互联互通。2025 年建成税务部门与相关部门常态化、制度化数据共享协调机制，依法保障涉税涉费必要信息获取；健全涉税涉费信息对外提供机制，打造规模大、类型多、价值高、颗粒度细的税收大数据，高效发挥数据要素驱动作用。完善税收大数据安全治理体系和管理制度，加强安全态势感知平台建设，常态化开展数据安全风险评估和检查，健全监测预警和应急处置机制，确保数据全生命周期安全。加强智能化税收大数据分析，不断强化税收大数据在经济运行研判和社会管理等领域的深层次应用。”

在大数据背景下，深化税收治理领域的大数据共享与应用，不仅有利于落实税收法定原则，提高税务机关的工作质效，而且有助于树立税法的权威，提升全社会对税收法律法规的遵守度，保障各纳税主体平等课税。同时，需要重视的是，在大数据共享应用过程中，大数据在税收共治领域的应用将会使税务机关掌握到更多的纳税人信息，这些信息可能来源于税务机关内部、政府其他部门、其他第三方平台，这些信息可能是税务部门从外部接收的，也有可能是税务机关需要传递给外部的，掌握信息的主体有责任对这些信息依法合理使用，并确保数据安全。税务机关如何确保所掌握数据信息的安全，确保纳税人商业秘密、个人隐私以及个人信息正当使用不被泄露，有效保护纳税人合法权益，将是大数据背景下税收协同共治各方面临的新挑战。

“信息壁垒”是税收协同共治最大的阻力。税收协同共治需要盘活数据资源，畅通数据传递，实现跨部门、跨层级，甚至是跨区域的信息共享，并从多维度、多途径深化数据的利用，为各市场主体的决策提供重要参考，更为经济的发展添加新动能。还可以利用大数据技术对税务部门海量经济数据进行分析并共享，为各部门工作协同提供更精准的支撑。近年来，区块链技术的快速发展，让涉税数据作为一种要素资源和重要资产参与纳税服务和民生服务进而创建一种新的数据应用模式成为可能，并给税收治理特别是税收协同共治提供一种新的方法论和认识论。

在税收协同共治中，税务部门通过充分利用区块链技术打造跨部门的税收数据应用共享机制，将数据这个重要的生产要素和区块链这种全新的生产关系进行融合，发挥各自优势，形成技术合力，从而能够更加有效地实现以数据驱动为基础，以纳税人需求为导向，以部门协同为方式，以数据权属管理为手段的新型税收协同共治体系，并将推动税收治理发生根本性变革。从一定意义上看，数据驱动模式本质上是高标准、深度化的大数据智能治税，是数字治理理论在政府治理和税收治理方式上的统一，其目标是提供管理更便捷、服务更优质、成本更低廉的税收公共服务产品。因此，数据驱动下的税收治理理论，要求税务部门以大数据管理为基础，借助区块链技术，能够将税收治理理念和税收实践有效融合，从根本上消减征纳信息不对称、提高税收征管效率，提升纳税服务质量，促进纳税遵从，规避税收风险，降低税收征纳成本。

当前，科学技术与法治建设交叉融合的趋势不断深化，税务机关正在以大数据、云计算、区块链等技术为基础，在法治轨道上推进智慧税务建设，促进智能技术与税收治理的深度融合，完善税收大数据汇聚与共享的法律规范体系。但区块链等作为最新的前沿信息技术，在我国现行法律领域还存在许多空白点。未来，对区块链上的数据管理应提出不同于传统电子数据管理的要求。通过完善相关法律法规，明确区块链及链上数据的法律地位，能够明晰区块链应用和数据提供者的法律责任边界。可以期待的是，未来税收大数据来源将会不断拓展，依法规范税收大数据管理，既要避免形成“数据孤岛”与“数据闲置”，也要处理好税收大数据开放与数据安全的关系，以技术之治助力税收法治智慧高效，以法治保障智慧税务建设行稳致远。

第二节 促进社会协同治理

坚持法治国家、法治政府、法治社会一体建设，是习近平法治思想的重要内容。法治社会建设依赖普遍的社会成员参与。法治社会是现实社会的法治化，社会成员是形形色色的。社会成员的个人状况千差万别，利益需求也各有不同。在一个十多亿人口的大国建设法治社会，是史无前例的，要建设一个囊括十几亿人于其中的法治社会，其难度可想而知。法治社会要求每个自然人、法人包括各个社会组织、企业事业单位，以至街道、社区、行业协会等都要全面法治化，各个社会活动主体在总体上都能自觉地尊崇法律、遵守法律、服从法律，将自己的行为法治化，从而实现社会关系的法治化。社会的法治化是法治政府、法治国家得以建立的坚实基础。

一、增强征纳双方法治意识

（一）提升税务人员法律意识

法律意识体现了人们对法律的产生、本质和作用的看法，对现行法律的理解、解释、态度和情绪，对自己和他人权利、义务的认识，对人们行为的合法性的评价，对法的精神、价值的理解以及人们关于法律的知识和修养等。法律意识对于法律的实施具有重要的积极作用。法律意识要求司法人员、执法人员应当具有正确的法律意识，只有这样才能够提高依法办事的自觉性，才能对法律作出正确、合理的评价和理解，才能够全面地理解法律的本质、作用和目的，领会法律的精神和价值，树立对法律的正确认识和态度，正确、合法、及时地适用法律。

2010 年 10 月，国务院印发了《关于加强法治政府建设的意见》，首次明确提出政府机关工作人员要“切实提高运用法治思维和法律手段解决经济社会发展中突出矛盾和问题的能力”。习近平总书记曾强调指出：“领导干部要把对法治的尊崇、对法律的敬畏转化成思维方式和行为方式，做到在法治之下、而不是法治之外、更不是法治之上想问题、作决策、办事情。”《国家税务总局关于全面推进依法治税的指导意见》（税总发〔2015〕32 号）要求，坚持把领导干部带头学法、模范守法作为树立法治意识的关键，制定领导干部依法行政知识培训计划，把宪法法律列入党组中心组学习内容。健全税务人员法治培训长效机制。把依法行政知识作为各类税务人员培训的必修课程，规范设置法治培训内容，切实提高税务人员运用法治思维和法治方式解决实际问题的能力。新时代税收法治的推进，首先在于税务人员的法律意识，即在税务管理和执法实践中，是否自觉遵循了法治的理念和精神，是否运用了法治思维和法治方式。

（二）提高公民依法纳税意识

依法纳税意识是人们关于纳税的法律意识的集中反映。我国《宪法》第五十六条规定，中华人民共和国公民有依照法律纳税的义务。在实际生活中，每个公民是否都能自觉依照法律履行纳税的义务，与公民的法律意识水平密不可分。提高公民依法纳税意识，是税收法律正确实施的思想基础，是全面依法治税的主要抓手，是协同共治的重点保证。

中共中央印发的《法治社会建设实施纲要（2020—2025 年）》提出，全民守法是法治社会的基础工程。树立宪法法律至上、法律面前人人平等的法治理念，培育全社会法治信仰，增强法治宣传教育针对性和实效性，引导全体人民做社会主义法治的忠实崇尚者、自觉遵守者、坚定捍卫者，使法治成为社会共识和基本原则。提高公民依法纳税意识，需要加强税务普法宣传教育，落实税务机关"谁执法谁普法"的普法责任制，利用税收宣传月加强税收法治宣传，充分发挥纳税人学堂税法普及宣传作用，加强税收法治文化建设。税务机关在税务执法过程中，应加大普法力度，在针对性和实效性上下功夫，落实"谁执法谁普法"，加强以案普法、以案释法，发挥典型案例的积极作用，结合具体案件进行充分释法说理，并将税务执法相关的法律依据、救济途径等告知税务行政相对人，不断提升全体公民依法纳税意识和法治素养。

（三）尊重和保障纳税人权利

权利保障是现代法治的基本原则，维护人民利益，保障人民的权利是现代法治的出发点、基本精神和价值取向。《法治社会建设实施纲要（2020—2025 年）》提出，要切实保障公民基本权利，有效维护各类社会主体合法权益。坚持权利与义务相统一，社会主体要履行法定义务和承担社会责任。为便于纳税人全面了解纳税过程中所享有的权利和应尽的义务，帮助纳税人及时、准确地完成纳税事宜，促进纳税人与税务机关在税收征纳过程中的合作，国家税务总局根据《税收征管法》及其实施细则和相关税收法律、行政法规的规定，发布了《关于纳税人权利与义务的公告》（国家税务总局公告 2019 年第 1 号），梳理了纳税人在履行纳税义务过程中享有的知情权、保密权、税收监督权等 14 项权利，以及依法进行税务登记、依法设置账簿、保管账簿和有关资料以及依法开具、使用、取得和保管发票等 10 项义务。

在税务执法活动中，尊重和维护纳税人、缴费人的合法权益，首先要提高税务机关和执法人员法治意识和法律素养，规范执法行为，完善执法程序，改进执法方式。建立和完善税务执法社会监督机制，全面落实行政执法公示、执法全过程记录、重大执法决定法制审核制度，推进执法信息网上录入、执法程序网上流转、执法活动网上监督、执法结果网上查询。健全纳税人、缴费人个人信息保护等制度，依法加强税费数据查询权限和留痕等管理，严格保护纳税人、缴费人及扣缴义务人的商业秘密、个人隐私等，严防个人信息泄露和滥用等。没有救济，就没有权利。维护纳税人、缴费人合法权益，必须完善纳税人、缴费人权利救济和税费争议解决机制，畅通诉求有效收集、快速响应和及时反馈渠道，完善纳税人、缴费人权利救济机制，认真落实行政复议法和行政诉讼法，推进行政复议和应诉工作专业化，发挥行政复议解决税务争议主渠道作用，切实保护纳税人、缴费人合法权益。

（四）发挥税务行政指导作用

当前税收工作对象不断变化，对税收管理理念、税务执法方式和手段带来了新的挑战，各级税务机关应根据本地实际情况，深入研究和改进税务执法方式，坚持管理与服务并重、柔性管理与刚性执法有机统一、行政指导优先于刚性执法，通过事前告知提醒、事中约谈提示企业自查自纠、事后回访并提供建议，及时帮助纳税人防范、消除涉税风险，提高他们的纳税遵从意识和依法纳税能力。

一方面，税务机关要做好税务行政指导工作并完善相关工作制度与机制。一是在行政审批中开展行政指导。在行政审批工作过程中对各类市场主体进行行政指导。对前来办理证照的市场主体提供有关办照规程的咨询及服务，并提供辖区内相关的行业经营信息供其参考；对已办理证照的纳税人主动加强回访指导，通过开展承诺事项提醒、创建纳税人之家、开展合规经营倡导等工作，指导纳税人规范经营、规避风险、提高经营质量。二是在行政处罚中开展行政指导。在行政处罚过程中，向行政相对人充分解释说明违法行为的性质及其社会危害性，耐心教育，促其自醒，主动减轻或消除危害；案件办理后，避免一罚了之，教育行政相对人掌握改正方法，增强自律意识，杜绝再犯。在案件办理后，主动开展案后回访，了解曾受处罚、警示、告诫的行政相对人的思想动态；开展案后约见和帮扶，认真听取行政相对人意见，为行政相对人提供力所能及的帮助。并通过召开恳谈会、座谈会，消除及防范行业性、历史性违法行为，杜绝“只罚不纠”的倾向，做到有违必纠，确保违法行为得以及时纠正。三是在税务稽查中开展行政指导。既要维护税收法律法规的严肃性，又要切实维护纳税人的合法权益。对纳税人在检查中出现的问题，在严格按照法律法规的规定进行处理的同时，要加强对纳税人相关法律法规的宣传和普及，提高认识。在案件检查和审理环节，认真听取纳税人的陈述、申辩，对纳税人享有的听证、复议等权益严格履行告知义务，保障纳税人权利的行使。税务部门应通过改进执法方式，实施税务行政指导，使纳税服务的内涵得到了进一步丰富，端口进一步前移，内容和形式进一步固化，服务纳税人税收工作平台得到了进一步提升，促进广大纳税人自觉遵从税法，实现执法效果与社会效果的有机统一。

另一方面，税收是国家（政府）公共财政最主要的收入形式和来源。经济社会的发展、民生的改善都离不开税收，离不开每一位纳税人的贡献。作为纳税人，要明白“民以食为天，国以税为本”的道理，自觉依法依规纳税，规避税收筹划风险。作为纳税人，需要明白节税、避税、逃税的区别。节税是指纳税人在税法和其他经济法律许可范围内，通过对投资、经营、融资活动事先策划，以达到税收负担最低的行为。比如，充分利用国家颁布的税收优惠政策并应享尽享；通过顶层架构设计，搭建科学的股权架构降低综合税收负担；小微企业享受国家普惠性税收优惠政策；生产制造业企业开展研发活动享受实际研发费用加计扣除；等等。这些行为都是国家所鼓励和倡导的。避税是纳税人利用税法的漏洞、特例或者其他不足之处，采取非违法的手段减少应纳税款的行为，属于在“钢丝绳上跳舞”，形式上似乎符合税收法律法规，但实质上却与税法的立法意图相悖。比如，成立个体工商户或个人独资企业是合法行为，但是“薇娅们”本人与某平台签约从事劳务事项，而在取得某宝平台个人利润分成时，却通过在异地成立的个人独资企业或个体工商户开具发票，不具有合理的商业目的，并转变收入性质，进而由避税变成了逃税，属于违法行为。逃税是纳税人故意违反税收法律法规，采取欺骗、隐瞒等方式，逃避纳税的行为。逃税的实质是采取欺骗隐瞒的方式逃避纳税义务。比如签订“阴阳合同”，利用虚假发票抵税，采取账外账隐瞒收入等方式以达到不缴或者少缴税款的目的。以上分析表明，节税属于合法行为，避税属于非违法行为，逃税、偷税属于违法行为。节税是顺应立法精神的，是税法允许甚至鼓励的；避税是违背立法精神的，是不倡导的，也会招致政府的反避税措施。随着税法体系的逐渐严密和完善，避税作为税务筹划手段利用空间越来越小；逃税、偷税是被禁止的，要受到法律的制裁，还会影响企业的声誉，使企业遭受更大损失。

二、法治是最好的营商环境

营商环境，是指企业等市场主体在市场经济活动中所涉及的体制机制性因素和条件。习近平总书记在 2019 年 2 月 25 日中央全面依法治国委员会第二次会议上强调，“法治是最好的营商环境”。党的十八届五中全会指出，要完善法治化、国际化、便利化的营商环境。2019 年 10 月 8 日，国务院第 66 次常务会议通过了《优化营商环境条例》，自 2020 年 1 月 1 日起施行，为优化营商环境提供了法律保障。该条例明确规定，优化营商环境应当坚持市场化、法治化、国际化原则，以市场主体需求为导向，以深刻转变政府职能为核心，创新体制机制、强化协同联动、完善法治保障，对标国际先进水平，为各类市场主体投资兴业营造稳定、公平、透明、可预期的良好环境。中共中央、国务院印发《法治政府建设实施纲要（2021—2025 年）》，对持续优化法治化营商环境提出了新要求，强调要紧紧围绕贯彻新发展理念、构建新发展格局，打造稳定公平透明、可预期的法治化营商环境。及时总结各地优化营商环境可复制可推广的经验做法，适时上升为法律法规制度。要依法平等保护各种所有制企业产权和自主经营权，切实防止滥用行政权力排除、限制竞争行为。要健全外商投资准入前国民待遇加负面清单管理制度，推动规则、规制、管理、标准等制度型开放。要加强政企沟通，在制定修改行政法规、规章、行政规范性文件过程中充分听取企业和行业协会商会意见。

营商环境建设是一项系统工程，需要多元主体的协同共治方能实现。法治化营商环境建设，应当与政府、市场和社会三者的功能分域、治理结构和发展目标等相适应。当前，为多元主体的协商互动、平等合作、利益协调提供价值引领、制度保障与动力机制，对日渐分化的社会结构与公私交融的利益关系予以统筹，是法治化营商环境建设有序展开的迫切要求。

世界银行《营商环境报告》是目前国际社会中影响力最大的营商环境评估报告，也基本上采取了这种观点。它从企业生命周期出发，概括了影响企业发展的主要方面，包括开办企业、办理施工许可证、获得电力供应、登记财产、获得信贷、保护少数投资者、纳税、跨境贸易、执行合同、办理破产、劳动力市场监管等，聚焦于激发市场主体的营商活力，补齐中小企业发展和社会资本投资的短板，因而得到广泛推崇。世界银行尤其关注政府政策、行政监管对企业日常生产经营活动的影响。因此，完善法治化营商环境，既要充分发挥市场在资源配置中的决定性作用，又要更好发挥政府作用，维护公平交易和自由竞争秩序。良好的营商环境的构建和培植不仅要求政府依法、守法、诚信和公平、公正，而且要求政府清正廉洁，政府公职人员不贪不腐、廉政勤政。①

法治是最好的税收营商环境。税务机关是与市场主体打交道最多、联系最紧密的窗口单位之一，牵涉千万户企业、十几亿纳税人缴费人的切身利益，服务质量、监管方式直接影响营商环境。近年来，税务部门积极推行行政执法“三项制度”，目的是营造一个更加公开透明、规范有序、公平高效的政务环境，服务好人民、企业、群众。税务系统通过推行行政执法“三项制度”，达到执法公正、服务优质、办事高效的目标，进一步增强税务人员法治思维和法治理念，做到“法无授权不可为，法定职责必须为”，做到了于法有据、依法依规。税务部门在连续九年开展“便民办税春风行动”基础上，构建“线下服务无死角、线上服务不打烊、定制服务广覆盖”的服务新体系，逐步推行税费综合申报、简并部分税种征期及减少申报次数和时间等服务新举措，有利于更好地服务市场主体。税务机关应将深入推动依法监管、精准监管、柔性监管。探索建立“信用＋风险”“无风险不打扰、低风险预提醒、中高风险严监控”的监管新机制，及时收集、反馈纳税人缴费人诉求，完善精细化、智能化、个性化服务与监管的配套制度，最大限度降低对合法经营者的行政干预，融洽征纳关系，提高税法遵从度和社会满意度。

在新发展阶段，税务机关要进一步加强与市场主体的协同。税务人员应保持服务的心态多去企业，实现上门服务常态化，而不只是检查工作。要加强对大型企业的个性化服务，个性定制和全程辅导。聘请学校教师深入企业搞调研，并给予一定的经费支持，帮助职能部门真正了解企业实际情况。以各种方式建立起与市场主体的互信关系，帮助市场主体及时了解国家政策，规范纳

---

① 姜明安．推进法治政府建设，改善和优化营商环境［J］．中共中央党校（国家行政学院）学报，2019（5）．

税，同时及时享受到国家相关的优惠政策，激发市场发展的活力。尤其是疫情以来，国家出台了一系列减税降费政策，如普惠性税收优惠、深化增值税改革、降低社保费等，但这些政策能否转化为经济内生动力，还要看市场主体的落实情况。针对很多小微企业不明白这些政策的情况，要不定期举办税企恳谈会，真正了解企业的难处，帮助企业减负，并提供可能的政策优惠，真正让企业享受带来政策红利的“及时雨”，自觉自愿参与到税务部门打造的协同共治体系中来。

三、发挥社会力量协同作用

（一）推进公众参与，增强税收民主法治

参与原则是行政程序法的重要基本原则之一。参与行政、合作行政的原则强调行政过程中的平等相处和选择自由，呼唤行政机关与行政相对人之间的良性互动，而且要求为行政相对人参与行政管理过程提供更多选择机会，使得行政管理过程不再是行政机关的独角戏、一言堂，可以提升行政行为的合法性和可接受性、提高行政实效，促进行政民主，保障公民权益，有效监督公权力运行，保障社会公正。例如，行政执法过程中的听取陈述申辩意见、举行听证会，公众参与重大行政决策、立法协商、政策征询、信息公开、民意调查，以及采取具有协商性和可选择性的行政合同、行政指导等柔软灵活的方式实施行政管理等，均体现了参与行政、合作行政的理念。

党的十八届四中全会通过的《中共中央关于全面推进依法治国若干重大问题的决定》提出，把公众参与、专家论证、风险评估、合法性审查、集体讨论决定确定为重大行政决策法定程序，确保决策制度科学、程序正当、过程公开、责任明确。建立行政机关内部重大决策合法性审查机制，未经合法性审查或经审查不合法的，不得提交讨论。2017 年中共中央、国务院发布《关于营造企业家健康成长环境弘扬优秀企业家精神更好发挥企业家作用的意见》，要求“健全企业家参与涉企政策制定机制。建立政府重大经济决策主动向企业家问计求策的程序性规范，政府部门研究制定涉企政策、规划、法规，要听取企业家的意见建议。”2021 年 8 月，中共中央、国务院印发的《法治政府建设实施纲要（2021—2025 年）》提出，要积极运用新媒体新技术拓宽立法公众参与渠道，完善立法听证、民意调查机制。要严格执行《重大行政决策程序暂行条例》，增强公众参与实效，提高专家论证质量，充分发挥风险评估功能，确保

所有重大行政决策都严格履行合法性审查和集体讨论决定程序。推行重大行政决策事项年度目录公开制度。涉及社会公众切身利益的重要规划、重大公共政策和措施、重大公共建设项目等，应当通过举办听证会等形式加大公众参与力度，深入开展风险评估，认真听取和反映利益相关群体的意见建议。2021 年 12 月，为进一步贯彻落实中共中央办公厅、国务院办公厅印发的《关于进一步深化税收征管改革的意见》，更好保护纳税人缴费人合法权益，国家税务总局修改了《税务规范性文件制定管理办法》（国家税务总局令第 53 号），明确规定起草与税务行政相对人生产经营密切相关的税务规范性文件，起草部门应当听取税务行政相对人代表和行业协会商会的意见。

（二）发挥好行业协会与社会中介组织的作用

《法治社会建设实施纲要（2020—2025 年）》提出，要发挥人民团体和社会组织在法治社会建设中的作用。人民团体要在党的领导下，教育和组织团体成员和所联系群众依照宪法和法律的规定，通过各种途径和形式参与管理国家事务，管理经济文化事业，管理社会事务。促进社会组织健康有序发展，推进社会组织明确权责、依法自治、发挥作用。坚持党对社会组织的领导，加强社会组织党的建设，确保社会组织发展的正确政治方向。加大培育社会组织力度，重点培育、优先发展行业协会商会类、科技类、公益慈善类、城乡社区服务类社会组织。推动和支持志愿服务组织发展，开展志愿服务标准化建设。发挥行业协会商会自律功能，探索建立行业自律组织。发挥社区社会组织在创新基层社会治理中的积极作用。完善政府购买公共服务机制，促进社会组织在提供公共服务中发挥更大作用。对于适合由社会组织提供的公共服务和解决的事项，应交由社会组织承担。支持和发展社会工作服务机构和志愿服务组织。

行业协会和社会中介组织是连接企业与政府的重要桥梁，具有先天的专业优势。《法治政府建设实施纲要（2021—2025 年）》提出，行政机关主要负责人作出重大决策前，应当听取合法性审查机构的意见，注重听取法律顾问、公职律师或者有关专家的意见。中共中央办公厅、国务院办公厅印发《关于进一步深化税收征管改革的意见》强调加强社会协同，积极发挥行业协会和社会中介组织作用，支持第三方按市场化原则为纳税人提供个性化服务。为此，税务部门应主动加强与各行业协会的合作，依托社会组织扩大服务覆盖面，全面构建“税务 + 协会”的服务体系。比如与会计师事务所、税务师事务所或代理记账公司等共同打造税收专业服务平台，把税务人员、涉税专业人士和纳税人集中于同一平台，在政策方面达成三方共识，形成合作联盟，开展定期交流与宣讲，通过官方平台进行专人政策对接，强化经济政策的社会影响力。

税收志愿服务是社会化纳税服务体系的重要组成部分。近年来，税务机关协调动员社会力量，组织开展税收志愿服务活动，缓解纳税服务资源不足，取得了一定成效。2021 年 2 月，国家税务总局印发《关于进一步动员社会力量深入开展税收志愿服务的指导意见》（税总发〔2021〕15 号），提出了围绕高质量推进新发展阶段税收现代化建设，健全完善税收志愿服务制度体系，培养壮大一支由社会各方力量广泛参与、具备一定税收专业知识和技能的税收志愿服务队伍。未来，税务系统应该进一步加强对税收志愿服务的宣传引导，广泛动员涉税专业服务机构及其从业人员、涉税行业协会、大专院校学生等社会力量注册成为税收志愿者，不断培养和壮大税收志愿服务队伍，鼓励更多的纳税人由“被服务者”转变为“志愿者”，进一步提高纳税人和缴费人满意度和获得感，推动构建税收共治新格局。

第三节　强化税务司法保障

2018 年，习近平总书记在民营企业座谈会上明确指出：“既要以最严格的标准防范逃避税，又要避免因为不当征税导致正常运行的企业停摆。”此处的“最严格的标准”，从税收法定的角度观察至少应当包括两层含义：一是防范逃避税应当有最严格的法律法规予以规定；二是防范逃避税的法律法规规定应当是明确的、有标准的、可操作的。我国税法因税收活动的广泛性而涉及社会多个部门。故而税法与行政法及行政诉讼法、刑法及刑事诉讼法、民法及民事诉讼法等法律存有必然的联系，特别是与民商法的关系更为密切。新发展阶段，我国司法机关对涉税案件的审理已经出现了一些新动向，比如，对因非骗税目的且没有造成税款损失的虚开增值税专用发票行为，不以虚开增值税专用发票罪定性处理；税务机关可以根据实质课税原则独立认定案涉民事法律关系等。新形势下，加强税收执法与税务司法的衔接，进一步强化税务司法保障成为税收协调共治的重要方面。未来，在《税收征管法》的修订中，应增加税务机关独立认定民事法律关系的规范、税务机关对刑事已决案件中追征税款的规范、对破产程序中税收债权清偿的规范、对税收滞纳金（税收利息）征收的规范，促使《税收征管法》更加贴近征管实际，更好地服务协同共治。

一、通过司法程序增强征管效能

（一）积极利用诉讼程序征缴欠税

税收债权的实现保障，事关国家财政收入，在税收征管中引入民法债权保障制度，通过民事司法程序，作为税务机关行使行政权力征缴税款的有益补充，体现了司法对税收的保障和监督作用。如我国现行《税收征管法》第五十条规定，欠缴税款的纳税人因怠于行使到期债权，或者放弃到期债权，或者无偿转让财产，或者以明显不合理的低价转让财产而受让人知道该情形，对国家税收造成损害的，税务机关可以依照《合同法》第七十三条、第七十四条①的规定行使代位权、撤销权。该条规定明确了税务机关可以按照《民法典》的有关规定，通过提起民事诉讼的方式，行使税收代位权或撤销权，以达到征缴税款或税收保障的目的。

1. 积极行使代位权、撤销权

代位权，是指债权人以自己的名义行使债务人对于第三人之权利的权利。撤销权，又称废罢诉权，是指债权人在债务人与他人实施处分其财产或权利的行为危害债权的实现时，得以申请法院予以撤销的权利。撤销权适用于债务人与他人实施某种行为，使其作为债权担保的责任财产不当减少，因而害及债权人的利益，致债权有不能实现的危险的情形。② 在税收管理中，根据《税收征管法》第五十条规定，欠缴税款的纳税人因怠于行使到期债权，或者放弃到期债权，或者无偿转让财产，或者以明显不合理的低价转让财产而受让人知道该情形，对国家税收造成损害的，税务机关可以依照《民法典》第五百三十五条至五百四十二条的规定行使代位权或撤销权。由此可见，税收代位权不能由税务机关直接向纳税人或纳税人的债务人行使，而应当在满足法定条件的情形下，向人民法院提起民事诉讼。这主要出于利益平衡的考虑，对税务机关权力的合理限制就是对税收债权次债务人合法利益的维护。

《民法典》规定，代位权和撤销权的行使范围，以债权人的到期债权为限。债权人行使代位权、撤销权的必要费用，由债务人负担。税务机关行使撤销

① 原《合同法》已被《民法典》吸收，请参考《民法典》第五百三十条、五百三十八条、五百三十九条。

② 杨小强．论税法对民法债权保障制度的移用［J］．中外法学，1998（2）．

权，自知道或者应当知道撤销事由之日起 1 年内行使。自债务人（即欠缴税款的纳税人）的行为发生之日起 5 年内没有行使撤销权的，该撤销权消灭。

2. 申请欠税企业破产清算

《中华人民共和国企业破产法》（以下简称《企业破产法》）规定，企业破产清算适用于企业法人不能清偿到期债务，并且资产不足以清偿全部债务或者明显缺乏清偿能力的情形。对欠缴税款且资产不足以清偿全部税款或者明显缺乏清偿能力的纳税人，税务机关在穷尽其他欠税清缴措施后，可以采取向人民法院提出对欠税人进行破产清算的申请，或在欠税人进入破产清算程序后，依法及时申报债权，以防止税款流失，提高欠税征缴效能。

《企业破产法》第七条第二款规定，债务人不能清偿到期债务，债权人可以向人民法院提出对债务人进行重整或者破产清算的申请。近年来，已有税务机关向人民法院提出对欠税人进行破产清算的多起案件，得到了人民法院的支持。《企业破产法》第四十五条规定，人民法院受理破产申请后，应当确定债权人申报债权的期限。债权申报期限自人民法院发布受理破产申请公告之日起计算，最短不得少于30 日，最长不得超过3 个月。税务机关对欠缴税款且资产不足以清偿全部税款或者明显缺乏清偿能力的纳税人要加强跟踪监控，对人民法院受理破产申请的欠税人，要依法在规定期限内及时准确申报税收债权。

3. 起诉股东连带清偿公司欠税

我国《公司法》第二十条规定了“公司法人人格否认”制度，即：“公司股东应当遵守法律、行政法规和公司章程，依法行使股东权利，不得滥用股东权利损害公司或者其他股东的利益；不得滥用公司法人独立地位和股东有限责任损害公司债权人的利益。公司股东滥用股东权利给公司或者其他股东造成损失的，应当依法承担赔偿责任。公司股东滥用公司法人独立地位和股东有限责任，逃避债务，严重损害公司债权人利益的，应当对公司债务承担连带责任。”税务机关在征缴税款过程中，如果公司股东有滥用公司法人独立地位和股东有限责任的行为，使公司逃避了税务机关征收税款，造成税收债权利益受损，税务机关可以尝试以债权人身份通过提起诉讼的方式“刺破公司面纱”，主要由公司股东对公司欠税承担清偿责任。

此外，根据民商法有关规定，在公司股东不履行清算义务的情况下，应当对有关债务承担连带清偿责任。此种情形也应适用于税务机关征缴税款。最高人民法院《关于适用〈中华人民共和国公司法〉若干问题的规定（二）》第十八条规定，有限责任公司的股东、股份有限公司的董事和控股股东未在法定期限内成立清算组开始清算，导致公司财产贬值、流失、毁损或者灭失，债权人主张其在造成损失范围内对公司债务承担赔偿责任的，人民法院应依法予以支持。有限责任公司的股东、股份有限公司的董事和控股股东因怠于履行义务，导致公司主要财产、账册、重要文件等灭失，无法进行清算，债权人主张其对公司债务承担连带清偿责任的，人民法院应依法予以支持。对于欠缴税款的公司股东在破产清算过程中怠于履行义务，导致公司主要财产、账册、重要文件等灭失，无法进行清算的，税务机关可以尝试向人民法院提起民事诉讼，主张公司股东承担欠税清偿连带责任。

通过民事诉讼程序追缴欠税，除代位权、撤销权已由《税收征管法》明确规定外，目前尚处于实践尝试之中，各地法院也持有不同的观点和态度。税务机关应坚持协同共治之法治思维，加强与司法机关沟通协作，在现有法律框架内积极尝试，总结实践经验，为下一步健全和完善立法奠定基础。

（二）认真做好涉税案件应诉工作

行政诉讼是指行政相对人与行政主体在行政法律关系中发生争议后，依法向人民法院提起诉讼，人民法院依法定程序审查行政主体行政行为的合法性，并判断行政相对人的主张是否有法律和事实依据，然后作出裁判的一种活动。在行政法治监督保障体系中，行政诉讼是一项不可缺少的对行政行为进行事后法律监督的制度，其功能主要是监督行政机关依法行使职权。于行政主体而言，行政诉讼是一种法律监督制度；对于行政相对人而言，行政诉讼则是一种行政法律救济制度。税务行政诉讼是司法机关对税务机关实施和执行税法的一种“司法审查”，税务机关应当正确对待并积极应对税务行政相对人对税务机关提起的涉税行政诉讼案件。

从近年来涉税行政诉讼案件情况来看，一些税务机关依然不同程度地存在执法规范化程度不高，执法不严、随意执法、选择性执法的现象。《国家税务总局关于全面推进依法治税的指导意见》（税总发〔2015〕32 号）要求认真落实行政复议法和行政诉讼法，进一步完善税务行政复议工作体制及和解、调解等制度，发挥行政复议解决税收争议主渠道作用，切实保护纳税人合法权益。

推进行政复议和应诉工作专业化，国家税务总局机关和省国税机关[①]成立专门的税务行政复议办公室，统筹、协调、处理税务行政争议，妥善化解矛盾。2017 年 11 月，国家税务总局印发《税务行政应诉工作规程》（税总发〔2017〕135 号），对税务机关依法参加涉税诉讼案件的职责分工、流程、规范等方面做了具体规定，对规范税务机关行政应诉行为，提高行政应诉水平，促进依法行政，维护国家税收利益具有重要作用。按照《法治政府建设实施纲要（2021—2025 年）》的要求，行政机关要健全行政争议实质性化解机制，推动诉源治理。支持法院依法受理和审理行政案件，切实履行生效裁判。

（三）畅通税务执法司法衔接机制

中共中央、国务院印发的《法治政府建设实施纲要（2015—2020 年）》提出，健全行政执法和刑事司法衔接机制，完善案件移送标准和程序，建立健全行政执法机关、公安机关、检察机关、审判机关信息共享、案情通报、案件移送制度。中共中央办公厅、国务院办公厅印发的《关于进一步深化税收征管改革的意见》进一步强调强化税务司法保障。公安部门要强化涉税犯罪案件查办工作力量，做实健全公安派驻税务联络机制。实行警税双方制度化、信息化、常态化联合办案，进一步畅通行政执法与刑事执法衔接工作机制。检察机关发现负有税务监管相关职责的行政机关不依法履责的，应依法提出检察建议。完善涉税司法解释，明晰司法裁判标准。

税务机关在依法查处税收违法行为过程中，发现违法事实涉及的金额、违法事实的情节、违法事实造成的后果等，根据刑法关于危害税收征管等罪的规定和最高人民法院、最高人民检察院关于危害税收征管等罪的司法解释以及最高人民检察院、公安部关于经济犯罪案件的追诉标准等规定，涉嫌构成犯罪，依法需要追究刑事责任的，必须依照规定向公安机关移送。

二、防范税务行政公益诉讼风险

行政公益诉讼，是指人民检察院认为行政主体行使职权的行为违法，侵害了公共利益或有侵害之虞时，为维护公共利益，向行政机关提出检察建议，督促其依法履行职责。行政机关不依法履行职责的，人民检察院依法向人民法院

① 自 2018 年 6 月 15 日起，全国各省（自治区、直辖市）级以及计划单列市国税局、地税局合并，统一为国家税务总局各省（区、市）税务局。相应地该职能由省级税务局承担。

提起诉讼的制度。2017 年修订的《行政诉讼法》第二十五条第四款规定：“人民检察院在履行职责中发现生态环境和资源保护、食品药品安全、国有财产保护、国有土地使用权出让等领域负有监督管理职责的行政机关违法行使职权或者不作为，致使国家利益或者社会公共利益受到侵害的，应当向行政机关提出检察建议，督促其依法履行职责。行政机关不依法履行职责的，人民检察院依法向人民法院提起诉讼。”

行政机关应当在收到检察建议书之日起 2 个月内依法履行职责，并书面回复人民检察院。出现国家利益或者社会公共利益损害继续扩大等紧急情形的，行政机关应当在 15 日内书面回复。行政机关不依法履行职责的，人民检察院依法向人民法院提起诉讼。

行政公益诉讼产生的根本原因是行政机关违法行使职权或者不作为。税收是国家的主要经济来源，税务机关对应征税款不能及时征收可能造成国有财产流失，因此，也被纳入检察机关提起行政公益诉讼的案件范围。近年来，税务领域行政公益诉讼案件已发生多起，比如，2017 年，最高人民检察院网上发布厅曾发布过的“某检察机关对地方税务机关提起两起行政公益诉讼——某地税部门不依法履行职责收缴排污费被起诉”“某检察机关对一国税局提起行政公益诉讼——非法抵扣的税款须及时追缴”等。一方面，体现了司法机关对税务机关履行税收职能的法律监督；另一方面，也暴露了税务机关在履职尽责方面还存在一定的不足。税务机关及执法人员须强化法治理念，运用法治思维和法治方法处理工作中的疑难问题，及时正确履职尽责，防范行政公益诉讼风险。中共中央办公厅、国务院办公厅印发的《关于进一步深化税收征管改革的意见》中明确提出，检察机关发现负有税务监管相关职责的行政机关不依法履责的，应依法提出检察建议。

根据《法治政府建设实施纲要（2021—2025 年）》的要求，行政机关要支持检察院开展行政诉讼监督工作和行政公益诉讼，积极主动履行职责或者纠正违法行为。认真做好司法建议、检察建议落实和反馈工作。实际上，行政公益诉讼是一种督促之诉、协同之诉，诉前程序是行政公益诉讼的重要环节。行政机关如能认真对待检察机关的检察建议，依法积极履行职责，检察机关便无须再向法院提起行政公益诉讼，既节约了司法资源，也能使公共利益得到充分保护。税务机关须正确认识和对待行政公益诉讼，完善税务公益诉讼诉前和诉讼应对制度。在接到检察机关送达的检察建议书后，应高度重视，迅速组织专业部门研究应对，并在规定时限内及时作出回复。对工作中确实存在不依法履职或违法履职等行为的，应迅速整改；对因客观情况难以在短期内整改的，例如，企业面临经济困难确实无法及时缴纳税款、滞纳金的，应及时和检察机关沟通，申请延长整改期限等。

三、依法打击危害税收征管犯罪

《刑法》第十三条规定，一切危害国家主权、领土完整和安全，分裂国家、颠覆人民民主专政的政权和推翻社会主义制度，破坏社会秩序和经济秩序，侵犯国有财产或者劳动群众集体所有的财产，侵犯公民私人所有的财产，侵犯公民的人身权利、民主权利和其他权利，以及其他危害社会的行为，依照法律应当受刑罚处罚的，都是犯罪。刑法的任务，就是用刑罚同一切犯罪行为作斗争，以保卫国家安全，保卫人民民主专政的政权和社会主义制度，保护国有财产和劳动群众集体所有的财产，保护公民私人所有的财产，保护公民的人身权利、民主权利和其他权利，维护社会秩序、经济秩序，保障社会主义建设事业的顺利进行。我国《刑法》第三章第六节专门规定了危害税收征管罪，共包括14个罪名。分别是逃税罪（《刑法》第二百零一条），抗税罪（《刑法》第二百零二条），逃避追缴欠税罪（《刑法》第二百零三条），骗取出口退税罪（《刑法》第二百零四条第一款），虚开增值税专用发票、用于骗取出口退税、抵扣税款发票罪（《刑法》第二百零五条），伪造、出售伪造的增值税专用发票罪（《刑法》第二百零六条）、非法出售增值税专用发票罪（《刑法》第二百零七条），非法购买增值税专用发票、购买伪造的增值税专用发票罪（《刑法》第二百零八条第一款），非法制造、出售非法制造的用于骗取出口退税、抵扣税款发票罪（《刑法》第二百零九条第一款），非法制造、出售非法制造的发票罪（《刑法》第二百零九条第二款），非法出售用于骗取出口退税、抵扣税款发票罪（《刑法》第二百零九条第三款），非法出售发票罪（《刑法》第二百零九条第四款）、虚开发票罪（《刑法》第二百零五条之一），持有伪造的发票罪（《刑法》第二百一十条之一）。近年来，为了维护正常的经济税收秩序，在国家税务总局统一部署下，各地税务部门联合公安等部门重拳出击，在开展打击虚开骗税违法犯罪行为专项行动中，破获多起虚开发票案件，净化了税收环境，对不法分子形成有力震慑。

第四节　深度参与全球税收治理

2013 年 9 月，习近平主席在圣彼得堡二十国集团（G20）领导人第八次峰会上提出："中国支持加强多边反避税合作，愿为健全国际税收治理机制尽一份力。" 2014 年 11 月，习近平主席在布里斯班 G20 领导人第九次峰会上提出："加强全球税收合作，打击国际逃避税，帮助发展中国家和低收入国家提高税收征管能力。" 2016 年 5 月，第十届税收征管论坛（FTA）大会在北京成功召开。时任国务院副总理张高丽出席大会开幕式并代表中国政府致辞，重申了我国关于推进全球税收治理和合作的主张，展示了中国加强国际税收合作的真诚态度和坚定决心。2021 年 3 月，中共中央办公厅、国务院办公厅印发的《关于进一步深化税收征管改革的意见》提出强化国际税收合作。深度参与数字经济等领域的国际税收规则和标准制定，持续推动全球税收治理体系建设。落实防止税基侵蚀和利润转移行动计划，严厉打击国际逃避税，保护外资企业合法权益，维护我国税收利益。不断完善"一带一路"税收征管合作机制，支持发展中国家提高税收征管能力。进一步扩大和完善税收协定网络，加大跨境涉税争议案件协商力度，实施好对所得避免双重征税的双边协定，为高质量"引进来"和高水平"走出去"提供支撑。

一、参与国际税收规则制定

《中国的税收法治建设》指出："以二十国集团（C20）'防止税基侵蚀和利润转移（BEPS）行动计划'的实施为契机，中国积极参与国际税收规则重塑，持续提升在国际税收领域的影响力。"党的十八大以来，中国税务部门抓住国际税收规则重塑的重大机遇，主动参与 BEPS 后续行动议程，以第一副主席国身份参与《实施税收协定相关措施以防止税基侵蚀和利润转移（BEPS）的多边公约》的谈判，并成为首批签署方；以 OECD 第一工作组副主席的身份参与 BEPS 成果的落实工作；以联合国国际税务专家委员会委员身份参与联合国税收协定范本修订工作，将"成本节约""市场溢价"等创新理念写入《联合国发展中国家转让定价实用手册》；以副主席国身份参与数字经济国际税收规则的制订；签署转让定价国别报告多边协议，在落实 G20 峰会领导人承诺、打击国际逃避税、加强税收信息交换上迈出重要一步；高度重视G20税改成果在国内层面的转化，出台了一般反避税管理办法等一系列制度办法，推动国际税收工作迈上新的台阶。

2016年5月，在北京举行的第十届税收征管论坛（FTA）大会上，在实施G20/OECD国际税收改革成果、建设现代化税务部门、加强税收征管能力建设等方面达成重要共识，签署了11个双边、多边税收协定或达成合作意向，取得了丰硕成果，被誉为“FTA最成功的一次大会”，充分展示了中国锐意改革、健康发展的大国形象。我国作为联合国国际税务合作专家委员会的委员和第一副主席，全程参与了《联合国发展中国家转让定价实用手册》的编撰和修订工作，提出的“成本节约、市场溢价”等创新理念，得到了联合国的高度重视，相关建议被载入手册的国别实践章节，同时在无形资产与集团内劳务这两个与发展中国家利益紧密相关的转让定价前沿领域，提出了中国主张和中国建议。

二、严厉打击国际逃避税

我国的反避税法律体系以《税收征管法》《企业所得税法》《个人所得税法》等法律为基础，以国务院及国家财政税务主管部门的行政法规、部门规章和规范性文件为主体，以“独立交易原则”为基本原则，涵盖转让定价、成本分摊协议、受控外国企业、资本弱化、一般反避税、预约定价等多个领域。在尊重国际惯例的基础上，结合中国实际，强调来料加工企业料值还原、单一功能企业保持合理利润等规则，明确了纳税人资料提供义务和关联方、可比方的协助义务，设置了对避税行为加收利息的规定。

按照“打击国际逃避税”的国际承诺，积极做好BEPS行动计划最终成果的落地转化，完善关联申报和同期资料管理，建立国别报告报送和交换机制，明确一般反避税适用规则，规范操作流程和执行标准，细化居民企业向境外关联方支付有关费用的税务处理规则，赋予税务机关进行合理调整、保护税基的权力，强调价值贡献作为无形资产超额利润分配的核心因素，体现地域特殊因素对利润的贡献。坚持防查并举，建立了健全“管理、服务、调查”三位一体、统一规范的反避税防控体系。通过风险提示，鼓励纳税人自行调整，引导提高税法遵从度。建立与案件较多国家的定期协商机制，提高转让定价相应调整相互协商的效率，开展单边和双边预约定价安排，提高跨境纳税人的税收确定性。加大全国范围反避税联查力度，健全反避税调查各环节一体化工作机制，提升办案质量。

三、完善跨境税收服务与管理体系

2013 年以来，中国把"引进来"税收政策目标主动融入高水平对外开放大局，依法行使非居民税收管辖权，注重激发微观主体活力，促进跨境要素有序流动、资源高效配置、国内国际市场深度融合。自 2014 年起，中国成为对外投资资本净输出国。中国税务机关坚持国际税收服务与管理并举，在实施"走出去"战略和推进"一带一路"建设方面发挥积极作用。①

在落实税收服务"一带一路"中，我国税务机关积极落实税收协定政策，营造优良营商环境，保障我国"走出去"企业的合法权益。加强我国居民享受税收协定待遇的服务、管理、统计分析工作，跟踪我国对外投资企业经营情况，及时反映境外涉税争议，配合国家税务总局与"一带一路"沿线国家（地区）税务主管当局就跨境纳税人提起的涉税争议开展相互协商。落实跨境应税服务退税或免税政策、天然气等资源进口税收优惠政策、对外投资和对外承包工程出口货物退（免）税政策；按照所得税政策规定，落实境外所得税税收抵免政策，减轻企业税收负担，促进国际资源共享和国际产能合作。落实"放管服"改革要求，推动税收服务优化升级。落实出口退（免）税企业分类管理、简化出口退（免）税流程、简化消除双重征税政策适用手续等规定，进一步减轻纳税人办税负担。做好《中国税收居民身份证明》开具工作，便利纳税人境外享受税收协定待遇，助力"走出去"企业和"一带一路"建设重点项目。创新境外税收服务模式与内容，提高服务的针对性和有效性，探索对"走出去"纳税人实行分类服务。针对大型跨国企业着重提供政策确定性相关的个性化服务，针对中小型企业着重提供政策宣传辅导的普惠性服务。发挥优势，运用"互联网＋"思维，提升国际税收办税便利度。深入推进国别税收信息研究工作，做好境外税收政策跟踪和更新，配合国家税务总局陆续发布国别投资税收指南，实现 2017 年底前全面发布"一带一路"重点国家的投资税收指南，进一步完善和丰富纳税人可获取的境外税收信息。②

---

① 《中国的税收法治建设》编写组．中国的税收法治建设［M］．北京：中国税务出版社，2020.

② 《国家税务总局关于进一步做好税收服务"一带一路"建设工作的通知》（税总发〔2017〕42 号）。

四、加强国际税务合作与交流

近年来，世界经济增长面临挑战和难题，经济全球化发展在曲折中推进。作为影响经济的重要变量和政策工具，税收特别是国际税收成为国际合作平台上各国（地区）领导人政治、经济对话的重要议题之一。基于税收合作对于构建“创新、活力、联动、包容的世界经济”重要性的认识，G20领导人承诺支持国际税收合作，以建立一个公平、透明和现代化的国际税收共治体系。在此背景下，中国税务部门不断提升、拓展、深化国际税收合作，从国际税制改革和国内成果转化两个层面推动国际税收工作迈上新的高度，为实现中国税收的现代化贡献力量，为推动构建全球税收新秩序、促进共同发展作出积极贡献。

2019年4月18日至20日，由中国国家税务总局举办的第一届“一带一路”税收征管合作论坛在乌镇召开，来自85个国家（地区）税务部门的行政长官、16个国际组织以及多家学术机构和企业代表出席。350多名代表出席，其中包括参加“一带一路”税收征管合作机制（以下简称机制）的税务部门代表，以及国际货币基金组织、经济合作与发展组织（OECD）税收政策与管理中心、联合国、世界银行及其他国际组织的代表。有关各方聚焦如何构建增长友好型税收环境开展讨论，以期在推动“一带一路”国家（地区）经济增长的同时有效保障其税收收入。

税收征管论坛（FTA）是OECD于2002年7月发起的高级别税收论坛，目前共有包括OECD和G20成员在内的50多个国家和地区税务管理机构参加，在国际税收规则制定及国际合作方面具有重要意义。2021年4月15日，税收征管论坛（FTA）能力建设高级别会议通过视频形式召开。中国国家税务总局局长王军应邀出席并作主旨发言，介绍了中国推进税收征管数字化转型的进展情况，分享了中国推进税收大数据建设应用的实践经验，并对各国共同推进税收征管数字化进程提出三点倡议。

新发展阶段，税务系统将进一步落实习近平总书记在历届G20领导人峰会上关于国际税收合作的主要指示，落实党中央、国务院关于深化“放管服”改革和“稳外资稳投资”等要求，加快G20国际税制改革成果转化，以进一步深化征管改革为新起点，广泛开展税收事务的国际合作与交流，更好发挥国际税收职能作用，维护国家税基安全，夯实国际税收征管协作的法律基础，构建与我国对外开放新格局相适应、符合我国根本利益、与国际经济发展潮流和国际税收发展趋势基本一致的国际税收合作机制和治理体系，推进国际税收现代化进程，推动形成全面开放新格局，推动构建人类命运共同体。

典型案例

一起税收协同共治发现的案例

2019年10月，国家税务总局扬州市江都区税务局从区政府大数据平台获得环保部门提供的历史“沉睡”数据。按照数据交换操作规程，税务机关经风险管理部门清洗无效数据后，转化匹配金税三期系统中的纳税人税务登记、纳税申报、优惠备案等信息，再导入税收风险管理数据模型中，进行疑点扫描。根据税收优惠备案类风险指标和风险特征，分维度计算，进行积分权重排序后，发现A水务公司曾于2016年4月受到7万元的环保行政处罚，与此同时该公司在2016—2019年向税务机关申报了“享受资源综合利用即征即退税款”的优惠备案信息。

根据《财政部　国家税务总局关于印发〈资源综合利用产品和劳务增值税优惠目录〉的通知》(财税〔2015〕78号)[①] 第四条规定，已享受该通知规定的增值税即征即退政策的纳税人，因违反税收、环境保护的法律法规受到处罚(警告或单次1万元以下罚款除外)的，自处罚决定下达的次月起36个月内，不得享受该通知规定的增值税即征即退政策。税务机关认为，A水务公司可能存在“不该享受而享受资源综合利用即征即退税款”的风险点，遂按照税收法律法规和工作规程开展税收风险管理响应处理。

在分析A水务公司2016年5月—2019年4月的申报数据后，税务机关确认其存在违反税收法律法规行为，将风险疑点及相应税收政策以《提示提醒函》的方式，及时送达给A水务公司。该公司收到《提示提醒函》后，根据《提示提醒函》指向的疑点内容立即开展了自查。同时，税务机关及时向A水务公司提供纳税辅导，做好必要的政策解读宣传服务。A水务公司在回函中表

① 编者注，该文件自2022年3月1日起全文废止。参见：《财政部　税务总局关于完善资源综合利用增值税政策的公告》(财政部　税务总局公告2021年和40号)。

示认可公司违反环保法规的事实，主动申报缴纳了相关税款及滞纳金。

案例启示

这是一起通过大数据综合治税平台发现税收风险疑点的案例，为加强税收协同共治提供了有益的参考和借鉴。

一是建立税收协同共治体系是基础。逐步形成“党政领导、税务主责、部门合作、司法保障、社会协调、公众参与”的税收协同共治体系，分步实施、逐步完善政府职能机构的跨部门合作，在涉税信息共享、信用协同、管理互助的基础上，规范发挥各部门职能作用。通过建设完备的综合治税共享平台，做到涉税数据归集充分、经济数据分析深入，不断深化财税应用内容，借助云计算、大数据等技术，提高数据汇聚的广度和深度，探索更多领域的大数据合作，进一步解决涉税信息不畅、监控不力等问题，有效管控好税源。

二是完善情报管理体系是抓手。进一步健全与税收风险管理要求相适应的数据信息情报管理体系，构建全面、实时、动态化的数据监控网络，提高涉税数据采集、情报交换和深度分析应用能力，及时修改、编写最新的风险指标与参数设置，提升数据信息获取效率，为运用好税收数据信息夯实基础。

三是运用风险应对提示提醒策略是关键。经过数据深度分析后形成描述清晰、逻辑合理、指向明确、来源可查的风险提示信息，并将其推送给纳税人自查。风险处理环节前置后，可以帮助纳税人快速化解税收风险。对自查自纠到位的纳税人，不再实施约谈、核实、到户核查等应对方式，减轻纳税人负担，降低征税成本，实现征纳良性互动，用纳税人的遵从度建设和谐税收环境。

四是落实联合惩戒措施是保障。依法依规运用信用约束手段，让失信者“一处失信、处处受限”。通过构建跨部门、跨领域的多层级“防火网”，公开和共享严重违法失信纳税人的信用信息，促进其主动树立、提高法制观念及自我保护意识，积极承担、全面履行法律责任和信用责任。

作者：滕立青　汤　露

来源：《中国税务》2020 年第 10 期

延伸阅读

税务机关与纳税人的互动合作

税收管理成本高，其中，审计成本高是最重要的因素之一。因此，有效的审计方案是必需的，而且，只应实施那些能够有效识别逃税者的审计方案。许多战略以“警察与小偷”为导向进行逃税检查，即纳税人是小偷，检查者是努力抓获他们的警察。从这一观点出发，检查那些身份特征神秘，所谓“幽灵”的个人是重要的，这些人包括：情况不被知的个人，以及税务机关通过基于其申报所得进行审计而不能追查出的个人。它还关系到通过奖励举报者和税收检查人员来提高税收审计的效率。“警察与小偷”方式不仅成本高，效果难以预测，而且还会导致如何对控制者进行控制的问题。此外，这种方式在通过强迫纳税人遵守法律字面意义来限制逃税方面似乎是有用的，但是，它无法充分限制避税行为并激励纳税人自愿遵从法律精神。从有关逃税和避税的统计来看，毫无疑问，避税和法人犯罪是一个远远比个人所得税逃税严重得多的问题，因此，促进税务执法的其他方式无疑是必需的。

纳税人感知和选定的互动合作形式决定税务机关和纳税人之间的关系，考虑这一点是重要的。从互换的角度看，互动合作形式决定相关方的“心理契约关系”，从而形成税收道德以及最终自愿遵从。尤其是在税务机关有法定及专业权力的关系中，如果税务机关能够把纳税人视为公平的合作伙伴，而不是不愿意缴纳应纳税额的低等人来对待，就很有可能产生相互尊重、诚实和信任。

随着“新公共管理”理论的出现，税务机关也认识到把纳税人视为客户的必要性。使用导致“警察与小偷”心理的控制手段以及不合理的苛刻手段已经不合时宜，取而代之的是以教育和支持为特征的方式，这种方式在努力说服纳税人遵从方面更有前途。1992 年，艾尔斯（Ayres）和布雷思韦特（Braithwaite）提出了一种保证企业遵守规范性规则的新方法。政府的响应式管理方法是用金字塔的形式来表达的，自律型合作战略在金字塔的底部，对违法行为进行严厉制裁和摧毁在金字塔的顶部。该模型认为法律制裁不足以使纳税人遵从。相反，应把教育、说服以及对话作为提高遵从的策略。但是，在故意和反复不合作的情况下，则应实施经济和法律制裁。

各国税务当局正在通过把纳税人视为客户、解决他们的需求以及提高其财政意识等途径重建对待纳税人的方式。詹姆士等人阐述了提高自愿遵从的几种策略，包括：培训税务官员；改善公共关系；简化税法及程序公平；完善提供有效咨询及解决问题的组织机构；以及提高公民的税收责任意识。提高自愿遵从的策略，应该由导致对税务机关不信任的审计和罚款等命令和控制策略转向为了建立信任关系而改变纳税人的社会表征。

——［意］埃里希·科齐勒. 税收行为的经济心理学［M]. 国家税务总局税收科学研究所，译. 北京：中国财政经济出版社，2012：244－245.

《乌镇声明》（节选）

14. 增长友好型税收环境需要以健全的税收征管制度为支撑。我们重申法治原则在保障税收征管公平公正方面的重要性。

15. 因此，我们将尊重税收法治精神，遵守法律规定，并期望纳税人做出同样承诺。我们重申确保税收征管公平、透明和一致的承诺。

16. 我们决心以公平、可预期和协调一致的方式适用税法和税收协定。

17. 我们认识到，方便、快捷、高效且易于获得的国内税收争议预防和解决机制，对于建立投资者对税收体系公平性的信心至关重要。我们支持理事会成员继续努力，推动建立公平、协调、高效的国内税收争议预防和解决机制。

——《乌镇声明》（第一届“一带一路”税收征管合作论坛发布）

第七章　新时代税收法治之诚信思维

诚实守信，即诚信，首先是一个伦理范畴，是现代社会对各社会成员提出的一项重要道德要求。它是一个人的立身之本，着重于强调一个人的德行，侧重于维护道德人格和自我尊严。诚实守信中的“诚实”，意为人的言行与内心思想一致，不虚伪，而“守信”则是指讲信用，信守承诺，忠实于自己承担的义务。社会主义市场经济是信用经济、法治经济。经济学上将因诚实守信而产生的人际信任称为社会资本的核心。诚信之所以被如此看重和强调，是因为它在经济活动中确实扮演着极为重要的角色。有经济学家认为，信任是经济交换有效的“润滑剂”，世界上很多经济落后现象可以通过缺少相互信任来解释。也有经济学家认为，信任几乎是所有经济交易所必需的公共品德。社会学家对信任的理解可能更能够揭示出它在经济活动中的重要价值及作用机理。科曼认为，信任是追求在风险中达到最大化功利的有目的的行为，它可以减少监督与惩罚的成本。而卢曼更直接地指出，信任是简化复杂性的重要机制之一。

第一节　诚信思维的基本内涵

一、私法上的诚实信用原则

在民法中，诚实信用原则是一项重要的原则，该原则常常被称为民法特别是债法中的最高指导原则或称为“帝王规则”。一般认为，诚实信用观念起源于罗马法，在罗马法的诚信契约中，债务人不仅要依照契约条款，更重要的是要依照其内心的诚实观念完成契约所规定的给付。欧洲中世纪的教会法也规定，个人一旦作出允诺，便应当履行。根据教会法，谎言、伪证和虚假的誓言都是“言语上的罪过”，不遵守其话语和承诺者应当受到惩罚，违背誓言的行为构成一种不法状态，应当受到法律的制裁。在历史上，诚实信用原则主要适用于债之关系，至20世纪，西方国家日益借助于诚实信用原则解释法律和契约，诚实信用原则的适用范围不断拓宽，突破了债之关系而扩展到民法各个法域，包括物权法、亲属法、继承法，任何人在行使权利、履行义务时都应当依诚实信用原则为之，因而被称为民法中的“帝王规则”。20 世纪以来，诚实信用原则在民法中得以普遍运用，是民法发展的重要标志。在西方，诚信思想源远流长，诚信观念发达，诚信作用显著，它使刚性的法律永葆活力，充满人性的光辉，它是法律得以实现其正义价值的灵魂和保证，是法律充满生命力的基石。

1804 年的《法国民法典》第一千一百三十四条第三项规定：“契约应依诚信（善意）履行之。”1863 年制定的《萨克森民法典》第一百五十八条规定：“契约之履行，除依特约或法律之外，应谨守诚实信用原则，依诚实人所应为者为之。”1896 年公布并于 1900 年实施的《德国民法典》第一百五十七条规定：“契约应斟酌交易上的习惯，遵从诚信以解释之。”第二百四十二条规定：“债务人须依诚实信用，并且照顾交易惯例，履行其给付。”该规定奠定了诚实信用原则在债法上的地位。1907 年公布并于 1912 年生效的《瑞士民法典》第二条规定：“任何人都必须依诚实信用行使其权利并履行其义务。”这一规定标志着现代意义的诚实信用原则的确立，使诚实信用原则从债法上的原则扩充为全部民法的原则甚至一切权利义务行使与承担所应遵循的原则，为其成为所有法律关系的最高指导原则奠定了基础。

中国古代历来就有“民有私约如律令”的说法。古时商鞅立木为信、季布一诺千金，曾被传为佳话。古人历来提倡“君子一言，驷马难追”，“言必行，行必果”，儒学曾将“信”与“仁、义、礼、智”并列为“五常”，使其成为具有普遍意义的最基本的社会道德规范之一。守诚信、重允诺是中华民族优秀传统文化的重要组成部分。今天，诚信已经成为社会主义核心价值观的重要组成部分。我国《民法典》第七条规定，民事主体从事民事活动，应当遵循诚信原则，秉持诚实，恪守承诺。这一规定将道德规范在立法上确认为法律原则，弘扬了社会主义核心价值观中的诚信价值，确立了最基本的商业精神和最低限度的商业道德，有利于树立全社会诚实守信的道德观念，建立诚信社会。作为一项重要的法律原则，诚信原则属于强行法规范，当事人不得以其协议加以排除和规避。现在，诚信作为一项法律原则，不仅在民法债权行使及债务履行上适用，而且已扩充至整个私法的全部领域并被视为私法上的“帝王规则”。在私法领域，一般认为诚实信用原则具有以下功能①。

（一）确立行为规则的功能

在合同法领域，依据诚实信用原则产生的附随义务成为合同义务的重要来源。如在合同订立过程中，当事人应当依据诚实信用原则履行先契约义务，否则应当承担缔约过失责任。在合同订立以后履行期到来之前，当事人应当按照诚实信用原则的要求，做好各种履约的准备工作。合同履行期生效后，当事人不仅应当按照法律和合同的约定履行义务，而且应当按照诚实信用原则的要求，作出履行和接受履行。在履行完毕以后，当事人也应当按照诚实信用原则履行后契约义务。

在物权法领域中，诚实信用原则成为物权行使的一项重要规则。只有严格遵循诚实信用原则，物权人才能正当地行使物权并建立和谐的经济生活秩序，保障财产流转的正常进行。例如在相邻的不动产所有人和使用人之间，不得在自己的不动产之上存放向对方散发臭气的污物，从而损害邻人的利益。权利人应以善意的方式行使权利和履行义务，不得滥用权利损害他人利益。

在侵权法领域，诚实信用原则的适用范围也日益广泛。侵权法在许多领域也引用诚实信用原则，作为确定行为人是否对他人负有义务的依据。我国民法确定的安全保障义务，意味着侵权法从过去确立“无害他人”的普遍义务转变为在特定情况下要求行为人应“适当地关爱他人”，实际上是依据诚实信用原则产生的义务。

（二）填补法律和合同漏洞的功能

诚实信用原则可以运用于填补法律漏洞，也可以适用于填补合同漏洞。如合同的内容存在遗漏，即对一些合同的条款，在合同中并没有作出约定，可以依诚实信用原则填补漏洞。合同中的约定不明确，或者约定前后矛盾，可以依诚实信用原则加以完善或协调。

（三）衡平的功能

诚实信用原则要求平衡当事人之间的各种利益冲突和矛盾。平等主体之间的交易关系，都是各个交易主体因追求各不相同的经济利益而产生的，而各方当事人之间的利益常常会发生冲突或矛盾，这就需要借助诚实信用原则加以平衡。诚实信用原则不仅要平衡当事人之间的利益，而且要平衡当事人的利益和

① 王利明．民法总则［M］．北京：中国人民大学出版社，2020.

社会利益之间的冲突与矛盾，即要求当事人在从事民事活动过程中，要充分尊重他人和社会的利益，不得滥用权利，损害国家、集体和第三人的利益。

（四）解释的功能

诚实信用原则要求在法律与合同缺乏规定或规定不明确时，司法工作人员应依据诚信、公平的观念，准确解释法律和合同。在适用法律方面，诚实信用原则要求司法工作人员能够依据诚信、公平的观念正确解释法律、适用法律，弥补法律规定的不足。另外，诚实信用原则也是司法工作人员在解释合同时所应遵循的一项原则。

二、行政法上的诚实信用原则

随着社会经济的变迁，行政给付主体促进社会文明，增进人民福利，提升人民生活素质，已成为其责无旁贷的职责，诚实信用原则这一私法原则逐渐渗入公法领域，成为了诸如行政法等现代公法的一项重要原则。由于诚实信用原则是一个具有浓厚自然法色彩的基本原则，因而应将其看成是共通于所有法领域之间、超越于成文法之上的法理。同时，我们也不应将作为道德原则的诚信与作为法律原则的诚信简单分离。2004 年 3 月 22 日，国务院印发《全面推进依法行政实施纲要》，将诚实守信列为依法行政的基本要求之一，明确提出："行政机关公布的信息应当全面、准确、真实。非因法定事由并经法定程序，行政机关不得撤销、变更已经生效的行政决定；因国家利益、公共利益或者其他法定事由需要撤回或者变更行政决定的，应当依照法定权限和程序进行，并对行政管理相对人因此而受到的财产损失依法予以补偿。"

首先，诚实信用原则符合法的基本理念，体现了法的公平价值。我国台湾学者林继东曾写道："法律原为社会生活规范，为的是谋求社会生活之安定与发展，而欲求社会生活之安定与发展，则社会各分子间，自须诚信不欺才能达到其目的。从另一方面来说，法律之任务，是为了实现正义与公平。行使权利、履行义务，均依诚实信用原则，符合正义与公平的理想。特别是在今日福利国家时代，政府渗入人民私生活范围，日渐扩大，昔日在行政法上隐而未见的诚实信用原则，尤有适用于政府与人民相互间之必要。"① 其次，诚实信用原

① 林继东．行政法原论［M］．国立编译馆，1979：111—112．转引自刘莘，邓毅．行政法上之诚信原则刍议［J］．行政法学研究，2002（4）．

则在一定程度上缓解了具有稳定性的法律规范与生动的法律现实之间的关系，即当相应的法条无法回应现实时，需要具有灵活性的法律原则作为规范与现实之间的桥梁，来缓冲理论与现实之间的矛盾。最后，诚实信用原则可以更好地降低行政运作成本。原因在于其能够从立法环节便开始约束行政主体的行为，考虑行政相对人的参与性，从而在行政相对人的层面上达到降低其抵触成本的目的。

（一）诚实信用原则与其他行政法原则

诚实信用原则与信赖保护原则、依法行政原则、比例原则、合理原则等行政法原则，既有联系又有区别。诚实信用原则在行政法中的地位正表现在上述行政法一般原则的功能法解释基准上。

1. 诚实信用原则与信赖保护原则

诚实信用原则在行政法立法中，主要体现为信赖保护原则的确立。信赖保护原则被认为是诚实信用原则在行政法中的具体应用。其基本含义是，行政主体作出行政行为以后，行政相对人基于对行政行为的信赖而获得的正当利益应当受到保护，行政主体不得擅自变更、撤销已生效的行政行为。我国法律为了保护公民的利益，在《立法法》及《行政许可法》中都明确确立了信赖保护原则。我国《行政许可法》第八条规定，公民、法人或者其他组织依法取得的行政许可受法律保护，行政机关不得擅自改变已经生效的行政许可。行政许可所依据的法律、法规、规章修改或者废止，或者准予行政许可所依据的客观情况发生重大变化的，为了公共利益的需要，行政机关可以依法变更或者撤回已经生效的行政许可。由此给公民、法人或者其他组织造成财产损失的，行政机关应当依法给予补偿。

信赖保护原则的基本要求有以下四个方面：第一，行政行为一经作出，非因法定事由不得随意变更、撤销。第二，行政主体作出授益性行政行为后，事后即使发现存在违法情形，只要这种违法情形非因行政相对人的过错，行政主体不得变更或撤销该行政行为，除非不变更或撤销会严重损害国家、社会公众利益。第三，行政主体据以作出行政行为的法律规范修改或废止，或客观情况发生重大变化，为保护社会公共利益，行政主体可以变更、撤销已作出的行政行为。但前提是经过利益衡量，所获得的公共利益确实大于对行政相对人可能造成的利益损失。第四，非因行政相对人的过错，行政主体变更、撤销已生效行政行为的，要对行政相对人因此受到的损失予以补偿。

虽然诚实信用原则和信赖保护原则均体现公平正义法的基本精神。但诚实信用原则并不能等同于信赖保护原则。诚实信用原则起源于罗马法的善意与平衡观念，是民法的基本原则，具有真诚、信用、合理的道德精神，更注重说服和合作，而不再是单纯的行政命令，并不具备明确的规范性内涵和可予适用的标准。信赖保护原则尽管也有建立诚信之作用，但它更注重国家之安定和人权利益之基本保障，更关注相对人基于对公权力的信赖而应予以保护的利益问题。但诚实信用原则和信赖保护原则体现的精神是一致的，那就是真诚善意、公平合理，体现法的精神。信赖保护原则的确立，为诚实信用原则适用于税法也提供了良好的环境。因为行政机关只有在满足诚实信用原则的前提下，才能满足信赖利益保护原则的要求。

2. 诚实信用原则与比例原则

比例原则，是指行政机关实施行政行为应兼顾行政目标的实现和保护相对人的权益，如为实现行政目标可能对相对人权益造成某种不利影响时，应使这种不利影响限制在尽可能的范围和限度内，保持二者处于适度比例。诚实信用原则与比例原则都是从善意出发，合理处理事务，但比例原则侧重点是强调适度的比例，目的比较明确，它要求达到行政目的是必要的，其衡量标准是可能取得的公益大于可能损失的私益，在多种方案中择其成本最小、收益最大的方案。

3. 诚实信用原则与依法行政原则

依法行政原则，是指行政机关行使行政权力，管理公共事务必须有法律的授权，并依据法律规定。它包括法律优先原则和法律保留原则。依法行政原则要求任何行政活动必须有法律依据，必须符合法律规定。诚信是行政法的一种内在道德要求，诚实信用原则体现的是一种人本思想，自由裁量权较大，而依法行政是依法治国的基本要求，是统治阶级的意志体现和核心利益所在，在依法治国的大方略下，尽管诚实信用原则随着社会的发展成为重要的行政法原则，但行政法中诚实信用原则的主要目标是限制行政机关自由裁量权，其适用必然受依法行政原则的制约并具有一定的特殊表现。

4. 诚实信用原则与合理性原则

合理性原则是行政机关行使权力应当客观适度，符合理性。它要求行使权力的内容和结果应当公平适度，合乎情理，具有可行性。合理性原则是诚实信用原则的应有之义，但它比诚实信用原则明确具体，有可操作性和执行性。

上述诚实信用原则与诸原则的关系中，既有联系又有区别，诚实信用原则有自己的内容和机能。行政法中的诚实信用原则是在行政法领域，以社会公益为目的，在立法、执法、司法和守法过程中体现真诚、信用、合理精神理念的一般规范总称，将诚实信用原则引入行政法，用诚信理念整合行政法是促使行政权力有效、合法实施的必经途径。在公法与私法相对融合不断深入的背景之下，行政机关和人民的关系也在发生着根本性的变化，公权力不得不致力于自身公信力的提升，保护人民基于信赖所产生的合法与合理的利益，以维持公共秩序的安定性。诚实信用原则从私法领域到公法领域的演变，反映了新的历史条件下，人民对政府所怀有的真诚、善意、守信、合理的道德期许和伦理要求。

（二）诚实信用原则在行政法上的具体表现

如今，诚实信用作为行政法的一项重要原则已成为学界共识。对行政机关而言，诚实信用原则的要求具体表现在：第一，行政职权的运用须以维护公共利益作为基本出发点和最终归宿；第二，行政职权的运用须顾及相对人权益；第三，行政机关应保证意思表示的真实、准确、全面，避免模棱两可、含糊其辞、片面以及错误的情况；第四，行政机关应恪守信用，保护相对人的正当信赖；第五，行政机关应及时行使行政职权，超过合理期限行使职权将构成违法；第六，行政机关行使职权应注意平衡公益和私益，保证行政决定的公平合理。

对于行政机关工作人员而言，诚实信用是一项基本的职业道德也是法律义务，具体表现为：全心全意为人民服务；忠实于法律，忠实地履行职务，做好本职工作；讲究信用，恪守诺言；诚实不欺；不得损人利己，即不得损害相对人利益、他人利益或公共利益来为自己或者本机关谋取私利；基于善意而非恶意地从事活动；与相对人真诚协商；行为依据、重要事项、理由及方式等的告知；与其他行政机关互助合作。

对行政相对人而言，诚实信用原则要求，相对人行使权利、履行义务应怀有善良动机，不得谋取非法利益，应保证其意思表示的真实准确，应言而有信，不得出尔反尔，反复无常，应及时主张自身权益，超过合理期间，其权益主张将不能得到支持。

三、诚实信用原则在税法中的适用

税法通常被划入经济法中作为一个子部门，而税法作为公私法融合产物之经济法的重要组成部分，不但具有很强的“公法”特征，而且还同时具有一定的“私法”色彩。公法如行政法中禁止权利滥用、比例原则、信赖利益保护原则的应用，诉讼法中财产保全方面的诚信要求，都表明原为私法原则的诚信原则之精神早已体现于公法领域，完全可以适用于担负经济管理职能的税法之中。世界上的很多国家，如大陆法系的日本、德国等，不论在税法理论和税法实践中都逐渐采纳了诚实信用原则。新时代以来，随着我国社会信用体系建设，诚实信用原则在我国税法领域的适用，具有日益充分的理论基础和实践意义。

（一）诚实信用原则在税法上的定位

诚实信用原则在税法上的定位，主要表现在诚实信用原则与税收法定原则在宗旨上具有的一致性，以及在具体适用上的互补性和差异性上。

诚实信用原则侧重于国家以及税务机关与纳税人之间的利益平衡，它要求征纳双方必须诚实、善意地行使权利、履行义务，确保国家和纳税人的利益都得到实现。而税收法定主义原则侧重于通过国家征税权力的限制达成保护人民的合法私有财产权不受侵犯的目的，同时也强调税务机关依法征税和纳税人依法纳税。因此，二者具有一致性和互补性。现代意义上的税收法定主义，已不再是单纯的形式上的税收法定主义，而是贯穿立法、执法、司法、守法全过程，是实体与程序相统一、具有现代法律精神和以维护人权为己任的税收法定主义。可见，税收法定主义原则和诚实信用原则在宗旨上是基本一致的，只是其侧重点有所不同。

首先是诚实信用原则与税收法定原则的相互补充。这体现在税收法定原则的落实与税法漏洞补充。按照税收法定原则要求，税法解释只能在可能的文义范围内进行。而税法漏洞并没有体现在法律的文义中，而是在文义之外的不圆满性，即与立法意图相悖。[①] 因此，此时便需适用诚实信用原则来对税法漏洞进行补充。其次是税收法定原则与法不溯及既往。诚实信用原则的一个重要机能就是在当事人之间确定诚实守信、以善意方式行使权利和履行义务的原则，

---

① 刘剑文．税法基础理论［M］．北京：北京大学出版社，2004：119.

其宗旨是在法律生活中，当事人不得对对方的合理的期待和信赖采取背信弃义的行为。而税收法定原则的机能也正是在于使国民的经济生活具有法的稳定性和预测可能性。如果实施溯及既往的变更，不仅会给纳税人带来不利，违反课税中的信义规则，而且也违反“法不溯及既往”这一公认的法治原则。此时，保护法的安定性和法的预测性的税收法定原则与保护纳税人信赖利益的诚实信用原则是一致的。

其次是诚实信用原则与税收法定原则的选择适用。诚实信用原则追求的是具体个案的妥当性与实质的合理性，而税收法定原则追求的是外在的客观性和形式的合法性，由于二者的追求并不完全相同，冲突在所难免。在协调二者的关系时，要坚持税收法定原则第一位。税收法定原则作为一项基本原则出现在税法中，具有最高法律原则的地位。而诚实信用原则是在法无明文规定的前提下被适用的，即是在税法漏洞或是税法规定模糊的情况下才适用。其目的在于平衡国家与纳税人的利益，实现税法的正义，是税收法定原则必要而有益的补充。一般情况下，税收实体法和程序法的制定和执行应当适用税收法定原则，即便在税务行政处罚和税务行政诉讼等方面，也应当首先适用税收法定原则。与税收法定原则不同，诚实信用原则是作为对抗个案的不公平手段适用的。因此，只有在纳税人与税务机关之间已经确立具体的税收法律关系，适用税收法定原则可能发生个案的不公平时，甚至危及税法的安定性时，方可考虑适用诚实信用原则。而且这种适用要满足一定的条件，避免因滥用诚信原则破坏和损害税收法定这一基本原则。

（二）诚实信用原则在税法上的价值

诚实信用原则适用于税法的功能大致可以概括为四个方面。首先是指引功能，即诚实信用原则作为一种行为规范，为征纳双方提供了一定的行为模式，设定了一定的标准指示或引导人们的行为。其次是补充功能，诚实信用原则对现行的税收法律和法规政策适用时，特别是法律规则模糊或事实难以认定的情况下，具有解释和补充的作用。再次是评价功能，即诚实信用原则作为一种行为规则具有评判和衡量税收征管主体是否合乎社会普遍认同的价值观念和价值取向的作用。最后还兼具教育功能。诚实信用原则对于征纳双方未来的税款征收缴纳行为产生一定的影响，是评价功能的延伸。[①]

---

① 陈少英．中国税收守法基本问题［M］．北京：中国税务出版社，2006：58－59.

当人们日常生活中的经济活动开始频繁时，纳税人与税务机关之间的沟通和交流也日益增多，如何平衡处理好纳税人和税务机关两者之间的关系，就变得前所未有地重要。只有营造一个公平、公正、和谐、透明的税收环境，对双方各自的义务进行约束，对权利进行保障，才能让纳税人和税务机关之间以最大限度和谐共处。诚实信用原则适用于税法，为营造良好的税收环境提供强有力的保障，对于打造市场化、法治化、国际化的税收营商环境是十分有益的。

当前，在我国税收征纳活动日益复杂、税收争议不断出现、税收立法不完善的时代背景下，肯定具有高度抽象特征、以追求实质法治为宗旨的诚实信用原则在税法中的调整作用，逐步加深对该原则的理解和适用，对于促进我国税收事业向法治化、规范化方向发展，平衡征纳双方的权利义务，实现税法的公平正义都具有极为重要的意义。

1. 平衡涉税各方利益

英国古典经济学家亚当・斯密认为，“没有诚信就没有市场经济。如果追求金钱名利超出对智慧和道德的追求，整个社会便会产生道德情操的堕落，结果是诚信原则被践踏，市场经济趋于混乱”。在市场经济条件下，由于纳税主体往往从自身利益出发，追求个体利益最大化，有规避纳税义务的动机。而征税主体则主要以完成税收任务为目标。有的纳税人诚信纳税的意识淡薄，想尽办法偷逃税、骗税，从根本上损害了国家的税收利益。个别税务机关在税务执法中忽视纳税人的信赖利益，甚至以权谋私、以税谋私，既侵害了纳税人的利益，也削减了纳税人诚信纳税的积极性。还有的中介机构不择手段，帮助不法分子策划并实施税收违法行为，逃避税务监管，危害国家税收利益。将诚信原则引入税收治理过程中，在一定程度上有利于涉税各方利益平衡。

2. 促进税法规则适用

在税收实践中，税收法定原则下的税法适用并不是机械和教条的，将税法规则应用于复杂、鲜活的社会生活中，必然面临对税法条文的解释问题、对争议事实的认定问题、对法律漏洞的补充问题等。由于税法具有专业性和复杂性，依法纳税一方面离不开专业人员或税务工作人员的相关服务和指导，另一方面在出现税企争议时，也需要贯彻诚信原则，以确保个案处理的公平与正义。一般在遵守税收法定原则的前提下，当税法需要解释或补充漏洞时，比起依课税目的进行处置，若配合诚实信用原则的精神则更能平衡各方利益，彰显税收公平的理念。对纳税主体而言，面对国家种类繁多的税种和相应的税收政策，纳税主体可依据相关的法律和政策选择企业组织形式，合理安排交易行为，从而承担较轻税负或享受税收减免优惠。例如近几年，国家积极推进减税降费，关于企业税收的优惠减免政策不断推出，这就给企业减少了很多负担，也让企业把更多的资金投入产品研发和市场推广等方面，让企业不断创新，扩大销售。这对于企业来说，是一举多得的合法的成本管理行为，是税法对人们行为发挥指引作用的表现。这也要求该行为指引所依据的税务机关对特定涉税行为的认定和涉税情况的解释具有公信力，只有对税务机关提出诚信要求，否定其不稳定课税行为的效力，才能为税收法治与和谐税收保驾护航。

3. 降低税收征纳成本

征税成本是指国家（政府）为征税所支付的费用，包括立法成本、执法成本和司法成本。其中，执法成本是主要的。纳税成本是指纳税人为履行纳税义务，依法缴纳税款所支付的各种费用。如纳税人为办理涉税事项支付的各种费用、交通费用和时间损失，为纳税事项聘请会计师、税务师办理涉税事务所支付的费用，以及应对税收检查带来的成本等。征纳双方诚信意识的淡薄是税收征纳成本较高的原因之一。[①] 在税收治理中贯彻诚实信用原则，提高征纳双方彼此诚实守信水平，有利于提高税收遵从，提高税收征管效率，降低税收成本。

4. 提高税法遵从度

从我国目前的税收征信状况来看，由于纳税人的非诚信行为，导致国家税收损失，也危害国家税收秩序，破坏市场公平竞争环境，对其行为的可归责性显而易见，不能姑息。如果仅仅依靠国家征缴税款的强制力，纠正和惩戒的覆盖面极其有限。必须将诚信纳税作为一项法律义务，在全社会普及诚信纳税观，才能更加有效提高全社会税法遵从水平。诚实信用是对于整个纳税活动中各个环节征纳主体行为提出的概括性要求，就纳税人而言，不仅要求其在申告活动中诚实申告，不偷逃税款，还要求其不滥用程序性权利，善意履行记账、保存、配合检查等附随义务。因此，仅对欠缴税款有强制措施保障不代表税收活动其他方面不需要诚信原则的规制。

---

① 杨卫华．降低税收成本　提高税收效率［J］．税务研究，2005（3）：4.

第二节 税务规范性文件与诚信思维

税务规范性文件，是我国税法体系的重要组成部分，在税收治理中具有不可替代的重要作用。税务机关制定税务规范性文件，要坚持诚信思维，税务规范性文件必须予以公布才能对广大税务行政相对人产生效力，税务规范性文件一旦公布，就应具有一定的稳定性，不宜朝令夕改。税务规范性文件原则上不得溯及既往，特别是对行政相对人利益产生不利影响的情况下，应禁止对公布生效之前的事项具有溯及力。

一、税务规范性文件制定的稳定性

稳定性是法律规范的内在特征之一，也是保持税法权威性的关键。税务机关在制定税务规范性文件时，应当贯彻诚实信用思维，尽可能保持规则的稳定性和权威性。税法一经制定和公布施行，就不能随意变动，如果税法变动频繁，朝令夕改，行政相对人就无法以税法为标准预测自己的涉税行为后果并调整自身的行为，亦无法预测他人的涉税行为并采取相应行动。其结果将会是基于信赖的社会行为模式无法建立，基于投机的短期行为、冒险活动大量增加，正常安定的税收秩序就无法建立，国家的税收信用和权威将受到严重影响。诚然，税法的稳定性与立法的科学性、民主性密切相关。如果税法从立项到内容都缺乏科学论证、民意基础，甚至违背客观规律，那么这个税法就难有稳定性。

国内外的立法实践充分证明，要减少和防止行政立法中的盲目性、随意性，就必须充分重视并运用立法预测和立法论证，在综合分析有关信息和来源的基础上，科学合理性地进行立法决策与规划。《税务规范性文件制定管理办法》（国家税务总局令第 53 号）第十七条规定，起草税务规范性文件，起草部门应当深入调查研究，总结实践经验，听取基层税务机关意见。起草与税务行政相对人生产经营密切相关的税务规范性文件，起草部门应当听取税务行政相对人代表和行业协会商会的意见。起草部门可以邀请纳税服务部门和政策法规部门共同听取意见。

税务机关要通过诚信引领行政相对人诚信，成为行政相对人诚信建设的最佳示范，还必须注重规范性文件和税收政策的稳定性、连续性。税务行政管理中，税务机关制定的各类规范性文件和税收政策，其实质是对行政相对人各种利益的权威性分配。税收政策要适应经济社会发展的需要，就要随着经济社会的发展进行必要的调整。但同时也要注意稳定性、连续性，如果税务规范性文件和税收政策经常朝令夕改，行政相对人就会失去对税务机关及其制定的规则、政策的信赖，如此，规范性文件和税收政策虽出自公权力，也会有"权"无"威"，其诚信示范的作用很难达到。

二、税务规范性文件制定的可行性

在税务规范性文件制定过程中，应当贯彻诚实信用思维，确保过程公开透明，用语精确明晰，规则设定科学具有可行性。可行性，是指所制定规范性文件能够清晰明确地理解，且与社会现实条件相适应，能够在社会中产生与立法意图一致的作用的程度或状况。梁启超先生曾言："法律之文辞有三要件：一曰明，二曰确，三曰弹力性。"[①] 霍布斯在《利维坦》一书中也讲到，"良法就是为人民的利益所需而又清晰明确的法律。"在税务规范性文件制定中，设定行政相对人义务时，必须考虑该义务对维护税收秩序的必要性和现实操作的可操作性，对相对人来说，是能够按规定履行的。设定和配置税务管理行政职权时，除符合宪法、法律、行政法规等上位法规范外，应充分结合实际，充分评估其正当性。要避免职权非理性扩张对行政相对人造成压迫，也不得利用行政立法机会，出于部门利益而任意扩张和不合理配置行政职权。国家税务总局《税务规范性文件制定管理办法》（国家税务总局令第 53 号）第九条规定，制定税务规范性文件，应当做到内容具体、明确，内在逻辑严密，语言规范、简洁、准确，避免产生歧义，具有可操作性。

三、原则上法不溯及既往

"法不溯及既往"是一项基本的法治原则。所谓"法不溯及既往"，是指法律文件的规定仅适用于法律文件生效以后发生的行为，对于法律文件生效以前的行为不适用。法律规则具有指引作用，无论是确定的指引还是不确定的指引，都是为人们提供一个既定的行为模式，引导人们依照相应的规则实施自己

① 梁启超．梁启超法学文集［M］．范忠信，选编．北京：中国政法大学出版社，2004.

的行为。而新法颁布之前，并不存在新法提供的既定的行为框架或界限，所以颁布后的新法就不能依据该模式对之前人们的行为去引导。换句话说，新法颁布前人们的行为，只能按照当时的法律来调整。简言之，就是不能用今天的规定去约束昨天的行为。

我国《立法法》第九十三条对法不溯及既往作了原则性的规定，即："法律、行政法规、地方性法规、自治条例和单行条例、规章不溯及既往，但为了更好地保护公民、法人和其他组织的权利和利益而作的特别规定除外。"《税务规范性文件制定管理办法》（国家税务总局令第53号）第十三条规定，税务规范性文件不得溯及既往，但是为了更好地保护税务行政相对人权利和利益而作出的特别规定除外。这一规定是解决行政立法溯及效力问题的基本法律依据。首先，它确立了法不溯及既往的一般性原则，明确规定国家的所有法律文件，包括法律、行政法规、地方性法规、自治条例和单行条例、规章，均不得溯及既往。其次，它也确立了有利溯及的补充性原则，规定为了更好地保护公民、法人和其他组织的权利和利益而作的特别规定除外。由此可见，"法不溯及既往"亦是诚信思维在立法领域的一项基本要求。因此，税务机关原则上不能制定税法规范以调整该规范生效之前的行为。

首先，诚信思维要求税务机关在制定税收规范和政策时要做到善意真诚，考虑行政相对人的权益，尽量为行政相对人和相关利益主体的利益着想。要求规则制定者不能制定适用于其规范生效之前的行为和事实的法律规范，集中体现出诚信原则善意真诚的要求。税务规范性文件是纳税人、扣缴义务人、缴费人等广大税务行政相对人履行纳税缴费义务、合理安排生产经营活动的重要准则和依据，也是各级税务机关和税务执法人员开展税务监管和执法活动的准则和依据。税务规范性文件一旦发布后，基于对税务机关的信任，税务行政相对人将按照规范性文件的要求从事生产经营活动的安排，处置其法律权益，并由此形成既得权益。如果税务机关在新制定的规范中规定了溯及既往的条文，将是对税务相对人既得权益的漠视，并侵害其既得权益，进而危及其对税务机关的信任，由此违背了顾及公民权益的善意真诚要求。

其次，信守承诺是诚信思维的基本内容之一，信守承诺要求税务机关不得随意擅自修改其发布的规范性文件。规范性文件的发布可视为税务机关作出了一个承诺：税务机关将保证税务相对人符合该规范要求的行为产生预期的效果。基于国家权力的代表效应，税务行政相对人往往对税务机关的承诺——规范性文件的发布——报有极高信任，会按照该规范性文件的要求从事生产和安排生活。税务行政相对人遵守行政规范性文件的行为导致了征纳双方建立起一种税收管理上的承诺关系。一旦税务机关在日后制定溯及既往的规范性文件，相对人按照原有规范从事的生产、生活安排将可能受到否定评价，因此而获得的权益也将不能受到保护，税务机关先前的承诺如同一张废纸。此种情况无疑构成税务机关对先前承诺的背离，不符合诚信原则的恪守信用要求。

最后，公平合理是诚信思维的应有之义。公平合理要求在溯及既往与保护相对人信赖利益之间进行必要的平衡。税务机关制定和发布的规范性文件并非一概不能溯及既往。为适应经济社会发展和公共利益需要，税务机关有时需要制定溯及既往的规则。但基于保护行政相对人信赖利益和既得权益的考虑，税务机关在制定具有溯及效力的行为规范的时候，必须满足公平合理的诚信原则要求。因此，税务规范性文件的制定坚持以不溯及既往为原则，只有在十分必要且对行政相对人有利时，方可考虑溯及既往，这是立法者对守法者的诚实义务的体现。立法者必须取信于民，不能随便反悔，以确保国家税收管理秩序的连续性与稳定性。

四、考虑情势变更因素

情势变更的概念源自民法。《民法典》第五百三十三条规定，合同成立后，合同的基础条件发生了当事人在订立合同时无法预见的、不属于商业风险的重大变化，继续履行合同对于当事人一方明显不公平的，受不利影响的当事人可以与对方重新协商；在合理期限内协商不成的，当事人可以请求人民法院或者仲裁机构变更或者解除合同。人民法院或者仲裁机构应当结合案件的实际情况，根据公平原则变更或者解除合同。在民法中，情势变更原则的意义，在于通过司法权力的介入，强行改变合同已经确定的条款或撤销合同，在合同双方当事人订约意志之外，重新分配交易双方在交易中应当获得的利益和风险，其追求的价值目标是公平和公正。在税务规范性文件的制定中考虑情势变更因素，是诚实信用原则的必然要求，也是税务诚信思维的应有之义。

黑格尔指出："法律绝非一成不变的，相反地，正如天空和海面因风浪而起变化一样，法律也因情况和时运而变化。"① 一方面，立法主体在制定规则

---

① ［德］黑格尔．法哲学原理［M］．范扬，张企泰，译．北京：商务印书馆，2016.

时，应当考虑情势变更因素，即出现行政相对人无法预见的、非双方过错原因，使得行政相对人继续履行行政规则所设定的义务，将对相对人明显不公平的，应当有相应的调整或宽容机制。在我国税法中，此类规则并不鲜见。如《税收征管法》第三十一条规定的纳税人申请延期缴纳税款制度，纳税人、扣缴义务人按照法律、行政法规规定或者税务机关依照法律、行政法规的规定确定的期限，缴纳或者解缴税款。纳税人因有特殊困难，不能按期缴纳税款的，经省、自治区、直辖市税务局批准，可以延期缴纳税款，但是最长不得超过3个月。这里的特殊困难主要是指因不可抗力，导致纳税人发生较大损失，正常生产经营活动受到较大影响的，或者当期货币资金在扣除应付职工工资、社会保险费后，不足以缴纳税款的。该条规定既是在立法设定纳税人、扣缴义务人依照法定期限缴纳税款义务的同时，充分考虑到纳税人、扣缴义务人因情势变更致使无法按规定期限履行义务，如果对此直接以违法评价，对纳税人、扣缴义务人则显失公平，因此规定允许纳税人、扣缴义务人与税务机关"重新协商"——即申请批准后，延期缴纳税款。

另一方面，有权制定行政规则的主体，在情势变更发生时，应当及时调整或发布新规则，协助和支持行政相对人纾困解难。如2020年1月，新冠肺炎疫情发生后，国家税务总局发出《关于优化纳税缴费服务配合做好新型冠状病毒感染肺炎疫情防控工作的通知》（税总函〔2020〕19号），要求各级税务机关根据疫情防控需要延长申报纳税期限。对按月申报的纳税人、扣缴义务人，在全国范围内将2020年2月的法定申报纳税期限延长至2月24日；湖北等疫情严重地区可以视情况再适当延长，具体时间由省税务局确定并报税务总局备案；纳税人、扣缴义务人受疫情影响，在2020年2月申报纳税期限延长后，办理仍有困难的，还可依法申请进一步延期。税务机关考虑情势变更因素，及时制定规则，帮助纳税人、扣缴义务人度过困难，体现了税务机关在税务行政立法中对税务行政相对人的诚实善良、信任和协助，正是诚信思维的核心价值所在。

第三节　税务行政活动与诚信思维

行政活动及其程序应具有真实性、确定性与善良性。行政主体作出行政活动，应出于真实善良的目的和意图，意思表示真实、准确，真实性不只适用于行政法律行为，也应包括行政事实行为如咨询、提供信息等。虚假、错误的行政行为造成公民合法权益损害的，行政主体负有赔偿义务。行政行为一经作出，即具有确定性，非经法定事由和法定程序不得随意撤销、更改或废止。这既是行政活动连续性、一致性与稳定性的要求，也是保障公民权益的要求。在程序方面，行政机关负有确保透明度的义务。行政机关不仅要真实提供情报信息、告知当事人有关权利义务、如实说明情况和理由等，而且告知错误的还应负担其因告知错误的责任，以真正符合诚实信用原则。如《税务行政复议规则》第三十五条关于行政复议申请期限的计算中第（五）项规定，税务机关作出具体行政行为时未告知申请人，事后补充告知的，自该申请人收到税务机关补充告知的通知之日起计算。第二款规定，税务机关作出具体行政行为，依法应当向申请人送达法律文书而未送达的，视为该申请人不知道该具体行政行为。

一、税务行政协议与诚实信用

行政协议，也称为行政合同，是指行政机关为了实现行政管理或者公共服务目标，与公民、法人或者其他组织协商订立的具有行政法上权利义务内容的协议。行政协议是现代行政法中合意、协商等行政民主精神的具体体现。合同原属于私法的范畴，但随着给付行政、积极行政的发展，以及软法治理理念的深入，在一定场合、条件下行政机关借助于行政协议实现行政管理的目的，已成为现代社会中行政机关不可不运用的一项行政手段。行政协议具有行政性、合意性和法定性的特点。行政协议的“合意性”要求行政合同的订立必须以行政机关与行政相对人共同协商一致为前提。这一特征决定了行政协议仍然属于合同的范畴。首先，行政相对人对行政合同是否订立、行政合同内容等有一定的选择权。这种选择权是契约自由原理的具体体现，行政合同在一定程度上仍然反映这一特点。其次，行政协议的内容具有可妥协性。这种妥协性表现在行政相对人有权提出修正行政协议内容的建议，行政机关可以根据具体情况对行政相对人的要求作出适当的让步。因此，与民事活动中的合同一样，诚实信用原则同样是行政协议的重要支撑。由于行政协议一方为行政机关，具有实际上的优越性，在行政协议中坚持诚实信用尤为重要。

《最高人民法院关于审理行政协议案件若干问题的规定》（法释〔2019〕17

号）第十一条规定，人民法院审理行政协议案件，应当对被告订立、履行、变更、解除行政协议的行为是否具有法定职权、是否滥用职权、适用法律法规是否正确、是否遵守法定程序、是否明显不当、是否履行相应法定职责进行合法性审查。原告认为被告未依法或者未按照约定履行行政协议的，人民法院应当针对其诉讼请求，对被告是否具有相应义务或者履行相应义务等进行审查。第二十七条规定，人民法院审理行政协议案件，应当适用行政诉讼法的规定；行政诉讼法没有规定的，参照适用民事诉讼法的规定。人民法院审理行政协议案件，可以参照适用民事法律规范关于民事合同的相关规定。在最高人民法院发布的指导案例76号：A房地产开发有限公司（以下简称A公司）诉某市国土资源局不履行行政协议案［（2014）萍行终字第10号］中，法院生效裁判认为：行政协议是行政机关为实现公共利益或者行政管理目标，在法定职责范围内与公民、法人或者其他组织协商订立的具有行政法上权利义务内容的协议。本案行政协议即是市国土局代表国家与A公司签订的国有土地使用权出让合同。行政协议强调诚实信用、平等自愿，一经签订，各方当事人必须严格遵守，行政机关无正当理由不得在约定之外附加另一方当事人义务或单方变更解除。本案中，TG－0403号地块出让时，对外公布的土地用途是开发用地为商住综合用地，出让合同中约定，出让宗地的用途为商住综合用地，冷藏车间维持现状。但市国土局与A公司就该约定的理解产生分歧，而该市规划局对B肉类联合加工厂复函确认TG－0403号国有土地使用权面积23173.3平方米（含冷藏车间）的用地性质是商住综合用地。市规划局的解释与挂牌出让公告明确的用地性质一致，且该解释是市规划局在职权范围内作出的，符合法律规定和实际情况，有助于树立诚信政府形象，并无重大明显的违法情形，具有法律效力，并对市国土局关于土地使用性质的判断产生约束力。因此，对市国土局提出的冷藏车间占地为工业用地的主张不予支持。A公司要求市国土局对萍国用（2006）第43750号土地证（土地使用权面积8359.1平方米）地类更正为商住综合用地，具有正当理由，市国土局应予以更正。A公司作为土地受让方按约支付了全部价款，市国土局要求A公司如若变更土地用途则应补缴土地出让金，缺乏事实依据和法律依据，且有违诚实信用原则。

二、税务行政指导与诚实信用

行政指导是行政机关基于国家的法律、政策的规定而作出的，旨在引导行政相对人自愿采取一定的作为或者不作为，以实现行政管理目的的一种非职权的行为。行政指导是现代行政法中合作、协商的民主精神发展的结果，也是现代市场经济发展过程中对市场调节失灵和政府干预双重缺陷的一种补救方法。在现代行政法中，行政指导具有行政职权行为无可替代的法律地位。

行政指导方法多样，如指导、引导、辅导、帮助、通知、提示、提醒、提议、劝告、规劝、说服、劝诫、劝阻、建议、意见、主张、商讨、协商、沟通、赞同、表彰、提倡、宣传、推荐、示范、推广、激励、勉励、奖励、斡旋、调解、调和协调、指导性计划（规划）、导向性行政政策、纲要行政和发布官方信息、公布实情等，均可归入行政指导的范畴。2021 年 4 月，国家市场监督管理总局针对阿里巴巴公司滥用市场支配地位行为，在作出行政处罚的同时，向阿里巴巴公司下达了《行政指导书》，指导该公司进行全面整改，依法合规经营，建立健全公平参与市场竞争的长效机制。

在我国，国家与纳税人的相互依存关系，决定了代表国家进行税务行政管理的税务机关对纳税人实施行政指导制度，防范纳税人的税收风险，不仅具有必要性，而且是税务机关的一项重要的日常工作。税务行政指导是行政指导制度在税收征管中的运用，是指税务机关在其职能、职责或管辖事务范围内，基于国家的法律精神、原则、规则或政策，适时灵活地采取指导、劝告、建议等非强制性方法，引导行政相对人自愿采取一定的作为或不作为，以有效实现行政管理目的一种非职权行为。

在税务行政管理中，税务行政指导行为也越来越多，形式方法呈多样化趋势。随着依法行政的不断推进，税务机关对自身执法的方式也在不断改进，推行行政指导制度逐渐成为税务行政一项具体工作。税务行政指导具有以下特征①：

一是行政性。税务行政指导虽然不是一种行政职权性行为，但却是基于税务机关的行政职能而作出的，属于一种行政行为。其实施的主体是税务行政机关，指导的对象是税务行政相对人，实施的依据是国家法律、法规，实施的目的是有效实现行政管理，同时，行政机关实施行政指导也要受到行政监督。

二是非强制性。税务行政指导与税务行政处罚、税务行政强制等行政行为的重要区别就是非强制性。税务行政指导虽然是一种具体的行政行为，但这类行政

---

① 安徽省马鞍山市地方税务局课题组．税务行政指导制度的探索与实践［J］．税收经济研究，2013（6）．

行为并不设定或者确定指导对象的法定义务，只是对指导对象提出引导、劝告、建议等非强制性意见。如果指导对象不愿意接受，税务机关既不能强制指导对象接受，更不能对指导对象采取制裁措施。

三是自愿性。税务行政指导的自愿性是与非强制性紧密相连的。税务行政指导的本质是一种非职权性行政行为，指导的对象是否接受指导取决于自愿性，不具有必须服从和接受的义务，不接受也不会产生任何法律后果。

四是对行政相对人的有利性。税务机关作出的一个非强制性的行政行为，之所以有存在的实际意义，指导对象能够自愿接受，是因为这类行政行为对指导对象而言是一种有利的行政行为。不论是引导、劝告还是建议、提示等行政指导的方式，其目的都是为了指导对象的利益，避免其税收风险。从实施税务行政指导的结果而言，也确实能够为指导对象避免许多不利法律后果的发生。例如，如果当事人在5年内因逃税受过两次以上行政处罚或一次以上刑事处罚，税务机关就可以提示当事人，如果5年内再有逃税行为，逃税数额达到5万元以上，且逃税数额占该年度应纳税额总额10%以上的，其必将受到刑事追究，不能免予刑事处罚。这样的提示对当事人而言是绝对有利的。而许多行政相对人并不知道这样的法律规定，可能存在因不了解法律的规定而面临进监狱的风险。此外，相对人因不了解税法的规定，可能导致税收处理出现错误而存在税收风险，税务机关及时的提示和建议，有利于行政相对人防范税收风险。

五是灵活多样性。因税务行政指导不是一种强制性的行政行为，也不是税务机关的一种法定职责，更没有严格的法定程序，能否实施行政指导还取决于当事人的意愿，而且行政指导的方式繁多，[①] 因此，税务机关对指导对象在什么条件下实施行政指导，采取何种行政指导的方式，都是根据指导对象的具体情形适时而定，并没有固定的模式、严格的程序和法定的方式。

六是税务机关的非法定职责性。既然税务行政指导是一种非职权行政行为，对税务机关而言，税务行政指导也就不存在法定职责的问题。职责与职权是相互依存的，如同一个硬币的两面无法分割。如果税务人员在某种境况下可以实施税务行政指导而没有实施，当事人不能控告税务机关不作为，税务机关及其工作人员也不承担不作为的法律责任。

---

① 有的学者列举了近40种行政指导的方式。参见莫于川．行政指导论纲［M］．重庆：重庆大学出版社，1999：140－147.

上述特征表明，税务行政指导行为作为一种非职权行为，对税务行政相对人没有强制力。但税务行政指导毕竟是通过一个合法的行政机关基于税务行政职权作出的一种行为，按照诚实信用原则的精神，行政相对人基于对合法行政机关的信赖而接受行政指导，如果产生了不利后果，行政机关应当承担一定的责任。行政机关因错误的行政指导对行政相对人造成损害的，应当予以补救或赔偿。

税务机关实施各种税收征管方式的核心目标，就是为了提高纳税人的纳税遵从度。基于诚实信用原则，实施税务行政指导应当坚持自愿性和正当性原则，以指导对象的认同和自愿接受为前提，最大限度地保障行政相对人对行政指导的可接受性，让行政相对人认为接受行政指导将会对自己产生有利的法律后果。这一原则包括以合法性为前提，以理服人为唯一方式，以有利于防范行政相对人税收风险以及减少税收流失为目的。同时强调税务机关不得滥用自由裁量权。贯彻这些原则对税务人员提出了诚信上的较高要求。

三、税务信息公开与诚实信用

行政信息公开，是指行政机关将有关行政管理的信息向社会公众或行政相对人进行披露，以实现公众或特定相对人知情权的行为。在现代民主社会，基于政府的民选基础，政府有义务将与公众利益有关的各种信息对社会公布，使公众了解相关信息，以便其更好地安排自己的生活。

诚实信用原则要求行政机关善意行使权力。善意的基本含义是要求权利行使者要顾及相对方的利益，在不损害对方权益的前提下实现自己的利益追求。基于相对人在行政管理过程中的弱势地位，当政府行使权力可能对公民权益产生影响的时候，应及时披露相关信息，使相对人可以根据该信息进行必要的准备，以最大限度地保护自身权益，避免损害或者将损害限制在最小的范围之内。

党的十八大以来，以习近平同志为核心的党中央坚持以人民为中心的发展思想，高度重视并着力健全体制机制，推动新时代政府信息公开工作不断向纵深发展。党的十九届四中全会对政府信息公开工作作出新部署，国务院新修订的《中华人民共和国政府信息公开条例》对政府信息公开工作提出新要求。为深入贯彻落实党的十九届四中全会精神和《中华人民共和国政府信息公开条例》，2019 年 12 月，国家税务总局专门下发了《关于进一步加强税务系统政府信息公开工作的通知》（税总发〔2019〕136 号）。

推进政府信息公开，是优化营商环境的重要举措。国务院出台《优化营商环境条例》，要求各级人民政府及其部门坚持政务公开透明，以公开为常态、不公开为例外，全面推进决策、执行、管理、服务、结果公开，对做好政府信息公开工作提出明确要求。税收是市场主体开展经营活动的重要关切，是营商环境的重要组成部分。政府信息公开有利于推进“阳光执法”，结合税务信用体系建设工作，充分运用税务信息公开，有利于持续营造更加公平的税收营商环境。政府信息公开是建设诚信税务的重要表征。

推进政府信息公开，是加强对权力运行制约和监督的重要手段。税务机关是重要执法部门，加大力度推进政府信息公开，接受纳税人、缴费人对税务执法权的监督，让权力在阳光下运行，是防范化解税务领域重大风险的有力保障。各级税务机关要树立底线思维，强化风险意识，依法满足人民群众对税务系统政府信息特别是执法信息公开的合理需求，自觉接受社会各界的监督，让公开成为自觉，让透明成为常态，不断提升税收治理能力，高质量推进新时代税收现代化。

税务机关在信息公开中，要坚持诚信思维，具体体现在：

（1）税务信息公开要准确。信息的基本特性是其对信息利用者的有用性，此种有用以信息准确为基础。在现代社会，信息的虚假、失真，将直接导致社会公众对税务机关的信任土崩瓦解。

（2）税务信息公开要及时。信息的时效性在很大程度上决定了其有用性，迟到的信息不但不能增加其效用，会加剧社会公众对行政机关公开信息的信任度。在信息公开领域，要使行政机关提供的信息发挥效能，必须保证信息能及时传递到公众和特定相对人那里，使后者尽早根据所获信息作出生产生活安排。

（3）税务信息公开要全面。信息的片面将减损信息的有用性，轻者将影响信息获取者形成准确的判断，重者会使信息获取者作出完全错误的判断。因此，税务机关在公开其掌握的信息时，在不违背法律规定的前提下，应尽可能做到所公开信息的全面，以支持信息获取者依据公开信息作出更科学、合理的安排，增强社会公众对税务机关的信任度，营造更加和谐的税收共治环境。

第四节　纳税信用与诚信思维

市场经济是建立在完善的社会信用经济体系的基础上的。税收信用体系是社会信用体系的重要组成部分，税收信用体系能够提高纳税人诚实守信的意识，营造依法纳税、诚信纳税的社会氛围，以此来提升纳税人的税收遵从度。纳税信用，是基于税收法律关系，以涉税各方之间信任度为出发点，表现出诚实守信的一种征纳合作行为。在实施依法治税的同时，增强纳税信用可以优化征纳秩序，规范税收征纳关系，打造一个健康稳定的信用氛围，让纳税人养成遵从税法的良好习惯。因此，通过建立纳税信用关系，不断改善公民的纳税意识，有利于促进税收管理的法治化。党的十八届三中全会提出："建立健全社会征信体系，褒扬诚信，惩戒失信"。国务院2016年印发了《关于建立完善守信联合激励和失信联合惩戒制度加快推进社会诚信建设的指导意见》。这些决策部署，逐步完善了我国信用体系建设的顶层设计。近年来，我国高度重视社会信用体系建设，并将增强社会诚信意识，提高社会信用水平作为建设和发展的目标。2022年3月，中共中央办公厅、国务院办公厅印发《关于推进社会信用体系建设高质量发展促进形成新发展格局的意见》，明确提出要以有效的信用监管和信用服务提升全社会诚信水平，推动社会信用体系建设全面纳入法治轨道。

一、发挥纳税信用评价制度激励作用

纳税信用是衡量企业信用的重要指标。近年来，针对我国纳税人差异较大，纳税信用参差不齐的状况，税务部门不断完善我国纳税信用管理制度，通过信用等级评价确定激励对象，采取多种激励措施，纳税信用评价结果应用呈现向多领域扩展趋势，优质的纳税信用日益成为企业长远发展的"金名片"，不仅降低了守信纳税人交易成本，增强守信纳税人获得感，提升守信纳税人社会认可度。

（一）以信立本，A级企业数量增速明显

自2014年7月起，按照国务院印发的《社会信用体系建设规划纲要（2014—2020年）》总要求，国家税务总局先后发布《纳税信用管理办法》《纳税信用评价指标和评价方式》等一系列纳税信用规范性文件，形成了涵盖信息采集、级别评价、结果应用、异议处理、信用修复等"全环节"的纳税信用制度框架体系，逐步推进纳税信用由静态评价向动态管理过渡。目前，纳税信用评价基本覆盖了全部企业纳税人。税务部门每年依据主观态度、遵从能力、实际结果和失信程度4个维度、近100项评价指标，对企业纳税人信用状况进行评价，评价结果由高到低分为A、B、M、C、D五级。税务部门按照守信激励、失信惩戒的原则，对不同信用级别的纳税人实施分类服务与管理。2020年纳税信用评价结果显示，我国企业整体纳税信用状况持续向好：参评的近3000万户企业纳税信用状

况持续向好，其中A级企业数量增速明显，B级和M级企业数量稳中有升，C级和D级企业数量持续减少。纳税信用A级和B级纳税人的数量进一步增加、比例进一步提升，这“一增两升两降”表明守信群体内部结构也在向好发展，说明广大纳税人依法诚信纳税的意识、意愿、能力都在增强，也说明纳税信用管理在社会信用体系建设方面的作用越来越突出。

（二）以信赋能，守信企业多领域享“绿色通道”

信用有价值，守信有力量。纳税信用作为衡量企业信用的“试金石”，分量越来越重。近年来，税务部门将纳税信用信息“推出去”“连起来”，不断对接社会信用信息，让守信企业在税收服务、融资授信、项目管理、进出口等领域享受更多优惠和便利。特别是在新冠肺炎疫情发生后，不少企业更是将纳税信用转化成稳产能、渡难关的“真金白银”。自2020年疫情发生以来，为解决企业复工复产中的资金链“难点”，国家税务总局联合银保监会对“银税互动”进行全面升级，放宽“以信放贷”条件，从纳税信用A级、B级拓展到M级纳税人。这样一来，授信企业数量预计可以增加近一倍，更多企业可以借助“银税互动”获得优惠力度更大、办理方式更简的信用贷款。诚信纳税不仅可以为企业带来“真金白银”，还能在办税过程中帮助企业节省不少成本。近年来，税务部门定期按照信用信息目录，向全国信用信息共享平台推送A级纳税人名单、税收违法“黑名单”等税务领域信用信息，并联合发改、金融、公安、市场监管、海关等部门实施守信联合激励、失信联合惩戒，让守信者处处受益，失信者处处受限。

（三）信用修复，纳税信用管理体系日臻完善

一旦被认定为失信者，是不是就意味着终身要顶着“失信”的帽子？建立纳税信用修复机制的探索一直在进行。2019年，国家税务总局印发《关于纳税信用修复有关事项的公告》（国家税务总局公告2019年第37号），明确自2020年1月1日起，纳税人发生未按法定期限办理纳税申报、税款缴纳、资料备案等事项且已补办的，可在规定期限内向主管税务机关申请纳税信用修复。作为失信主体的自我纠错机制，纳税信用修复不给失信者“断后路”，并促使他们主动“寻出路”。实施以来，约70万户企业实现了评定档次“升级”。在2019—2020年的评价中，有近6万户企业得益于信用修复机制升至A级。下一步，按照中央关于加快推进社会信用体系建设的部署，税务部门将继续完善纳税信用管理制度、优化纳税信用评价方式、拓宽评价结果共享应用渠道，让守信企业一路畅通，失信企业处处受限，持续构建以信用为基础的新型税收服务管理机制，努力推动税收诚

信与国家治理现代化全面接轨，服务经济社会高质量发展。

二、纳税主体诚信纳税义务

纳税信用反映了税收管理活动中纳税主体与征税主体之间的相互信任与合作。完善的税收制度不仅应包括税收法律制度，更需要以税收参与各方的信用基础为保障。诚实信用的法治原则不仅要求税务机关从诚信思维出发征税，更要求纳税主体依法诚信纳税，并积极履行与之相关的附随义务，如提供纳税资料、配合税务检查等。在税收征纳关系中，纳税人只有秉持诚信原则并履行诚信义务才会真正建立起纳税信用，这种诚信合作关系不仅有利于税收征管双方关系更为融洽，又有利于提高纳税人的素质，让纳税人和税收部门之间形成信用关系。

（一）善意真诚，不得欺瞒

善意真诚是诚实信用原则对纳税人在税收法律关系中与税务机关从事法律交往提出的首要要求。按照善意真诚的诚信原则要求，纳税人在参与行政活动的过程中要怀有善良的动机，善意地追求利益的实现、履行应当履行的义务；不得心怀恶意、弄虚作假，谋取非法或者不正当的利益或者逃避应当履行的义务。纳税人在向税务机关提供和传递各种信息资料时，应在善良动机的指引下积极进行，做到意思表示真实、准确，提供和传递的信息资料真实，不得违反诚信原则所要求的善意真诚，故意隐瞒真实情况、故意作出虚假陈述、提供虚假证明文件、虚假信息、虚假数据等来欺骗税务机关，从而谋取不当利益。[①] 此外，善意真诚还要求纳税人在与税务机关进行法律交往的过程中，不得规避相关的税收法律法规，不得利用不正当手段来引诱、贿赂税务机关和税务人员作出有利于自己的行政行为。

此外，诚实守信，无论对税务机关还是对纳税主体而言，还有“不得欺瞒”的道德义务。古人云：“立善防恶谓之礼，禁非立是谓之法。”（傅玄《傅子·法刑》）“礼者，禁于将然之前；而法者，禁于已然之后。”对于纳税人的不诚信行为，税务机关的治理逻辑理应德法并重，防微杜渐，形成广大纳税主体诚实守信、不欺瞒、善合作的社会氛围。虽然我国税法中对纳税主体应当如何履行纳税义务和与之相关的附随义务，以及如果违反则应当承担的法律责任并没有特别清

---

① 此种情形于税务机关作出行政许可行为时较为多见，一些相对人为了获得税务机关的许可，故意隐瞒真实情况，向税务机关提供虚假申请文件，导致税务机关错误颁发许可证件，进而谋取非法利益。该种带有欺骗性质的行为直接违反了诚信原则包含的善意真诚要求，依法应予制裁。

晰的规定。但基于税收法律关系的征纳双方，如果仅仅基于明确的法律义务“各行其是”，不仅税收治理效率低下，资源浪费，征纳双方的相互信赖忠实的合作氛围也无从谈起。基于诚信思维，税务机关应当首先推定纳税人依法诚实纳税，并将此作为正确处理征税主体与纳税主体关系的出发点，除非有证据表明纳税人不诚信。这是良好的纳税信用环境下，征纳双方相互信任的默契。但这不能仅仅单方面要求税务机关总是推定纳税主体诚信，纳税主体必须忠实、善意履行纳税义务以及相应的协助和附随义务，以期建构良好的纳税信用环境。

（二）禁止权利滥用

权利滥用是指权利人在行使法律赋予他的权利时，违反了法律赋予权利的本旨，可能损害社会公共利益或者危及他人利益的行为。禁止权利滥用原则是诚实信用原则的反面规定。在日常的社会经济活动中，权利人在行使权利的过程中违反诚实信用原则，就是权利滥用。从本质上看，禁止权利滥用是现代社会权利本位观的体现，是在克制自己权利的基础上对他人权利的尊重，体现了人与人之间的诚信，有助于实现社会的稳定、和谐。

以善意的方式行使权利，避免和禁止权利滥用，本是诚实信用原则的应有之义。将诚实信用原则适用于税法，也对纳税人提出了以善意方式行使权利和避免滥用权利的要求。公共利益是税务行政管理的核心目标，税务行政管理事关公共利益的维护。在税收征纳活动中，征税主体更加注重征管效率的提高，注重税收秩序的和谐有序。这就要求纳税主体依法享有的权利，应当在法定或合理期间内及时主张。超过法定或合理的期间，征税主体将不会再对其合法权益进行保障。如果税务机关总是面对纳税主体超过法定或合理的期间主张自己的权益，并予以保障，将会造成行政效率低下、公共资源浪费，且对其他纳税主体明显不公。因此，纳税主体在主张自己的权利时，要避免出现拖沓、怠惰的行为，禁止滥用权利，“躺在权利上睡大觉”。否则，就会损害他人的合法权益，违背法律追求的实质公正。同样，税务机关对于纳税人滥用权利的做法，不应没有底线地包容甚至支持，应当严格依法依规处理，确保实质公平，不断营造良好的社会信用氛围。纳税主体有权合理设计组织架构、经营方式、业务模式，以最大限度符合自身利益，但这种权利应以合法且合理为前提。如果纳税主体滥用交易形式进行避税，违背税法的目的和精神，侵蚀国家税收，必然为国家所不容许，也将为自身带来风险。

(三) 实质纳税义务

根据诚实信用原则，当事人赋有“忠于事实真相，遵守公平买卖之合理商业准则，且不得通过协议变更以诚信原则产生的义务”的诚信义务。具体表现在税法上，就是纳税人进行的交易应当是忠于事实真相的实质交易，而不是试图避税的虚假交易和伪装交易。虽然我国现行法律法规已有对纳税人违反诚信行为偷逃税、骗税的处罚措施，但是实践中除了偷逃税、骗税外，纳税人还通常利用法律漏洞规避税收，从而给国家税收带来巨大损失。而诚实信用原则的功能之一便是弥补法律的漏洞，实现个案的实质公平，实现实质课税。依据诚实信用原则，法律关系中的当事人在交往过程中应当严格遵守公平合理的商业规则，不能通过协议任意变更或者免除因诚实信用原则产生的诚信义务，必须忠于客观事实。适用到税法中，要求纳税人应当忠于事实的真相而不是试图避税的虚假交易，即交易应当是实质交易。各个国家也都把纳税人进行的虚假交易视为违反税法的避税行为，从立法上规定法律禁止纳税人进行虚假交易，并要求按照实质纳税原则进行纳税。这就说明了纳税人忠实于事实真相进行交易并按交易实质纳税是诚实信用原则的应有内涵。

(四) 禁止反言

禁止反言也称“禁止否诺”“不得自食其言”“禁止反供”等，即言行一致，不得出尔反尔。禁止反言原则源于英美法系国家的一般契约理论，是普通法上的一项重要的法律原则。若一方当事人因另一当事人之陈述产生依赖，则另一当事人不得否定其先前的陈述。英国丹宁大法官在 1947 年审理的 High Trees 案中确立了允诺禁止反言原则，丹宁大法官认为：“根据传统的约因理论，原告减租的允诺没有任何对价，如果被告基于该允诺而起诉，则被告必败诉；但是本案中，允诺人是原告，允诺只是被告用来作为一项抗辩，对价是否存在与是否支持原告的诉讼请求并无关联。被告并非寻求强制执行某一合同，因此也没必要证明它的存在。并且，被告依赖该协议已向房客减收了房租，如果允许原告推翻自己的诺言，则意味着允许一人说谎，而让别人去承受恶果，这是极不公平的。”我国法律中虽未直接规定禁止反言原则，但在司法实践中已经较多适用。

纳税主体在参与税收管理服务过程中，应言而有信、诚实守信，税务机关要充分保障纳税主体参与权、知情权、陈述申辩权、建议监督权等权利，但纳税主体在行使权利过程中要做到意思表示真实、准确，不得故意作出虚假陈述以谋取不正当利益。税务机关基于诚实推定信赖纳税主体的陈述，纳税主体应当对其先前的陈述负责任，一般不得反悔，如被证明为虚假或者隐瞒，则应当承担相应的法律责任，并承受纳税信用的否定评价。

典型案例

税务领域诚信建设案例①

一、联合惩戒案例

案例 1：迷途知返犹未晚　诚信纳税为正道——从失信名单到纳税百强

2019 年的春夏之交，在浙江台州的一处工地上，某科技公司正在此处抓紧建设新厂房，以便赶在旺季来临之前扩大生产规模。企业负责人於某刚刚跟施工方商定了一些施工细节，从工地一角的临时板房里走出来，看着这块政府特批给他的建厂用地，回想起这几年迷途知返的经历，不由百感交集。

——生意有难，“兄弟”救急

2015 年，在台州商界打拼了多年的於某碰到了烦恼，有一笔货款出现了回笼问题，企业资金流顿时紧张起来。而此时，生意上的伙伴给他介绍认识了王某。一次饭桌上，王某悄悄地向於某透露了他的“野路子”：“听说你最近手头紧，我这边认识一个会计老陈，做了很久了，套路熟悉得很，回头我把他介绍给你，让他给你‘操作’一下，帮你多省一点税款。”於某做生意多年，一直本分经营，“做假账”这种事情虽然时有耳闻，但始终没有尝试。而这一次，想到下个月就要到期的银行贷款和一直在催账的供应方，他不由得心动了。“不会被税务局查么?”於某有点忐忑地问。王某拍着胸脯回答道：“你放一万个心，我们是好兄弟！老陈都是老手了，我还能骗你吗!”

虽然得到了保证，但於某一开始还是很小心，先尝试着多列了一点成本费用，过了些日子，发现果然如其所说的没有问题，渐渐地胆子就大了一些，心想：反正别人都这么干，我不干就亏了，便干脆重金聘请老陈专门为其在账目上做手脚。2017 年底东窗事发时，该公司一共被查出少缴税款近 600 万元。

---

① 案例来源：联合惩戒违法失信典型案例［N/OL］.（2019 - 10 - 30）［2022 - 07 - 22］. http: //www. chinatax. gov. cn/chinatax/n810214/n810641/n2985871/n2985883/n2985973/c5138721/content. html.

——计划落空，破财消灾

当地税务稽查部门在查证属实后，对於某的企业作出处理处罚决定。收到通知书的於某懊恼不已，因为一时贪图蝇头小利，自己十几年打拼攒下的积蓄均化为泡影，而此时为他介绍路子的王某也已消失不见。於某的朋友看到他一筹莫展，便向他建议：这税款何必交呢？能拖就拖，你就说没钱，税务局又拿你没办法，反正就是每天万分之五的滞纳金，折算下来月利1分5，比去借高利贷划算多了。於某一听，觉得似乎有道理，便与税务机关躲起了猫猫，接到税务局的催缴电话，他要么不接，要么就说人在外地还没回来。

於某的拖延战术并没有起到太多的作用，没过几天就被带队的税务局稽查局郑科长在家里堵了个正着。

"你们来我家也没用，我真的没钱了，不信你们去银行查，住的房子都是租来的。"於某试图使出朋友传授的推诿大法。

"你别急，我们这次不是来问你要钱的，你先看看这个文件。"郑科长似乎早就料到於某的反应，从包里拿出一份文件递给了他。

文件上，"重大税收违法失信案件当事人联合惩戒"几个字格外醒目。

看完文件，於某重重地坐在了沙发上，"真的连高铁都不能坐么？"他问。

"不但高铁不能坐，以后出国、消费、贷款、投标等各个方面都会受到限制，而且今后的限制可能会越来越多。你看，审批的手续都差不多办好了，领导签字，马上就可以进系统。"郑科长指着文件说道。

於某点了一根烟，沉默了好久，说道："我知道了，我想想办法。"

一周后，於某多方筹措资金，分次将公司所欠的税款、滞纳金、罚款缴清入库。税务局根据规定，将其录入"黑名单"系统，但未向社会公布，也未采取联合惩戒措施。

——峰回路转、诚信受奖

接下来的一年多，於某吸取教训诚信经营，企业竟然一举进入了该区2018年的纳税百强名单，区政府特地在土地政策上给予激励措施。

听到消息的於某乐开了花，而且好消息不止一个：在其他公司看来，跻身纳税百强展现了该公司的经济实力和极高的信用度，纷纷向其投来橄榄枝，主动上门与其签订购销合同。2019年上半年，其公司营业收入同比增长76.86%，公司发展蒸蒸日上，新厂房的建设也正在快马加鞭地进行。

於某苦尽甘来，从此不但自己本分经营、诚信纳税，而且还经常对生意上的伙伴说："要不是前几年被查了一次，我现在要么还在做假账，要么已经坐了班房，生意肯定是做不起来了。现在我相信，在中国做生意，只要你诚信经营，政府真的会给你实实在在的福利，咱们得站在守法的这一边。"

点评：只有坚持服务与打击并重，让违法成本高于守法成本，让诚信经营的收益大于歪门邪道的收益，才能促使企业"遵从税法"。企业发展需要监管者适时引导和纠正，在偏离航线时促使其向守法的方向回归，在守法的时候为其加油守护，如此，企业才能乘风破浪，扬帆远航。

案例2："黑名单"令违法者"悬崖勒马"

"不在规定的时限内接受处罚，缴纳税款、滞纳金和罚款，企业将被列入税收违法'黑名单'，接受多部门的联合惩戒。以后，不仅贷不了款，还会限制乘坐高铁、飞机，高消费和出境，连出国旅游都不行。你自己掂量掂量，划不划得来?"近日，在安徽省，国家税务总局宣城市税务局稽查局办案人员在查处一起隐瞒销售收入逃避缴纳税款案件时约谈了被执行人老陆，向他宣讲上了税收违法"黑名单"的严重后果。

"想不到逾期不缴纳税款会上'黑名单'，而且后果这么严重。做生意最重要的是信誉，为了逃避欠缴税款，企业信用被影响，实在不划算。"本来想着以公司经营困难为借口缓缴税款的老陆在税务人员的提醒后，思前想后觉得承受不起被列入"黑名单"并被联合惩戒的后果，多方筹款，在规定的期限内将欠缴的700余万元税款、滞纳金和罚款缴纳入库。

之所以会出现上面的情景，还要从对老陆公司的检查说起。税务局稽查局的执法人员在对老陆公司进行检查时，发现该公司涉及多起关于买卖合同纠纷的民事诉讼案件，而这些交易信息在企业提供的财务资料中均未体现。检查人员敏锐地意识到，其中藏有猫腻。按照这条线索，检查人员顺藤摸瓜，通过外调收集相关资料，形成完整的证据链，查实了老陆的涉税违法事实。在铁的证据面前，老陆承认他的公司在2013年至2017年间采取隐瞒销售收入的方式逃避缴纳税款，涉案金额高达2100余万元。

2018年10月，宣城市税务局稽查局依法对老陆的企业下达了《税务行政处理决定书》和《税务行政处罚决定书》，作出补缴税款、滞纳金、罚款合计700余万元的决定。

接到处罚决定后，心存侥幸心理的老陆本想以公司经营困难为借口继续与执法人员“拖延”，试图逃避缴纳税款，但在税务人员宣讲被列入税收违法“黑名单”的严重后果后，老陆幡然醒悟，悬崖勒马，通过各种方式筹集资金补缴700余万元税款、滞纳金和罚款，企业免于因税收违法被曝光及联合惩戒。老陆表示，经过这次惨痛的教训以后不会再犯糊涂，只有诚实经营，依法纳税，方可持续经营，基业长青。

点评：税收违法“黑名单”和联合惩戒制度的实施，增加了纳税人的违法成本，消除了违法纳税人企图采取拖延等手段逃避缴纳税款的侥幸心理，促进税款及时足额入库。同时，信用修复机制也给企业提供了自我救赎的机会，刚柔并济推动税法遵从。

案例3：出口骗税遭惩戒贷款被拒悔不已

近日，宁波某食品有限公司接到来自合作银行的电话：“你们这次的贷款没批下来”。听到这话，公司的实际控制人叶某一下子懵了，公司一向还贷准时，这是为什么呢？她立即赶到银行了解原因，被告知，通过信用信息系统查询到该公司被列入了重大税收违法“黑名单”，无法继续向其提供贷款。

叶某的公司成立于1998年。20多年来，她在商海中历经风浪，艰苦创业，把公司从一家名不见经传的小企业发展成为当地有名的重点企业，本人也因此获得了优秀企业家等诸多荣誉。然而因交友不慎，叶某的公司在一伙不法分子的诱骗下通过虚开发票骗取出口退税，造成国家税款损失千万元，被税务和公安部门联合立案查处，企业补缴了税款并被停止出口退税3年。

叶某以为在案件查处结束后便可以“重整旗鼓”，但她没想到企业不仅被列入税收违法“黑名单”，向全社会公布，而且被推送给相关部门实施联合惩戒。一件件使叶某“寸步难行”的事接踵而来，纳税信用等级被直接判为D级，企业面临更加严格的税务管理……因长期拖欠税款，叶某作为公司的法定代表人被出入境管理部门阻止出境。公司的经营陷入了困境，叶某本想着从银行贷款解燃眉之急，却又被银行拒贷。一桩桩一件件的“信用受限”，使叶某的“东山再起”之路步履维艰。她更不禁想到前段时间接到的某协会通知，自己原来兼任的职务也已经由他人取代……叶某无比懊悔当初听信了不法分子的花言巧语，以为不用费力就能得到利益回报，更懊悔受一点蝇头小利的诱惑就毁掉了辛苦打拼积攒出来的信誉。

悔恨不已的叶某来到了税务稽查部门咨询，接待她的稽查干部向她详细解释了重大税收违法失信案件信息公布、部门实施联合惩戒措施等相关的制度办法。叶某深受触动，感慨自己以前只顾挣钱，吃了“法盲”的亏，表示今后一定要牢记教训，把心思放到企业生产经营的正道上，诚信经营、依法纳税，一切从头开始，誓要把失去的信誉重新赢回来。

点评：涉案企业的生产经营者只顾一时利益，参与骗取国家出口退税，触犯刑法及税收法律，即使接受刑事处罚、及时补缴税款也难以将涉税违法影响“一笔勾销”。一旦被列入税收违法“黑名单”，跨部门的联合惩戒会让失信者处处受限、寸步难行。纳税人要算好这笔账，在经营过程中要牢固树立诚信经营、依法纳税的理念，警钟长鸣，切莫心存侥幸，因小失大。

二、联合激励案例

案例 1：银税携手化解民营企业融资难

古人云：“惟天下之至诚，为能化。”而今，信用的巨大价值也正日益显现出来。对纳税人而言，一份良好的纳税信用可能直接换来促进发展的“真金白银”。2018 年，由国家税务总局辽宁省税务局发起，辽宁省内近 50 家银行业金融机构参与的“普惠金融企税银综合智能服务平台”正式启用，这标志着辽宁省“银税互动”从线下搬到线上，并进一步拓展范围和功能，致力于解决民营企业融资难、融资慢等问题。将小微企业纳税信誉、税收贡献与其融资发展相联系，以小微企业需求为导向，通过建立系统的税银协作机制、信息交换机制，将税务资源、银行资源和企业诚信资源等跨部门信用信息有效对接，有效破解中小企业融资难融资贵的问题，推进“大众创业、万众创新”蓬勃发展。

——立足纳税信用，帮助企业以“信”换“贷”

“不到 5 分钟的时间仅凭诚信纳税就获得了 130 万元的贷款额度!”沈阳微可信科技有限公司负责人开心不已。

沈阳微可信科技有限公司是一家从事计算机软硬件和电子元器件技术研发、销售、安装、调试的科技型小微企业，由于行业特殊性，需要不断投入资金进行研发，否则项目将面临夭折的风险，公司的流动资金已无法满足企业的发展需求。2018 年 4 月，微可信公司通过参加辽宁省税务局和省建设银行共同举办的“银税合作、合力惠企”产品推介会，通过“线上银税互动平台”申请了“云税贷”产品，获得了 130 万元的贷款。“沈阳微可信科技有限公司成立以来一直诚信纳税，纳税信用等级为 A 级，企业年纳税额近 60 万元，‘银税互动’就是为像它这样的民营企业解决融资难题。”省税务局负责“银税互动”的工作人员解释道。

辽宁省税务局立足纳税信用，帮助企业以“信”换“贷”，找准企业和银行机构的需求结合点，以企业纳税信用等级评定结果作为银行信贷担保，银行机构根据企业纳税信用以及缴纳税款情况向诚信纳税的企业提供相关的融资产品及金融服务，无须小微企业提供其他抵押和担保，为小微企业融资开辟新的渠道。

——创新“以信养信”模式，力促社会诚信体系构建

“我们企业成功从建行贷到了100万元！”沈阳际兴商贸有限公司经理激动地说。

沈阳际兴商贸有限公司为了经营发展需要贷款，但是贷款需要抵押或者是担保，公司没有抵押物，所以无法从银行取得资金的支持。2018年4月末，公司了解到税务局和建设银行为帮助纳税诚信企业贷款联合推出了“云税贷”业务，公司2017年纳税金额达到23万元，年销售额520万元，符合辽宁省税务局与辽宁省建设银行联合推出的“云税贷”平台的申请要求，可以利用企业的纳税信息增信，无须抵押、应用纳税信用即可申请贷款。

2018年，辽宁省税务局通过开展“银税互动”活动，创新“以信养信”模式，通过信用正向引导和激励，将纳税信用与信贷信用捆绑，在税务、民营企业和银行之间架设了以“信”养“信”的桥梁，既降低了银行的贷款风险，又缓解了企业发展遇到的融资难问题，同时还将税务、银行的诚意传递给纳税人，引导企业守法经营、诚信纳税。截至目前，“云税贷”已为2300多户企业投放贷款20亿余元。

“银税互动”活动的开展，既有效发挥纳税信用等级评定的内在价值，又激发小微企业诚信纳税的积极性，进而带动全社会税法遵从度提高。同时建立税收“黑名单”制度及联合惩戒的实施办法，纳税人信用等级差或具有重大涉税违法行为，将在经营、投融资、取得政府供应土地、进出口、出入境、注册新公司、工程招投标、政府采购、获得荣誉、安全许可、生产许可、从业任职资格、资质审核等方面受到限制或禁止。通过这些举措，诚信纳税企业获得信贷发展壮大的同时也培育了税源，纳税信用等级评定的社会效益和经济效益进一步放大。

——拓展税银合作深广度，实现三方信息共享

“我们与辽宁银监局、发改委、金融机构建立健全常态长效化合作机制，集成各自优势，以信换贷、以贷扶企，形成税银企三方联动、协作共赢的良好格局，有力增强了企业发展动能，全力服务辽宁经济社会高质量发展。”辽宁省税务局相关负责人这样表示。

随着税银合作的不断深入，辽宁省税务局积极探索建立税务机关、银行和企业三方信息交换渠道，实现银行机构对借款人涉税信息的及时查验与监控，以及税务机关对借款企业银行开户信息、银行风险提示信息的及时采集与监控，以此促进税银企三方信息共享，有效防范税收执法和金融信贷风险。构建税企银三方信息交换平台，形成了集信息交换、综合服务于一体的长效机制，有利于税务部门通过获取银行机构关键涉税信息及时掌握税源动态情况，有针对性地实施税收监管，进一步提高征管质效，为企业经营发展创造公平、公正、高效的税收营商环境。

案例2:“银税互动”见真章，吹响服务民营经济冲锋号

近年来，浙江省税务部门不仅在简政放权、减税降费、科学监管、优化服务上着力突破，同时也聚焦民营企业最关心关切的融资难、融资贵问题，精准发力。为撬动浙江民营经济实现新飞跃，打通金融活水流向民营企业的“最后一公里”，浙江税务联手金融机构探索实践“银税互动”新机制。“银税互动”即由税务机关向银行推荐纳税信用优良的中小微企业，通过“以信融资”的方式，帮助中小微企业解决融资难题，助推企业持续发展。

台州开浪泵业有限公司的负责人马某看着网上银行页面新到账100万元，说道:“在家点点鼠标，只花了5分钟，这信用贷款就到账了，做A级纳税人的感觉真是越来越好了!”

让马某点赞的正是“银税互动”的新成效——“云税贷”。温岭的民营经济可谓是浙江民营经济的缩影，民营经济的一举一动，兴衰起伏，都会牵一发而动全身。为更好地提高金融服务实体经济的效率，国家税务总局温岭市税务局积极总结多年来的“银税互动”经验，进一步拓宽小微企业将“纳税信用”转化为“融资资本”的道路，构建纳税服务与金融服务的“云端”“快车道”。

“‘云税贷’项目是对2015年推出的‘税易贷’合作项目的升级，不仅提高了A类企业信用贷款额度，还实现了便捷统一的线上操作，使得‘银税互动’贷款的申请、审批、授信、放贷‘一站式’完成，提高了‘银税互动’

运行效率，让符合资质的小微企业足不出户就解决融资难题。”国家税务总局温岭市税务局纳税服务股有关负责人介绍道。

“云税贷”项目是基于小微企业纳税信用信息的“银税互动”新模式。该项目基于大数据技术进行分析评价，采用线上自助贷款流程，建立了全新的客户评价体系，能自动匹配选择诚信纳税优质小微企业给予信用贷款，并有针对性地实现贷后预警监测。“正是开浪泵业的A级纳税信用‘金字招牌’，让他成为了我们‘云税贷’项目的优质客户。”建设银行客户经理黄经理说。从客户经理上门为开浪泵业指导整个申请流程并顺利支用，整个过程不到一个小时。

“近期，手头正好有个优质的货源，可是资金缺口，本来以为要放弃这个机会了，没想到不到五分钟就完成贷款申请、审批、授信、放贷等所有流程。”马某高兴地说，“而且利率比我们原来的贷款利率差不多下降了2个点，我深深地意识到守法经营、依法纳税是企业生产经营活动的生命线，诚信所拥有的价值正深刻影响着我们的生活。”

目前，浙江税务已与中国建设银行浙江省分行等32家省级金融机构签订“银税互动”服务合作协议，向纳税信用等级A级或B级的守信企业提供免担保、免抵押、便捷优惠的信用贷款，为民营经济成长增添动力。

“银税互动”构建了企业、银行、税务的生态系统，通过共享纳税信用信息来实现税银合作，共同帮助小微企业融资，打破了“企业盼着资金以扩大生产，银行拿着钱不敢冒险”的双向难题，实现了“三方共赢”。对民营企业和银行来说，税银服务助推创业富民。民营企业没有足够的资产可以抵押，无法快速便捷地从银行贷款融资。而银行则因为不清楚企业的信用状况，不能按照风险可控的原则对其进行授信、贷款。“银税互动”项目就在这种情势下应运而生，一举打破了企业和银行的尴尬局面。对税务部门来说，“银税互动”培育涵养了地方优质税源。受惠于银税互动的多为信用好、有发展潜力的民营企业，借助“自身造血”机制将纳税好信用转化为核心竞争力，通过扩大规模或工艺改进或技术创新，激发企业新动能。同时“银税互动”传达出的“以信养信、以税融资”理念，引导广大企业和经营者走“诚信纳税、诚信经营”的“诚信”之道，起到了良好的社会示范效应。

延伸阅读

对突出的诚信缺失问题，既要抓紧建立覆盖全社会的征信系统，又要完善守法诚信褒奖机制和违法失信惩戒机制，使人不敢失信、不能失信。对见利忘义、制假售假的违法行为，要加大执法力度，让败德违法者受到惩治、付出代价。

——习近平在中共中央政治局第三十七次集体学习时的讲话（2016 年 12 月 9 日）

“诚者，天之道也；思诚者，人之道也。”人无信不立，企业和企业家更是如此。社会主义市场经济是信用经济、法治经济。企业家要同方方面面打交道，调动人、财、物等各种资源，没有诚信寸步难行。由于种种原因，一些企业在经营活动中还存在不少不讲诚信甚至违规违法的现象。法治意识、契约精神、守约观念是现代经济活动的重要意识规范，也是信用经济、法治经济的重要要求。企业家要做诚信守法的表率，带动全社会道德素质和文明程度提升。

——习近平总书记在企业家座谈会上的讲话（2020 年 7 月 21 日）

加强诚信教育和诚信文化建设。组织社会各方面力量，引导广大市场主体依法诚信经营，树立“诚信兴商”理念，组织新闻媒体多渠道宣传诚信企业和个人，营造浓厚社会氛围。加强对失信行为的道德约束，完善社会舆论监督机制，通过报刊、广播、电视、网络等媒体加大对失信主体的监督力度，依法曝光社会影响恶劣、情节严重的失信案件，开展群众评议、讨论、批评等活动，形成对严重失信行为的舆论压力和道德约束。通过学校、单位、社区、家庭等，加强对失信个人的教育和帮助，引导其及时纠正失信行为。加强对企业负责人、学生和青年群体的诚信宣传教育，加强会计审计人员、导游、保险经纪人、公职人员等重点人群以诚信为重要内容的职业道德建设。加大对守信联合激励和失信联合惩戒的宣传报道和案例剖析力度，弘扬社会主义核心价值观。

——国务院《关于建立完善守信联合激励和失信联合惩戒制度加快推进社会诚信建设的指导意见》

推进社会诚信建设。加快推进社会信用体系建设，提高全社会诚信意识和信用水平。完善企业社会责任法律制度，增强企业社会责任意识，促进企业诚实守信、合法经营。健全公民和组织守法信用记录，建立以公民身份证号码和组织机构代码为基础的统一社会信用代码制度。完善诚信建设长效机制，健全覆盖全社会的征信体系，建立完善失信惩戒制度。结合实际建立信用修复机制和异议制度，鼓励和引导失信主体主动纠正违法失信行为。加强行业协会商会诚信建设，完善诚信管理和诚信自律机制。完善全国信用信息共享平台和国家企业信用信息公示系统，进一步强化和规范信用信息归集共享。加强诚信理念宣传教育，组织诚信主题实践活动，为社会信用体系建设创造良好环境。推动出台信用方面的法律。

——《法治社会建设实施纲要（2020—2025 年）》

第八章　新时代税收法治思维的培养

当前，我国正处于实现“两个一百年”奋斗目标的历史交汇期。党的十九届五中全会提出了到2035年基本建成法治国家、法治政府、法治社会的远景目标，全面依法治国任务依然繁重。我国税收法治建设仍面临一些问题：税收法治建设与全面依法治税的要求还不完全适应，与纳税人对税收民主、法治、公平、正义的期待相比还有差距；落实税收法定原则，将所有税收条例修改上升为法律的进程有待加快；执法不严、随意执法、选择性执法现象仍然不同程度存在；部门合作和税收共治机制不够完善，对税收法治建设造成影响；国际税收领域的法治建设相对滞后，国际化专业化复合型高端税收法律人才缺乏。新发展阶段的税收法治建设，要坚持共建共治共享，把税收法治建设的基础放在制度建设和增强全社会税收法治观念上，全方位加强税收领域的系统治理、依法治理、综合治理、源头治理，全面提高纳税人依法纳税意识和税法遵从度。要在生动的税收改革和税收法治实践中全面培育税务人员的税务法治思维，把建设德才兼备、德法兼修的高素质专业化税收法治干部队伍当成当务之急，进一步加强税务人员法纪教育，增强其现代法治观念，进而全面提升税务人员的依法行政能力。

第一节　加强法纪教育，增强法治观念

法治观念是指人们对法治的态度、喜好和倾向，是法治情感认同与法治思维习惯的融合，是法治规则观念与法治价值理念、法治实体观念与法治程序观念、思想认同与行为服从的统一。法治观念是法律意识中最重要，也是最核心的思想观念。新时代法治思维是以现代法治观念为基础，主要依据现行法律规则、法律原则和优先服从法律的要求进行分析、研判、决策以及作出行为选择的一种理性思考方式。

进入新发展阶段，全面推进依法治税任务艰巨，建设高质量税收现代化迫切需要进一步提高全社会依法诚信纳税意识和税法遵从度，迫切需要提升和增

强税务人员自身的现代法治理念和法治观念，进一步奠定夯实全面依法治税的工作基础，营造良好的税收环境，有效推动各项税收工作顺利开展。

一、税务人员欠缺现代法治观念的原因分析

现代法治观念内容十分丰富，不仅与历史上的法治观念有严格的区别，而且与人治、德治观念的本质区别有严格的界定。习近平总书记指出，“心中无法、以言代法、以权压法是法治建设的大敌”。各级税务机关是税收法治运行的关键一环，如果税务人员现代法治观念淡薄，税收工作就无法在法治轨道上良性运转，行稳致远。若税务人员真正具备了以现代法治观念为核心的税收法治意识，税务队伍基本素质的内容将更加完整，结构将更趋合理，新时代我党确立的依法治国、依法行政、依法治税目标将更容易实现。税务人员欠缺现代法治观念，既有个人主观原因，也有税收法治教育培训实效性不高、全社会法治文化氛围不足、公民尤其是行政相对人法治实践参与度低等客观原因。

（一）自身修养不足

法治思维是一种权力制约思维，从认知规律的角度来看，权力制约思维首先是一种有关权力有限性的认识。对税务人员而言，在某种意义上，法是对其行政行为的一种束缚，会限制其行使行政权力，一旦逾越法的合法合理界限，就要接受法的惩罚。从本性上讲，人都是趋利避害的，所以有的税务人员由于道德修养不高、自律性较低、是非观模糊等原因就会轻视法律法规，崇尚人治思维和特权思维，甚至为追求自身利益漠视法律规则。更有甚者道德败坏、自私自利，因擅权、滥权而直接损害行政相对人正当权益，对社会造成恶性影响。所以税务人员自身修养的高低也会影响其法治观念的树立。

（二）学法积极性不高

新时代，法治政府建设对税务人员学习法治知识提出新要求。税务人员也意识到了学法的重要性，有了一定的学法意识。但是在实际的工作中，税务人员学法的自觉程度还不高，还习惯于按照惯例和经验办事。一些税务人员因受其内心深处所崇尚的人治思想和经验意识影响，并没有把法治放在重要位置，自然也对法治知识的学习比较懈怠；还有一些税务人员觉得法治知识深奥难懂，法律条文枯燥无趣，更是从内心深处排斥、逃避法治知识的学习，即便是面对有组织的学习活动也只是勉强应付，很难真正深入学习了解与税收相关的法治知识。由于不能正确地对待法治学习任务，致使部分税务人员法治知识欠

缺，也就不能形成正确的法治观念。

（三）依法监督不到位

习近平总书记指出“权力不论大小，只要不受监督和制约，都可能被滥用”。一般情况下，权力越大却没有有效监督越会导致腐败。税务人员培养法治理念，提高依法办事的意识可以帮助其自觉约束手中的权力，但是面临重大利益抉择时，如果缺乏有效的监督，必然会不自觉地使自己的利益最大化而罔顾法律约束。税收实践中，部分关键部门和重点岗位的领导干部将决策权、执行权、监督权等各项权力都集中到自己手中，极易导致特权主义，造成严重腐败。所以构建一套适合税务系统工作特点的完善的内外部监督体系是实现对税务人员有效监督、保证权力合理运行的关键。

（四）依法问责不到位

新时代以来，行政问责制逐步趋于规范化、常态化。但是在推进税收法治实践的进程中，仍然存在着很多问责不到位的现象。税务人员如果多次违法违纪却很少甚至没有受到问责，就会必然带来一种违纪违法成本小的错觉，造成权力滥用，肆意而为，不作为或者乱作为。有些税务人员因工作态度和思想认识问题，导致与行政相对人产生冲突，如果因为缺少惩罚和问责，就会严重损害税务形象。

（五）法治教育实效性低

近些年来，税务系统一直在加强干部的法治教育工作，但是干部的法治水平依然不尽如人意，难以满足新形势下构建成熟完备的税收法治体系的新要求。目前，税务系统法治教育的形式和手段还比较单一，采取的主要还是传统的授课形式，这种补课型的理论灌输把法治教育当成法律条文的传输，容易忽视其法治意识的培养，难以真正培育税务人员的法治思维。此外，由于考核机制的不完善，这些教育过程只能停留在表面上，并未引起税务人员的足够重视，经常会出现干部法治课缺席现象，法治教育效果堪忧。从这个角度来看，创新法治教育载体，强化法治考核结果应用十分重要。

（六）法治教育方式单一

法治教育是一种需要入脑入心的素质教育、思想教育和行为规范教育。我国目前对干部的法治教育存在着针对性不足等问题。税务人员是公务员队伍中一个庞大的群体，涵盖多个层级、众多部门以及不同地域。同时，由于税务人员自身学历背景、能力水平和实践经验等都不一样，所以法治培育的需求也会有所差异，对其开展法治教育的内容就不能一概而论。然而，在实际的法治教育过程中，税务人员法治教育分类组织，针对实施工作做得并不好，没有真正做到因地制宜、因人施教，法治观念培育的内容与税务人员自身实际需要并不相符，难以引起税务人员的重视和兴趣，不能真正实现税务人员自身法治素养提升，也不能达到税收法治思维培育的目的。

（七）法治文化氛围不足

法治文化具有软约束力，可以从人们的潜意识里为人们提供行为的选择，帮助人们提高判断力。近年来，我国法治制度建设飞速发展，但是法治文化建设相对滞后，不规范的执法现象仍然存在，仍有部分社会成员法治意识淡薄，缺乏法律的权威意识。表现在税收领域，税收法治建设和法治文化建设不相适应，传统文化中的特权思想、人治理念、管治者身份意识等的根深蒂固仍然对税务人员的思想行为产生着深远影响，致使许多法律法规没有得到有效贯彻和正确使用。建设与我国税收法治进程相适应的税收法治文化，营造一个符合社会主义核心价值观要求的先进的税务法治文化氛围，是培育税务人员法治思维，推动税收法治建设的必然选择。

（八）法治实践参与度低

新时代以来，我国公民法治素养有了一定程度的上升，但是对法律价值和意义的认识仍然不足，法律工具化思想盛行。表现在税收领域，一方面，部分行政相对人缺乏主动参与税收法治实践的责任意识，加之政府信息公开透明度还不够高，加剧了行政相对人参与的盲目性。另一方面，大多数行政相对人在涉税事务中主动寻法、积极用法的能力不强，“知法”与“行法”存在较大反差。个别税务人员违法违规行为的频繁曝出也直接造成了行政相对人对法的信任度降低，大部分人在自身权利受到损害及不公平对待时并不愿意走法律程序来进行自我保护，对与税务机关打官司更是排斥，即便想到要走法律程序也不知道该如何去用法，甚至不知道通过何种渠道来用法，在这样的大环境下，必然会给税务人员法治思维的培育带来消极影响。

二、提升现代法治观念须把握的基本原则

（一）树立法治思维，反对主观主义

法治思维是一种以事实与规则认定为中心的唯物主义思维方式。当前，有些税务人员对税收法治的认识还停留在感性认识阶段，存在“人在法之上”的

人治思想，认为税收法律法规条条框框多，不愿被束缚手脚，凡事要自己说了算；有的存在“法律工具主义”思想，对税法的态度是“合我者用，不合我者弃”。甚至有一些干部出于各种目的故意规避法律，有的把“潜规则”作为办事依据，以“特事特办”排斥税法明文规定；有的违反程序“先上车后补票”；有的表现为“不依法也能干好工作”的思维惯性、“不靠法也会拿出办法”的工作偏差，也可能表现为“不用法也可解决问题”的思想倾向，甚至“不畏法也无妨大碍”的侥幸心理；有的甚至故意歪曲解读税收法律法规。这都是与现代法治精神有悖的“人治思想”作祟，要坚决予以反对。此外，主观主义也是与法治思维相悖的一种实践中的唯心主义。有些税务人员囿于主观主义的圈圈，作决策只援引领导讲话而没有法律依据，调查情况不注重真凭实据而全靠主观感受，分析问题出现概念模糊、主体缺失、逻辑不清、牵强附会等各种问题，导致工作中埋钉子、留尾巴。习近平总书记讲，贯彻新发展理念，必须坚持以法治为引领，就是说要基于对法治的思想自觉，避免工作中的主观主义，强化培育运用法治思维解决问题的意识。

（二）防止特权思想，力戒形式主义官僚主义

党的十八届四中全会强调要坚持法律面前人人平等，并特别指出平等是社会主义法律的基本属性。在我国，任何公权力都来自人民，法律是人民意志的体现，是保护人民权利的重要手段，它以其广泛的平等性彰显其普遍的人民性。这是平等原则对于公权力的特殊要求，也是法律在平等意义上一般而普遍的要求。平等是新时代税收法治的基本要求。作为公权力的行使者，税务人员要严以律己，防范特权倾向在税收工作中潜滋暗长，牢固树立“法律面前人人平等、制度面前没有特权、规章约束没有例外”的基本平等意识。尤其是形式主义、官僚主义同我们党的性质宗旨和优良作风格格不入，与全面依法治国理念背道而驰。党的十九大报告和《中国共产党章程》明确规定反对形式主义、官僚主义。税务领域的官僚主义，有时表现为只管发号施令而不考虑工作实际，有时表现为有职权不作为或有权力滥作为，其实质就是传统的“官本位”思想作怪，只关心自己的权力和利益，对行政相对人的利益漠不关心。与官僚主义相伴的形式主义，也是一种权力滥用、消极渎职的现象，都是典型的破坏税收法治的行为。要实现依法行政、依法治税，必须力戒各种形态的形式主义和官僚主义。

三、税务人员提升现代法治观念的要求

税务部门是国家重要的经济管理部门，税收在国家治理体系中具有基础

性、支柱性、保障性作用。是否具备法治思维是新时代税务人员依法执政、依法行政、依法治税能力是否健全的重要标志。税务人员树立现代法治观念，对于培育法治思维，建设法治税务，推进全面依法治税意义重大。

新时代税收法治思维不能简单等同于守法意识，税务人员要将法治精神和法治思维由内向外全面系统地转化为思想和行为，体现到科学立法、严格执法、公正用法、带头守法等各个方面，使税务决策和税务行为符合法律规则，在行政管理、税务执法中都充分凸显现代法治理念。当前，税务人员提升现代法治观念的首要的任务是要深入学习领会习近平法治思想，吃透其基本精神，把握其核心要义，增强法治思维能力，提高依法办事水平。

（一）积极学法懂法

学是用的基础，知是行的前提，学法懂法是守法用法的前提。税务人员要通过主动学法提升法治信仰，培养法治作风。首先，要学习宪法，宪法是国家的根本大法，具有最高法律地位、法律权威和法律效力。税务人员要树立“依法治国首先是依宪治国，依法执政首先是依宪执政”的理念，自觉维护宪法权威，保证宪法实施。其次，要学习各个部门法特别是起支柱作用的基本法律和重要法律，要站在国家治理的高度，熟悉与推动高质量发展密切相关的法律法规、与税收治理现代化密切相关的法律法规、党内法规、基本政策和基本规定。要学习法学基础理论与基本知识，了解法的概念、法的价值、法的效力、法与社会的关系等，把握社会主义法治理念的本质属性和基本内涵，作为开展税收工作的根本遵循。根据“八五”普法规划要求，还要深入宣传党内法规，广大党员要把学习掌握党内法规作为合格党员的基本要求。

（二）自觉依法办事

国无法不治，民无法不立。遵法守纪，依法办事应成为任何人都不能例外的庄严准则。事实上，全民守法是弘扬法治精神的基础工程，也是依法治国的关键所在，更是建设法治中国的重要一环。“纵有良法美意，非其人而行之，反成弊政。”税务人员要严格按照宪法法律、党内法规和有关制度规定履行职责、行使权力、开展工作，坚决杜绝制度执行上做选择、搞变通、打折扣现象。凡事要遵循法律依据，注重权力的界限，防止越权超限。要发自内心敬畏法律，不能时时“唯权”、处处“唯上”，在税收工作中如果发现明显超出法律权限的情形，必须谨慎对待，及时向上级和组织提出意见和建议，避免造成违法违纪后果。

（三）主动接受监督

习近平总书记指出："各级领导干部要主动接受监督，这既是一种胸怀，也是一种自信"。有权力必有责任，有责任必有监督，开展监督是税务人员依法履职、秉公用权的保证。"木受绳则直，人受谏则圣。"税务人员要时刻有自觉接受监督意识，主动接受监督，不能用各种借口规避必要的监督形式，也不能因害怕偶发的涉税事件或其他舆情被热议引发批评而搞舆论封锁，无视公众知情权。税务人员要清楚认识到法律的红线底线在哪里，一旦触碰法律的"高压线"就会有怎样的后果，在主动接受内部外部监督过程中，慢慢地培育法治观念和法律素养。

（四）严格遵守程序

程序正当是当代行政法的主要原则之一，遵守程序是行政行为合法的要求。程序和实体是所有法律法规的基本组成部分。严格履行程序是实体公正合法的重要途径和有效保证，是避免决策失误或者明显违法的制度保障。税务部门是重要的执法部门，工作中"走程序"的环节相对较多，实则每个程序都是分析研判的过程，每个程序都是保证税收行政决策和执法合法合规的"安全阀"，千万不能为赶时间图省事就跨越法定程序。这也是税务人员守纪律、讲规矩的体现。

四、税务人员增强法治观念的主要路径

近年来，税务系统坚持以习近平新时代中国特色社会主义思想为指导，全面推进税收法治建设，坚决贯彻落实党中央、国务院决策部署以及中央纪委国家监委有关要求，不断推动税务系统全面从严治党向纵深发展。立足新发展阶段、贯彻新发展理念、构建新发展格局，个别税务人员的法治观念和纪律规矩意识与推进税收治理体系和治理能力现代化的要求相比、与提升税收法治化水平的需要相比、与纳税人缴费人的期待相比，仍然存在不少差距，持续加强税务人员法纪教育培训，不断推进税务人员法治实践是增强税务人员法治观念的重要途径。

（一）加强法纪教育，增强法纪意识

法律是治国之重器，纪律是治党之戒尺。各级税务机关是国家法律法规的实施者和执行者，坚决维护党纪国法的权威和尊严，是高质量推进新发展阶段税收现代化建设的根本保障。新时代，进一步加强税务人员法纪教育培训具有

紧迫性和长期性，各级税务机关应将法纪教育培训贯穿干部教育培训始终，为高质量推进新发展阶段税收现代化锻造崇法守纪的税务铁军奠定坚实基础。

1. 深刻认识法纪教育意义

加强税务人员法纪教育培训，是“十四五”时期全面落实依法治国、依法治税部署要求，提高税务人员税务执法能力，运用法治思维和法治方式，不断深化税收征管改革，提升税收法治化水平的重要内容；是旗帜鲜明讲政治，持续提高税务人员政治判断力、政治领悟力、政治执行力，深刻领悟“两个确立”的决定性意义，不断增强“四个意识”、坚定“四个自信”、做到“两个维护”的必然要求；是促进税务人员廉洁从税，形成遵纪守法良好风尚，厚植向善向上良好氛围，持续深化“抓好党务、干好税务、带好队伍”机制制度体系的内在需要；是将党内监督融入税收治理，着力构建税务系统一体化综合监督体系，涵养积极健康政治文化，营造风清气正政治生态，推动税务系统全面从严治党向纵深发展的有效途径。

2. 准确把握法纪教育内容

国家法律法规和党的纪律规矩是加强税务人员法纪教育培训的主要内容。开展法纪教育培训，关键是教育引导税务人员不触碰法律底线，不逾越纪律红线、增强法治意识、纪律意识、规矩意识，增强尊崇宪法法律、遵守党规党纪的自觉性和主动性，做到尊法学法、守法用法，提高运用法治思维和法治方式推动工作、解决问题的能力。深入开展习近平法治思想学习教育，引导税务人员自觉运用习近平法治思想武装头脑、指导实践、推动工作。深入开展以宪法为核心的法律法规培训，引导税务人员树立宪法法律至上、法律面前人人平等、法无授权不可为等基本法治理念，增强法治能力、弘扬法治精神。要深入开展党章学习培训，引导党员干部自觉尊崇党章、模范践行党章、忠诚捍卫党章，认真履行党员义务，正确行使党员权利。深入开展党规党纪特别是政治纪律和政治规矩教育，引导党员干部强化政治纪律意识，严格按照党的组织原则和党内政治生活准则办事，认真学习、严格执行党内法规制度，心有所畏、言有所戒、行有所止。深入开展税收法律法规培训，引导税务人员特别是基层一线执法人员形成依法征管、依法服务、依法办事的自觉，提高拒腐防变和抵御风险的能力。要深入开展内部制度规范教育，引导税务人员自觉维护、严格遵守制度规程，全面掌握工作依据、工作规范、工作要求和工作风险，规范个人行为，履行工作职责，严肃工作纪律，切实转变工作作风，树立税务人员队伍良好形象。

3. 认真做好法纪教育组织

根据国家税务总局党委工作部署，各级税务机关党委及其工作部门要把法律法规和党规党纪等法纪相关教育作为干部教育培训的重要任务，纳入干部教育培训总体安排，列入年度干部教育培训计划和日常学习内容。税务干部院校要发挥主渠道作用，在各类主体班次中，把法纪教育作为必修内容，定期开展需求调研，作出具体教学安排。要抓住领导干部这个“关键少数”，切实增强领导干部运用法治思维和法治方式履责的意识和能力，发挥领导干部遵规守纪、带头学法、模范守法的示范效应。以领军人才、专业骨干、岗位能手、青年干部、新录用公务员为重点，在初任培训、任职培训、各类人才培训等重点项目中有针对性地设置法纪教学专题，在税收专业化能力培训中有机融入法纪教育相关内容，加大对税务执法人员的培训力度，加强法治专业人才培养。充分利用学习强国、学习兴税等平台法治教育专栏开展普及性长期性学习活动，确保法纪教育培训辐射至全体税务人员，“关键少数”重点培训，重点岗位及时培训，切实增强税务人员依法全面履行职责、依法依规征税收费的能力。

4. 大力提升法纪教育实效

加强税务人员法纪教育，重点在内容设置，难点在取得实效。要坚持务实管用的原则，结合不同类别、不同层次、不同岗位干部的特点，有针对性地设置培训专题、教学内容，做到因材施教。通过课堂教学、现场教学、案例教学、情景模拟、体验式、辩论式教学等方式的多元组合，采取具体化、精准化、差异化的培训方式，增强培训的吸引力和感染力。坚持集中培训与日常教育相结合、理论学习与实践体验相结合、典型示范教育与警示教育相结合，做到形式与内容、手段与目的、过程与效果相统一，激发税务人员明纪守纪、学法用法的内生动力。突出问题导向，注重围绕深化税收征管改革中依法治税的难点问题、税务人员在税务执法过程中的苗头性、倾向性或突出性问题，组织培训、研讨和交流，切实提高法纪教育培训的针对性和实效性。

5. 不断夯实法纪教育基础

要持续推进法纪教育培训相关师资、课程、教材建设。注重发挥税务系统有法学背景的领导干部、公职律师、纪检监察等部门专业骨干的作用，加大对法纪教育培训专兼职师资的培养，提升师资的理论水平和实践经验，提高授课技能，不断加强法纪教育培训的师资力量。在学习兴税指导委员会的统一部署下，依托学习兴税平台，推介生动形象的法纪教育培训精品课程，促进优质学习资源共建共享，体现时代特征、突出税务特色，为广大税务人员经常性、自主性开展法纪学习搭建平台、创造条件。要将法纪教育培训情况作为培训项目质量评估的重要内容，不断探索提升培训质效。

6. 建立健全法纪教育机制

根据国家税务总局党委工作部署，各级税务局党委及其工作部门要高度重视法纪教育培训工作，加强组织领导，做好统筹部署，坚持持续推进，形成长效机制。各级税务局党委主要负责人作为推进法治建设第一责任人应将纪律规矩和法治教育培训情况列入领导干部个人年度述职报告重要内容。各级党委宣传和教育培训主管部门应发挥好党建引领、政治统领职能，做好法纪教育的统筹指导、综合协调和服务保障作用，将纪律规矩意识和法治观念贯穿法纪教育培训管理全过程。税务院校要进一步加强校风教风学风建设，坚持从严治校、从严治教、从严治学，严格学员管理，推动法纪教育培训的规范化和科学化。国家税务总局各司局要落实“业务主管、学习主抓、资源主建”的条线管理责任，结合业务工作特点，组织开展好本条线法纪教育培训，积极建设法纪教育培训学习资源，培养税务人员守纪律讲规矩的思想自觉和遇事找法、办事依法、解决问题用法、化解矛盾靠法的法治思维。

（二）加强法治实践，增强行动自觉

新发展阶段，围绕推进国家治理体系和治理能力现代化，中共中央、国务院印发《法治政府建设实施纲要（2021—2025 年）》，明确提出深入推进依法行政，全面建设法治政府，加快构建职责明确、依法行政的政府治理体系。

法治政府的核心内涵是依法行政，确保权力行使不能恣意、任性，在经济社会生活中，政府该做什么、不该做什么，由法律说了算。新时代的税务人员要全面落实法治政府建设新要求，遵从法治运行规律，充分履行法定职责，将弘扬法治精神从思想自觉化为行动自觉，在税收法治的伟大实践中不断增强法治本领，服务高质量税收现代化建设需要。

1. 大力弘扬法治精神

“法治精神”是一个融法治的善治精神、民主精神、人权精神、公正精神、理性精神、和谐精神的有机综合体。现代法治精神的培育与弘扬过程，是法治精神融入民族精神、时代精神的过程，也就是实现中华民族法治自强的过程。作为公职人员，知晓法律规范只是税务人员的基础条件，仅仅是培养法治思维的第一步。作为专业人员，税务人员除了要知晓法律规范外，更需要弘扬现代法治精神，坚持法治社会所普遍遵循的法律至上、公平正义、保障人权、权力制约、程序正义等基本的法律价值观。

2. 正确处理法治关系

从税收法治实践层面来说，要正确处理好三层关系：一是要正确处理行使公权力和保障行政相对人权利的关系，强化法律在化解矛盾中的权威地位，使行政相对人由衷感到权益受到了公平对待、利益得到了有效维护。二是要正确处理权力行使过程中的合法性和合理性的关系，税务人员在作出决策之时，除应遵守法律的明确规范之外，还应从法律精神和原则的高度出发，让合法的行为同时兼具合理性。三是要正确处理依法行政和恪守诚信的关系，税务人员行使权力一定要维护税务机关诚信，制定政策要维护税收政策的连续性，自由裁量要制定切实可操作性的裁量基准，开展行政管理要保护行政相对人的信赖利益，执行法律和政策要贯彻不溯及既往原则等。

3. 学会法律推理，善用“法言法语”

援引法规条文照章办事、精准执法是税务机关主要的工作模式。法律推理是一种寻求正当性证明的推理，核心是为行权履职是否正确妥当提供理由。法治思维下法律推理规则要以辩证唯物主义为指导，坚持自然科学和逻辑推理规则。要深刻理解法律法规条文中蕴藏的概念、宗旨、原则、规则等，将其运用到具体行政管理和税务执法事务中。法律推理方式有演绎推理、归纳推理、类比推理、设证推理等，要依据相应的法律法规，将生活中的事实转化为“法律规则下的事实”，对涉税具体问题作出准确定性判断。税务人员还要学会使用“法言法语”。“法言法语”是指执法部门或法律工作者表述的程式化的法律专业用语，其特点是含义精确、概念清晰、标准统一、指向准确、逻辑严谨，有利于共同理解和执行。如果税务部门制定的方案、发出的通知、撰写的文书概念不清、权责不明、措施含糊甚至自相矛盾，将给执行者带来诸多疑惑和困难。

4. 坚持以人为本，务求实事求是

法治思维下的“人民”可以具体化为法律关系中的监督管理服务的“相对方”，是国家机关决策指令的承担者。除了公民和法人，下级、基层单位也可纳入这个范畴。税收法治思维下的以人为本，需要有服务市场主体的意识，以纳税人缴费人为本，学会换位思考，在决策前慎之又慎，全面权衡各方面因素，深入分析利害关系，切实做到用权能公正，执法很文明，担责讲诚信。此外，在税收实践中，对税收法律法规的应用过程包含了法律法规解释的过程，税务人员要选准立场角度，认真思考剖析矛盾，根据客观实际作出公正合理的解释。要具备实事求是的负责态度，全面深入思考，杜绝片面武断、机械思维和经验主义，拿出处理矛盾、解决问题的最佳方案。

5. 带头遵规守法，确保决策合规

税务人员带头遵守法律规范，是其法治思维的基本要求。税务人员作为专业执法人员应当在实体规范和程序规范两个方面，对自己提出更高的遵守法律规范的要求。一是要带头遵守实体规范，在法律规定的范围内行使权力，不得行使超越法律的权力，这是合法行政的基本要求。二是要带头遵守程序规范。行政决策过程必须遵守法律的明确规定。根据我国有关法律的规定，领导干部在作出决策之前，其决策需要受不同类型程序的约束。具有法律职业资格的税务人员要主动为组织、领导干部作出科学决策提供法律意见，对有关决策进行合法性审查和评估，确保决策行为符合法律程序规定。

第二节　抓住“关键少数”，提高法治素养

坚持抓住领导干部这个“关键少数”是习近平法治思想的重要内容。习近平总书记指出：“各级领导干部要坚决贯彻落实党中央关于全面依法治国的重大决策部署，带头尊崇法治、敬畏法律，了解法律、掌握法律，不断提高运用法治思维和法治方式深化改革、推动发展、化解矛盾、维护稳定、应对风险的能力，做尊法学法守法用法的模范。”

坚持抓住领导干部这个“关键少数”是实现全面依法治国目标任务的关键所在。习近平总书记非常重视提高领导干部这个“关键少数”的法治素养。他多次强调指出：“对领导干部的法治素养要从其踏入干部队伍的那一天起就要开始抓”，要求各级领导干部切实履行法治建设组织者、推动者、实践者责任。作为税务人员的“关键少数”，税务系统领导干部是否懂法、是否尊重宪法法律权威、是否能运用法治思维和法治方式来解决税收实际中出现的各种重大、复杂和疑难问题，直接关系到全面依法治国工作能否在税收实践中真正落地、产生实效。

一、“关键少数”与法治素养

（一）领导干部法治素养的概念及特征

素养，即由训练和实践而获得的技巧或能力。领导干部法治素养，是指通过政治历练、思想淬炼、实践锻炼和专业训练而形成的法治理念和能够规范地运用法律知识分析问题、解决问题、处理事务的素质和能力。奉法者强则国强，“打铁还需自身硬”，领导干部提升了法治素养，就会在增强政治意识、大局意识、核心意识、看齐意识的同时自觉加强法治意识，学会运用法治思维，树立宪法法律至上、法律面前人人平等的法治理念，就会自觉依照宪法法律规范和法的精神指向搞好顶层设计，厉行法治，深化法治实践，增强依法执政、行政本领，妥善化解行政争议。

在实践中，领导干部的法治素养主要体现在运用现代法治思维依法从政、依法办事能力上。相比一般人员应具有的法治观念、法治意识，领导干部的法治素养具有以下基本特征：一是主体特定性。在我国，领导干部法治素养的承载主体是各级党政领导干部，而非其他的主体。二是内涵丰富性。领导干部法治素养在内容上具有丰富性，包括领导干部为官施政的各个方面都应当符合法律知识、法律意识、法治观念和法治思维，因而领导干部法治素养是一个内涵更为丰富的范畴。三是指向明确性。领导干部法治素养指向一定的能力和素质，但是这种能力和素质并非指普适性的能力和素质，也并非指专业性的能力和素质，而是一种法治思维能力、运用法律的能力。这种能力对领导干部来讲既是基础性的能力，又是核心的素养，领导干部只有具备了这种能力，才能够去更好地发展提升其他能力。四是目标确定性。提升领导干部法治素养的最终目标是使领导干部学会并善于运用法律知识和法治思维来解决具体实际问题，使实际问题得以在法治的轨道上解决。

党的十九大报告指出要提高全民族法治素养和道德素质。法治素养与道德素质是一对相辅相成的概念，在论及法治素养的同时也必然会涉及道德素质，例如，领导干部法治素养与道德素质互为助力，道德素质是一种自我约束力，它更多地体现了一种自律精神。领导干部的道德素质，就是指领导干部能够从内心秉持社会成员所公认的道德伦理观念和规范去解决实际问题的行为倾向。其与领导干部的法治素养的区别在于二者对领导干部自身的约束以及能力素质的关注方向不同，法治素养具有一定的强制性，它着重关注领导干部依法从政、依法办事的能力；而道德素质则更多是一种道德约束、慎独自律，着重关注领导干部是否能够用社会公认的道德伦理约束自身、解决问题，这二者的差异在本质上是法治与德治之间的差异在领导干部个人素质上的集中体现。

（二）“关键少数”法治素养的基本要求

在新的时代背景下，提升领导干部的法治素养和法治能力，是推进全面深化改革的现实需要，是推进全面依法治国的必然要求，是国家治理能力现代化的根本保证，更是领导干部健康成长的内在需求。

领导干部法治素养的基本要求是多方面、多层次的，它主要体现在要有正确的法治意识、必备的法律知识和依法办事的能力三个方面。新时代，税务领导干部要能够胜任“关键少数”的角色定位，努力提高依法执政、依法行政本领，特别是提高运用法治方式来解决税收实际中遇到的各种重大、复杂和疑难问题的能力。

1. 正确的法治意识

思想意识是行为的先导，在日常的工作中，领导干部只有具备正确的法治意识，才能够更好地按照法律、法规办事，规范自己的工作行为。具体而言，正确的法治意识包括但不限于以下内容：一是法律至上。法律的权威性要求任何人都不能凌驾于法律之上，作为领导干部不能肆意用权践踏法律，应主动维护法律的尊严。二是公权限制。领导干部有权不能任性，要树立秉公用权、依法用权、审慎用权的意识，谨慎行使手中的权力。三是法治公正。领导干部在运用手中职权从事工作的过程中，要坚持公正的思想，公正执法、公正用权，公正地对待每一个社会公民。四是尊重人权。领导干部，应当尊重每一个公民的基本权利，在行使权力的过程中不得侵犯少数人的基本权利，不得以不正当的理由限制他人的基本权利。税务领导干部只有树立了正确的法治意识，才能在日常的税收工作实践中更好地锻炼自身的法治思维能力，更好地依法办事。

2. 必备的法律知识

掌握扎实的法律知识则是法治素养的基础，只有具备扎实的法律知识才能在工作中学以致用，有底气地解决实际问题。法律知识的范围非常广泛，体系十分庞大，包含了法律专业领域内的各个部门法律规范的基本知识。作为领导干部，为了提升自身的法治素养，必须具备一些基础的法律知识，这些基础的法律知识包含宪法、行政法、刑法、民商法、经济法、环境法、社会法等各法律部门中的一些基础知识。领导干部只有熟练地掌握这些基础的法律知识，并能够运用这些法律知识来指导自己的工作和社会实践，才算是具备基本的法律素质。

3. 依法办事的能力

领导干部运用法律知识解决工作中具体问题的能力体现为依法办事的能力。所谓依法办事的能力，就是领导干部能够依据法律制度的规定，在法律允许的范围内行使自由裁量权，办理各项事务的能力。实践是认识的目的，依法办事是提升领导干部法治素养的目标，是提升领导干部法治素养的价值所归。依法办事不仅要求领导干部尊法、学法、懂法，而且还要善于守法、用法，要将法律知识运用于实际工作中去。既要遵守法律的基本规定来从事各项工作，同时又不能超越法律的限度，在法律允许的范围之内从事各项工作。税务领导干部只有具备了较好的依法办事的能力，才算真正达到了提升税收法治素养的基本要求。

（三）"关键少数"法治素养与依法治税

党的十八大提出了"科学立法、严格执法、公正司法、全民守法"的新十六字法治方针。党的十八届四中全会明确提出全面推进依法治国的总目标是建设中国特色社会主义法治体系、建设社会主义法治国家。在新的时代背景下，提升领导干部的法治素养和法治能力，是推进全面深化改革的现实需要，是推进全面依法治国的必然要求，是国家治理能力现代化的根本保证，更是领导干部健康成长的内在需求。

推进全面依法治国的关键主体是领导干部，税务领导干部的法治素养与全面推进依法治国、依法治税有着直接现实的联系。作为法治税务的"关键少数"，税务领导干部在税收法治建设领域不仅要自觉地做党领导税收立法、保证税务执法的组织者和保障者，还要做支持税务司法、带头遵守税法的示范者和推动者。

1. 推动税收立法完善的基础

科学立法是依法治税的首要要求。税收立法与政策制定机关在制定规范性文件时，要符合自然规律、社会规律、社会经济发展的基本状况，不能搞大跃进式的立法。而达到这一要求的前提就是负责制定税收法律、法规的领导干部要具有基本的法治素养，提高税收规范性文件制定和管理的科学化、民主化水平，健全公众参与、专家论证、风险评估、合法性审查、集体讨论决定的重大决策机制，防止制度性侵权，保障纳税人的权利公平、规则公平。不能超越自身权限范围制定文件，不能违背上位规范性文件的基本精神，对上位文件没有作出明确规定的事项，应当按照法治的基本精神作出相应的阐释。

2. 促进税收严格执法的保障

严格执法与文明服务，是法律、法规赋予行政执法部门的基本权利与义务，也是税务机关组织税收收入的必要手段。严格执法通常有两层含义，一是形式上的严格，二是内容上的严格。从形式上讲，税务领导干部在执行公务的过程中，对于每一税收活动，都应当严格按照法律的规定来执行，法律规定的认真执行，法律没有规定的审慎执行，法律明令禁止的坚决不为，将自身的行为纳入法律制度的框架下考量。从内容上讲，税务领导干部在执行法律的过程中，要审慎考虑各种情节要素，认真对照法律规定的量度范围，不肆意滥用自由裁量权。例如，对于行政处罚幅度，要充分了解被处罚主体的情节再作出决定，如果不问情节一律顶格处罚，既是不负责任的表现，也是缺乏法治素养的表现。

3. 实现税务司法公正的前提

税务司法是维护税收公平正义的最后一道防线，也是税务矛盾纠纷的最终终结机制。当涉税矛盾纠纷通过协商调解的方法难以解决时，就需要借助具有权威性的法律法规来解决，而法律的权威要求公正，只有公正才能够体现法律的权威。从事司法工作的领导干部只有坚守法治信仰，守住道德底线，依据法律的规定公正地处理每一起涉税矛盾纠纷，才能够提升税务司法的社会公信力，使社会民众更加相信税法、依靠税法、信仰税法。因此，税务领导干部法治素养是实现税务司法公正的前提，是使税务司法环境不断优化的基础，也是依法治国战略得以在税务系统实现的必要条件。

4. 引领税法普遍遵从的示范

税法普遍遵从是依法治税的落脚点，也是税收法治文化的目标追求。税务领导干部是党和国家税收政策的贯彻者、推动者和实践者，是行政相对人税收权利的代表者和保护者，也是行政相对人思想和行为的参照者和模仿者。税务领导干部能否以身作则、遵规守纪、廉洁自律对行政相对人具有重要的示范作用。因此，税务领导干部必须发挥其先锋模范作用，自觉做带头学法、模范守法、严格执法的模范。一要聚焦重大行政决策程序、重大决策合法性审查机制等制度完善，促进税务部门依法决策。二要聚焦落实纳税服务规范、税收征管规范、税务稽查规范等业务规范，全面梳理税务部门权责清单，规范税务行政裁量权，优化执法方式，规范执法行为，提高纳税服务精细度和税务执法精确度。三要聚焦政府信息公开、税收法规公开、执法内容公开等公众关注事项，及时回应社会关切，推进政务阳光透明，依法保障行政相对人的知情权、参与权和监督权。上述示范作用的发挥都以一定的法治素养为前提，内化于心才能外化于行。税务领导干部只有不断提高自身的法律意识和法治素养，带头遵守法律的规定，才能不断营造税法普遍遵循的法治环境。

二、提高“关键少数”法治素养的途径

党的十九大继十八届三中、四中全会提出全面推进依法治国，建设法治国家、法治政府、法治社会后，强调要坚持依法治国，提高全民族法治素养。近年来，我国公民的法治意识和法治诉求日益增强，但法治素养的总体状况距离建设法治中国的现实要求还有差距。领导干部是全面依法治国的重要组织者、推动者、实践者，也是示范者、引领者，更是保障者，是全面依法治国必须抓住的“关键少数”，他们的法治意识、法治思维、法治方式对全民族法治素养的提高起着导向和引领作用，领导干部明法律、讲法律、信法律、按法律办事的法治能力，对法治生态具有形塑作用。新时代背景下，提升税务领导干部的法治素养和法治能力，要把重点放在税收法治文化建设上，引导税务人员自觉做新时代尊法学法普法守法用法的典范。

（一）做尊法的典范，解决好法治“认识”问题

认识是实践的产物，又反过来指导实践。习近平总书记强调，领导干部要做到遵法、学法、守法、用法的模范，其中尊法是摆在第一位。领导干部要做尊法学法普法守法用法的模范，首先要对全面依法治国有一个正确的认识。作为“关键少数”，领导干部必须站在统筹推进“四个全面”的高度，深刻认识全面依法治国的重大意义。必须站在坚持和发展中国特色社会主义的高度，深刻认识党的领导是中国特色社会主义法治之魂。必须站在事关全面依法治国方向、道路、进度的高度，深刻认识领导干部这一“关键少数”在全面推进依法治国中的关键地位和作用。在税收工作中，一些领导干部之所以从言行不一开始，到最后身陷囹圄，其中一个重要原因是对法度缺乏敬畏之心。因此，税务领导干部增强法治意识、提高法治素养，首先要解决好尊法问题。只有思想上尊崇法治，才能行动上遵守法律。只有铭刻在人们心中的法治，才是真正牢不可破的法治。税务领导干部尊崇法治、敬畏法律，要时刻绷紧法纪这根弦，把

党纪国法作为不可逾越的“高压线”和保护自己的“防护栏”，自觉尊崇法治、敬畏法律，牢固树立宪法法律至上、法律面前人人平等、权由法定、权依法使等基本法治思维，彻底摈弃人治思维和长官意识，自觉培养尊法意识和法律信仰，从根本上筑牢法治的根基。

（二）做学法的典范，解决好法治“知识”问题

掌握知识是人们解决实际问题的前提和基础。学习法律、掌握法律是守法用法的前提。税务领导干部必须带头学习法律、掌握法律，解决好“知识”的问题。经过几十年的努力，我国已经建立起有中国特色的社会主义法律体系，社会生活各方面基本有法可依；随着民法典的颁布实施，我国立法技术更显进步，立法质量更加提高，法律体系更趋完善。这就需要各级领导干部切实把学法提上日程，把法律当成必修课，不断增进法律知识，提高法律素养，提升法治能力。领导干部只有学习法律、掌握法律，才能明确和掌握行使权力的依据，才能正确开展工作。在违法乱纪、胡作非为的领导干部中，很多人就是长期不学法、不懂法。许多腐败分子走向腐败深渊的一个重要原因就是不知法。推动税务领导干部学法要抓住重点：一是要激发动力。在干部使用上重视对法律素养的考量，优先提拔使用法治素养好、依法办事能力强的优秀干部。二是要给予压力。建立税务系统重大决策终身责任追究制度及责任倒查机制，完善税务执法人员持证上岗和资格管理考试考核制度。三是要提供助力。为税务领导干部学法提供必要的制度保障。完善领导干部学法制度，把学习习近平法治思想、宪法法律知识列入税务系统各级党委（党组）中心组学习内容，列为各类税务干部院校的必修课，同时充分利用“学习兴税”等平台，推进网络学法、网上测试等学法形式，实现领导干部学法制度化、经常化。

（三）做普法的典范，解决好法治“常识”问题

加强普法宣传力度是引导公民培养良好的法治现代化意识，实现政府法治向社会自治过渡的必要途径。英国著名政治家切斯特菲尔德曾说过，“常识是我所知道的最高的通情达理”，在我们日常生活中，也有“少量的常识当得大量的学问”这样的说法。“谁执法谁普法”是我国推进普法的一条基本制度。我国“八五普法”规划在总结经验的基础上，重申了在立法、执法、司法、法律服务过程中开展实时普法的制度措施和任务要求。税务领导干部要自觉做普及法治“常识”的带头人，自觉开展税收法治宣传教育。首先，要当好普法组织员，切实扛起普法责任，把推进税务普法和税务守法摆上重要工作日程，推

动更多法治力量向引导和疏导端用力，科学制定本系统五年税务普法规划，认真组织普法规划实施；要把普法工作纳入本系统法治建设总体部署，纳入税务综合绩效考核、平安税务建设、文明单位创建等考核评价内容，把税收法治宣传教育做实做细做出成效。其次，要当好普法服务员，自觉为税收法治宣传教育提供充分保障。税务普法是一项系统工程，需要全社会动员、人人参与，需要人、财、物、制度全要素的配套支持。税务领导干部既要能够冲锋在前、以身作则、率先垂范，也要胸怀大局，善于运筹幕后，搞好服务、提供保障。税务领导干部特别是主要负责人，要严格按照推进税务法治建设第一责任人职责的要求，认真履行税务普法领导责任，善于统筹、乐于服务、勤于保障；要制订工作计划，定期听取汇报，研究解决税务普法工作中的难题。

（四）做守法的典范，解决好法治“意识”问题

法治意识是人们对法律发自内心的认可、遵守和服从。俗话说“打铁还需自身硬”，习近平总书记曾指出：“要求别人做到的自己先要做到，要求别人不做的自己坚决不做。”总书记的讲话，对包括执法人员在内的党员领导干部立身行事、为政用权提出明确要求。领导干部只有“三省吾身”、带头守法，秉公执法才能更有底气。习近平总书记还强调，各级党组织必须坚持在宪法和法律范围内活动。各级领导干部要牢固确立法律红线不能触碰、法律底线不能逾越的观念，带头依法办事，带头遵守法律、执行法律，带头营造办事依法、遇事找法、解决问题用法、化解矛盾靠法的法治环境。领导干部手握公权力，其带头遵纪守法、依法办事，必然为法律树威立信。相反，领导干部不自觉运用法律办事，甚至把法律法规当成“橡皮筋”，老百姓就没法信任法律。领导干部带头用法，既要不折不扣地贯彻执行法律法规，也要自觉执行党章、党纪，以及本单位本系统内部规章制度。实践中，有的领导干部内外“两张皮”，对外基本能够做到依法办事，而对本单位本部门内部事务则“不客气”、不规范、不依法，甚至丧失原则，随心所欲。如此，领导间不团结，下属不服气，必然影响工作，不利于法治工作深入推进。党的十八届四中全会明确要求，把能不能遵守法律、依法办事作为考察干部的重要内容。如果税务系统在干部选拔任用中重视对干部法治素养的考核，真正把严守党纪、严守国法的干部用起来、树起来，对于促进税务领导干部自觉学法将会收到更好的效果。

（五）做用法的模范，解决好法治“胆识”问题

良法贵在善用。宪法和法律的生命在于实施，法律的权威也在于实施。领

导干部必须带头用法、厉行法治。领导干部学法的最终目的在于用法，全面推进依法治国也需要领导干部真正将法律运用好，以身作则。领导干部要具备法治思维，牢记职权法定，明白权力的来源和边界，善于用法治思维谋划工作，用法治方式处理问题，做到带头厉行法治、依法办事，带头做到法定职责必须为、法无授权不可为。领导干部要保持对宪法和法律的敬畏之心，提高运用法治思维和法治方法的能力，把对法治的尊崇、对法律的敬畏转化为思维方式和行为方式，做到在法治之下、而不是在法治之外、更不是在法治之上想问题、作决策、办事情，不要去行使依法不该由自己行使的权力，也不要去干预依法自己不能干预的事情，更不能以言代法、以权压法、徇私枉法。税务领导干部做用法的模范，要有严格规范公正文明执法的胆识，对损害经济秩序和税收秩序的违法违规问题要大胆管理，对各种危害法治、破坏法治、践踏法治的行为要敢于挺身而出、严格执法，坚决维护法律的尊严。带队伍是税务领导干部的一项重要职责。税务领导干部厉行法治，还要有从严管理干部的胆识，对不依法依规用权的干部大胆监督和管理，要敢于同自己分管领域内的各种违法乱纪行为作斗争，做法治尊严和法治权威的坚定捍卫者。

第三节　完善法治队伍，强化法治考评

致天下之治者在人才。人才是经济社会发展的第一资源。任何成功的事业，都必须依靠一支坚强有力的人才队伍来凝聚起推进事业的强大正能量。党的十八大以来，习近平总书记就法治队伍建设作出一系列重要论述，强调实施依法治国基本方略，建设社会主义法治国家，必须有一支高素质队伍。这一论述指明了法治队伍建设的重要性。

2021 年 1 月 10 日，中共中央印发《法治中国建设规划（2020—2025 年）》，站在加强法治队伍和法治人才保障的战略高度，对法治人才的培养提出了“忠于党、忠于国家、忠于人民、忠于法律”的总要求，指明了法治队伍建设的目标。这是当前和今后一个时期推进税务法治队伍建设的重要遵循。大力提高税收法治工作队伍思想政治素质、业务工作能力、职业道德水准，努力建设一支德才兼备、德法兼修的高素质税收法治工作队伍成为当下税收法治建设的当务之急。2021 年 6 月修订的《中国共产党组织工作条例》（以下简称《条

例》）就做好人才工作明确提出，要坚持党管人才原则，全方位培养、引进、用好人才，统筹协调抓好人才工作和人才队伍建设工作。要围绕经济社会发展需求培养造就大批德才兼备的高素质人才，不断健全人才引进、培养、使用、评价、流动、激励机制，激发各类人才创新活力。《条例》的颁布实施，为做好新时代税收法治人才培养、考核、选拔工作指明了方向，提供了基本遵循。

实施税收法治关键在人才。在高质量推进新发展阶段税收现代化的征程上，在税收服务国家重大战略的过程中，都需要一大批优秀法治人才作为支撑。新时代以来，税务系统高度重视法治人才建设，推进法治人才的革命化、正规化、专业化、职业化，广泛开展了常态化的法治培训和教育，提升了税务人员的整体法治素养和依法行政能力，为税收法治建设提供了人才保证。进入新发展阶段，我国税收法治、税收改革和税收开放向纵深推进，税收治理现代化对税收人才的现代化提出了更高要求。带好队伍才能干好税务，如何运用法治思维完善税务组织体系，打造过硬的人才队伍，直接关系到税务执法、服务和监管的质量。一支政治过硬、德法兼备、严守党纪、恪守国法、一专多能的税收法治工作队伍也将为推动新时代税收事业高质量发展提供“第一人才资源”。

一、把握德才标准，加强法治人才选用

党的十八大以来，习近平总书记强调要坚持建设德才兼备的高素质法治工作队伍。这一论述指明了税收法治队伍建设标准和要求。强调要坚持立德树人，德法兼修，培养大批高素质法治人才。这一论述指明了税收法治人才培养的原则和路径。

（一）政治过硬，德法兼修

“政治过硬”是新时代税务人员选用的首要原则。毛泽东主席有句名言：“政治路线确定之后，干部就是决定的因素。”习近平总书记强调指出：“我们党对干部的要求，首先是政治上的要求”，“政治把关和政治素质考察是第一位的”。[①] 要强化党组织对干部政治能力的领导把关作用，要在平时、关键时和危急时检验其政治忠诚、政治定力、政治纪律、政治能力和政治担当，用好日常

① 习近平．努力造就一支忠诚干净担当的高素质干部队伍［J］．求是，2019（2）．

了解、调研谈话、核实甄别、分析研判、“凡提四必”[①]、以事察人等有效办法和手段，把听其言和观其行、研究人和研究事结合起来。切实选拔出和以习近平同志为核心的党中央在政治上、思想上、行动上保持高度一致，坚决贯彻执行党中央决策部署，始终把人民群众利益放在首位，严守政治纪律规矩，敢于负责、勇于担当、善于作为的干部。

“德法兼修”是新时代税务人员选用的重要标准。全面依法治国的根本在于人，新时代全面依法治国各领域全过程的实践推进更是需要“德法兼修”的法治人才。2017 年 5 月 3 日，习近平总书记在中国政法大学考察时强调：“全面推进依法治国是一项长期而重大的历史任务，要坚持中国特色社会主义法治道路，坚持以马克思主义法学思想和中国特色社会主义法治理论为指导，立德树人，德法兼修，培养大批高素质法治人才。”税务人员是国家法治人才的重要组成部分，是依法治国方略的具体实践者，必须做到“德法兼修”。这里，德法兼修中的“德”主要指税务人员的政治品德和职业道德，即在理想信念、行为担当等方面展现出的政治立场、政治品质和思想作风等。德法兼修中的“法”也不是指一般意义上的法律知识的掌握，而更关注税收法治实践中干部的法治意识、法治思维、法治精神的塑造。对“德法兼修”税收法治人才的实践性标准，首要的就是具有法治思维和法治方式，亦即“办事依法、遇事找法、解决问题用法、化解矛盾靠法”，牢固树立“法”在内心深处的根本地位，培养对法治的尊崇与信仰。

（二）强基固本，严格选才

“问渠那得清如许，为有源头活水来。”选人是打造高素质法治队伍的基础和根本。国家税务总局党委着眼事业需要和长远发展，加强“人才兴税”战略统筹谋划，坚持政治标准，通过组织实施以战略人才和领军人才为引领的一系列人才工程，为税收改革、税收法治和税收开放发展注入了源头活水。

首先，把政治标准作为选拔法治人才的首要条件。选拔前把好政治表现关，录取前进行严格政治考察，录取后实行预录取培养制度，对政治素质不合格、政治表现不过关、政治能力不突出的及时予以剔除，确保法治人才队伍的政治性、纯洁性和先进性。注重在复杂环境和重大任务中选拔法治人才，对在

---

① “凡提四必”，即讨论决定前，对拟提拔或进一步使用人选的干部档案必审、个人有关事项报告必核、纪检监察机关意见必听、线索具体的信访举报必查，坚决防止“带病提拔”。

落实党中央、国务院重大决策部署和深化征管改革、减税降费等工作中敢于担当、狠抓落实的精兵强将，在人才选拔时予以加分或破格录取，树立法治人才重担当、重实干、重实绩的鲜明政治导向。

其次，强化法治队伍的理论武装，发挥思想政治教育的浸润作用。党的十八大以来，习近平总书记强调要加强理想信念教育，深入开展社会主义核心价值观和社会主义法治理念教育。这一论述指明了法治队伍教育的核心内容。一是要把“两个维护”作为税收法治人才培养的最高政治原则和根本政治规矩，使之内化于心、外化于行。二是要把学习贯彻习近平新时代中国特色社会主义思想特别是习近平法治思想，以及习近平总书记关于税收工作的重要论述、习近平总书记关于人才工作的重要论述作为人才政治学习的“第一主题”，做到党的理论创新每推进一步，理论武装就跟进一步，不断筑牢税务法治人才队伍的信仰之基、补足“精神之钙”。

（三）加大导向倾斜

首先，打造高素质专业化税务人才队伍。深入实施新时代人才兴税战略，着力构建新时代税务人才队伍新体系，着力打造与税收治理体系和治理能力现代化要求相匹配的高素质专业化人才队伍。根据新时代税收现代化需要，在继承和发扬素质提升“1115”工程的基础上，实施素质提升“2271”工程，着力构建由200名左右战略人才、2000名左右领军人才、7万名左右业务标兵、1万名左右青年才俊构成的税务人才队伍新体系。进一步加强税收法治人才选拔与培养，推进由战略人才、领军人才、业务标兵和青年才俊构成的税收法治人才体系建设。

其次，强化税收法治专门人才队伍建设。根据中央《关于完善国家统一法律职业资格制度的意见》，研究落实相关岗位人员法律职业资格管理要求，加大对具有法律职业资格人员的录用力度，鼓励税务人员考取法律职业资格，全面推行公职律师法律顾问制度，加强税务系统公职律师培养使用。截至2020年底，中国税务部门共有公职律师5407人，公职律师、法律顾问在推动依法决策、依法行政中的重要作用日益显现，为高质量推进新时代税收治理现代化提供了智力支持。

最后，加强“数字化 + 法治化”前沿人才培养。要落实法治政府建设实施纲要提出的“健全法治政府建设科技保障体系，全面建设数字法治政府”要求，前瞻性培养一批善于运用互联网、大数据、人工智能等技术手段促进依法行政，实现政府治理信息化与法治化深度融合，能提升法治政府建设数字化水平的"数字化＋法治化"前沿人才，根据《关于进一步深化税收征管改革的意见》要求构建"智慧税务"。"智慧税务"建设是融技术应用和税收业务发展于一体的系统性建设，必将带来业务的变革、流程的优化，从而要求我们相应优化组织体系建设和人力资源配置，加大相关专业人才的培养选用需要未雨绸缪。

二、完善考评机制，加强法治人才管理

法治思维的培养核心在选人用人，关键在建立起一套科学的考评机制来考核、引导、督促、推进干部自觉培养法治思维与法治能力。将法治作为一个重要指标纳入干部的考评体系，不断优化干部的激励机制，严守管人用人底线，这不仅有利于提升考评体系的科学性，也有利于对税务人才管理法治化水平的提升。新时代以来，税务系统抓住领导干部这个"关键少数"，明确各级税务机关主要负责人为推进税收法治建设第一责任人。建立健全了党委中心组学法制度和宪法宣誓制度，推动了领导干部带头尊崇宪法、遵守宪法、维护宪法，做尊法学法守法用法的模范。建立健全领导干部法律知识考试考核制度，定期对领导干部遵纪守法、依法行政、依法办事等情况进行考核，考核结果作为衡量领导班子和领导干部实绩的重要内容，以及干部选拔任用的重要依据。

（一）完善政绩评价体系

建立适应法治内在要求的干部绩效考核机制，只有将法治纳入评价体系，才能促使法治思维成为税务人员主动、自觉的惯性思维方式。从现行的行政考核体系来看，是以由原来的 GDP 为中心的考核标准，逐步变为多度量、多角度、多方位的考评体系，将经济、社会、人文、生态环境、国有资产保值增值等方面纳入其中，但唯独缺失的是对法治考核为度量和角度的指引性评价。一些地方政府和地方领导层为谋求非比寻常的政绩和经济增长，缺少对法治建设的关注。更为严重的是，少数领导干部认为兼顾各方面的利益诉求、程序烦琐的法治会严重限制经济的发展，现行区域竞争压力和政治体制和制度安排下，如果运用法治思维，本地区或者本部门的利益就会受到损害，与此相反，利用本地区或者本部门的权力获取优势地位则效果立竿见影。因此导致国家明令禁止的不良现象屡屡发生，社会矛盾丛生、短期内引发大量的不满，甚至是群体性事件。究其原因，与我们的领导干部选拔和考核机制有一定关系。

以收“过头税”为例，“过头税”对地方百姓乃至经济社会长远发展来说是有害的，但对于急功近利地谋求政绩的官员却是有利的。正因如此，要从根子上规避“过头税”的存在，只有对现行政绩考核机制做进一步修缮和改革这条治本之策。考察地方官员的政绩如何，不能只看GDP和财税收入，还要看当地百姓收入和就业情况，看这个地方的生态环境保护如何，政府债务有多少、营商环境是否优化等。只有通过全面考核、综合评价，才更有利于地方官员在经济发展上从长计议，减少急功近利行为。

正因如此，我们急需要将法治指标考核体系纳入税务系统选人用人的标准中，同时将法治的具体指标纳入税务领导干部考核机制当中。今后，衡量工作的好坏与优劣高低，不再围绕着硬性的、具体的税费征收任务和标准，而是涵盖政治、经济、社会、法治、环境等在内的综合税收环境建设评价体系。基于此认知，为了促进领导干部这个“关键少数”自觉地运用法治思维和法治方式，使其成为其习惯性的、自觉的思维方式，税务系统亟待建立适应法治内在要求的税务人员绩效考核机制，大胆选用那些依法执政、依法行政、依法治税、依法决策，善于运用法律手段化解社会矛盾和解决现实问题、自觉依法合规促进税收可持续发展的优秀干部，为适应经济社会发展的现实需要，促进税收经济良性、可持续发展奠定人才基础，营造法治氛围。

（二）优化激励机制

习近平指出：“善用人者，必使有材者竭其力，有识者竭其谋。”对干部最大的激励是树立正确用人导向，用好一个人激励一大片。因此，坚持党管干部，就必须在选人用人上坚持讲担当、重担当、强业绩的工作导向。要坚持提拔重用那些政治过硬、肩膀过硬、能力过硬、业绩过硬的干部，建立崇尚实干的正向激励体系，对于面对大是大非敢于亮剑、面对矛盾敢于迎难而上、面对危机敢于挺身而出、面对失误敢于承担责任、面对歪风邪气敢于坚决斗争的干部大胆用起来。健全容错纠错机制和不实举报澄清正名机制，营造敢想、敢干、敢担当的党内政治文化。要宽容干部在改革创新中的失误，让干部放开手脚、消除顾虑，专心致志为党和人民建功立业。[①] 该容错的要大胆容错，该正名的要及时正名，对诬告、诽谤的要严肃查处，为担当者担当。

（三）坚守严管底线

从严管理干部是对干部最大的负责。习近平在十九大报告中指出要“坚持

① 薛琳．建立健全容错纠错机制［N］．人民日报，2018－09－11．

严管和厚爱结合、激励和约束并重”。要严把选人用人政治关、品行关、能力关、作风关、廉洁关，建立宏观指导、跟踪检查、综合考核相结合的政治监督机制，要聚焦日常经常，从严抓实管理监督。要坚持狠抓关键、抓早抓小的工作方式，严格执行提醒函询诫勉、个人有关事项报告和抽查核实等制度，在巡视巡察中严格开展选人用人、担当作为专项检查，深入整治选人用人不正之风，着力检查用人程序是否合规，将干部不作为、慢作为、懒作为、乱作为问题列入考核档案。

国家税务总局党委按照习近平总书记“好干部是选出来的，更是管出来的”重要指示精神，牢固树立“严管就是厚爱”的理念，健全完善管思想、管工作、管作风、管纪律的从严管理制度体系，加强对人才的全方位监督管理，不断激发税务人才干事创业的积极性主动性和创造性。

一是严格日常管理。国家税务总局党委把党管人才贯穿人才建设的全过程，在税务战略人才、税务领军人才等重点人才项目中实行“直接选拔人才、直接管理人才、直接使用人才”，出台税务领军人才培养系列制度，全面规范税务领军人才选拔、培养、锻炼、考核、使用等工作机制，实行培养期内预录取、激励、预警和退出机制。人才培养情况纳入各省局绩效管理考核体系，形成了上下联动、齐抓共管的良好局面。

二是强化跟踪管理。从选拔进入战略人才和领军人才伊始，就为每名税务人才配备厅级领导担任导师，并要求导师承担日常管理监督职责，指导税务人才结合工作实际开展研究，定期下达学习任务和目标要求，帮助及时调整矫正人生航标，促进其快速成长成才。各级税务机关发挥协同效应，加强税务人才队伍建设和日常监督管理，用好用活各级人才资源，形成梯级人才团队。

三是加强“八小时外”监督。国家税务总局对税务人才在日常干部管理上要求更加严格，不仅对税务人才的工作表现提出明确要求，而且更注重“八小时外”的监督管理。外派人才的选拔考察中，考察组既要深入考察对象所在单位了解其日常表现情况，又要向其亲朋、家属等了解考察对象的家庭生活、日常行为和社会品德等情况，进一步查准识清考察对象的一贯表现，最大限度确保其经得起时间和实践的检验。①

① 刘锋．建立健全税务人才培养体系　推动形成高质量人才格局［N］．中国税务报，2021－06－23．

三、拓展队伍内涵，加强法治人才培养

玉不琢，不成器。法治人才是打造高素质法治队伍的首要环节，也是法治思维运用到实践的主力部队。2015 年 1 月，习近平总书记在《求是》杂志发表《加快建设社会主义法治国家》的署名文章，指出："我国专门的法治队伍主要包括在人大和政府从事立法工作的人员，在行政机关从事执法工作的人员，在司法机关从事司法工作的人员"，"律师队伍是依法治国的一支重要力量"。2017 年 5 月 3 日，习近平总书记在中国政法大学考察时要求："加强法学教育、法学研究工作者和法治实际工作者之间的交流"，"培养大批高素质法治人才"。可见，法治队伍内涵丰富，既包括专门的法治队伍，即立法人员、执法人员、司法人员等政法干警、行政纪检监察机关的执法办案人员，也包括律师等法律服务工作者和高校法学教师、学术科研机构的法学专家、学者。各支队伍各司其职，各负其责，相辅相成，共同汇聚成推进全面依法治国的磅礴力量。

（一）把握成长规律，循序培养税务法治人才

党的十八大以来，习近平总书记强调推进法治专门队伍革命化、正规化、专业化、职业化。这一论述指明了法治队伍建设的重要任务。党的十九届五中全会通过的《中共中央关于制定国民经济和社会发展第十四个五年规划和二〇三五年远景目标的建议》提出："提高各级领导班子和干部适应新时代新要求抓改革、促发展、保稳定水平和专业化能力……"。

新时代呼唤新担当，高质量税收现代化建设需要与之相适应的、符合"四化"能力要求的高素质专业化税务法治人才。随着涉税市场主体快速增长，社会保险费和非税收入征管职责逐步划转到位，税务部门组织的税费收入规模不断扩大，且向自然人领域不断拓展，税收在国家治理中的基础性、支柱性、保障性作用更加凸显，税收事业对法治人才的需求比以往任何时期都更加迫切。比如，落实中共中央办公厅、国务院办公厅印发的《关于进一步深化税收征管改革的意见》，深度参与国际税收合作和国际税收规则制定，税收支持共同富裕和实现"双碳"目标等重点工作，都需要一大批高素质专业化的优秀税务法治人才。可以说，没有高质量的税务法治人才队伍，就没有高质量的税收现代化。而只有把握税务人才成长规律，优化分类分级人才培养体系，持续优化税务人才结构，才能不断夯实税收法治人才基础，为新时代税收法治建设提供源源不断的人才支持。

1. 打造高素质专业化骨干人才培养机制

党的十八大以来，国家税务总局党委深入贯彻习近平总书记关于人才工作的系列重要论述，围绕国家战略需求和税收改革需要，大力实施人才兴税战略，全面构建素质提升“1115”人才工程，持续完善“人才工程育俊杰”机制制度体系，坚持“选、育、管、用”一体推进，坚持“战略人才、领军人才、骨干人才、岗位能手”一体培养，坚持“平时、战时、现时、来时”一体抓牢，努力造就了一批具有全球视野和国际水平的税务战略人才、税务领军人才和高水平税务专业人才，把税务系统党的全面领导的政治优势转化为人才发展的体制机制优势，最大限度激发和增强税务系统人才创新创造活力，推动税务人才为实现“两个一百年”奋斗目标、实现中华民族伟大复兴的中国梦贡献智慧力量。

按照税务系统“1115”人才工程部署，围绕建设综合素质优秀、业务能力卓越、引领作用突出、团队效应显著、具备国际竞争力的税务领军人才队伍，重点提高思想政治素质、组织协调能力、实践工作能力、分析研究能力和开拓创新意识，坚持优选精育、严管善用，健全税收高层次人才培养体系，更好适应高质量推进新时代税收现代化的战略要求。围绕建设规模适当、结构合理、素质优良、具有较高业务水平的税收人才队伍，以增强政治素养和专业能力为重点，以各级专业人才库人员、专业骨干和岗位能手为主要对象，培养专业能力、弘扬专业精神，提升适应高质量推进新时代税收现代化要求的本领。

根据新时代税收治理现代化要求，为了着力培养又博又专、底蕴深厚的复合型干部，使税务人员既懂经济又懂政治、既懂业务又懂党务、既懂专业又懂管理。国家税务总局党委还提出要加强骨干人才宪法法律、党内法规和总体国家安全观教育，开展经济、政治、文化、社会、生态文明和党建、国防、外交、民族、宗教等方面基础性知识学习培训，帮助税务人员完善履职尽责必备的知识体系。要抓好税务人员互联网、大数据、金融、统计、保密、应急管理等方面学习培训，开展哲学、历史、文学、艺术教育和心理健康辅导，提高税务人员科学人文素养。加强形势任务教育，拓宽思路眼界，引导税务人员统一思想、把握大局，居安思危、坚定信心。

2. 优化分类分级专业化人才培养体系

干部教育培训是干部队伍建设的先导性、基础性、战略性工程。《干部教育培训工作条例》指出，干部教育培训工作应结合干部岗位职责和健康成长需求，开展教育培训，全面提高质量和效益。《2018—2022年全国干部教育培训规划》对优化分类分级培训体系作出了战略规划。我国《公务员法》第六十六条第一款规定："机关根据公务员工作职责的要求和提高公务员素质的需要，对公务员进行分类分级培训"。这些条规制度中，最为重要的就是根据干部教育培训规律和干部自身成长规律，进行分类分级培训，循序培养。

税务教育培训对加强党对税收工作的全面领导，推动税收治理体系和治理能力现代化具有不可替代的地位和作用。为培养造就高素质专业化税务铁军，高质量推进新时代税收现代化，在税务人员专业化能力培训方面，国家税务总局党委提出了要紧紧围绕统筹推进"五位一体"总体布局和协调推进"四个全面"战略布局，着眼构建优化高效统一的税收征管体系，为纳税人和缴费人提供更加优质高效便利服务，增强税费治理能力，确保税收职能作用充分发挥，夯实国家治理的重要基础，按照"急用先学、学以致用"的原则，突出问题导向、目标导向和实践导向，开展务实管用的税收专业化能力培训，促进税务系统干部队伍管理法治化、规范化、专业化。一是着眼于增强税务人员依法行政能力，聚焦依法治税，开展税收法治专项培训，提升税务人员法治意识和法律素养，引导税务人员运用法治思维和法治方式做好税收工作。二是着眼于增强税务人员服务发展能力，聚焦贯彻落实新发展理念、深化供给侧结构性改革和推动"一带一路"建设等，开展重要领域、重点区域、重大政策等专题培训，实施"干部专业化能力提升计划"。三是着眼于增强税务人员改革创新能力，聚焦深化"放管服"改革和进一步深化征管改革，开展新业务培训、融合业务培训和优化营商环境培训。四是着眼于增强税务人员岗位胜任能力，聚焦税收事业发展重点、实际工作难点、纳税人和缴费人关心热点等具体问题，开展税收业务培训和岗位实训，持续提升税收法治化管理和服务效能。

新发展阶段，为优化税务人员分类分级培训体系，税务系统领导班子成员要按照政治过硬、本领高强的要求，着重提高各级税务机关领导班子成员政治觉悟、政治能力，着力培养宪法意识、法治思维、专业能力和科学方法，把增强学习本领、政治领导本领、改革创新本领、科学发展本领、依法执政本领、群众工作本领、狠抓落实本领和驾驭风险本领的培训抓紧抓实、抓出成效。要准确把握税务机关干部岗位类别特点和不同需求，以加强干部思想政治建设、职业道德建设、法治素养建设和业务能力建设为重点开展法纪专项专题培训。税务基层干部要着眼培养守信念、讲奉献、有本领、重品行的高素质专业化基层干部队伍，以理想信念教育、知识结构优化、法治观念养成、能力素质提升为主线，准确把握税务系统岗位培训需求，加强对基层干部的精准培训。坚持集中培训与个人自学相结合，着力提高基层干部依法履职能力。

青年干部是国家经济社会发展的生力军和中坚力量。党和国家事业要发展，青年首先要发展。根据中共中央、国务院颁布的《中长期青年发展规划（2016—2025年）》，到2025年，具有中国特色的青年发展政策体系和工作机制更加完善，广大青年思想政治素养和全面发展水平明显提升，不断成长为志存高远、德才并重、情理兼修、勇于开拓，堪当实现中华民族伟大复兴中国梦历史重任的有生力量。按照上述要求，税务系统青年干部培训将着眼培养造就忠实贯彻习近平新时代中国特色社会主义思想、符合新时期新发展阶段好干部标准、忠诚干净担当、数量充足、充满活力的高素质专业化年轻干部队伍，突出理想信念宗旨教育、思想道德教育、优良作风教育，加强年轻干部政治训练和实践锻炼。重视源头培养，提高新录用公务员初任培训的实效，帮助新入职公务员找准自身定位，迅速融入集体，打好工作基础，明确发展方向，在此基础上，根据年轻干部专业能力进行更加专业细致的纵深化培养，有计划安排参加系统内重大法治案件查办、重点法治课题研究、重要法治专题培训等工作，让青年干部逐渐成长为税收法治生力军，不断发挥“法治尖刀”作用。

（二）优化人才结构，集约利用各类法治人才

党的十九届五中全会提出了到2035年基本建成法治国家、法治政府、法治社会的远景目标。伟大事业需要伟大的队伍来担当。税收法治现代化是税收治理现代化的重要一维，税收法治现代化需要一大批系统内外的优秀法治人才参与、加盟、协力并在税收实践中“增光添彩”。为确保税收法治队伍建设更加有目标、有载体、能操作、可执行、有张力，税务系统要坚持立足当前，着眼长远，积极优化税务人才结构，进一步完善法治人才培养体系，努力提高法治人才集约化利用效能。

1. 大力培养税收事业的法治先锋

对于攻坚先锋类法治人才，一方面，应当适当提高法治培训强度。把学习习近平法治思想和习近平关于税收工作重要论述作为培训的重要内容，做到法治理论创新推进一步，法治培养就跟进一步。同时分类别开展法治专题教育，分岗位设置法治专业讲座，突出互动教学和交流研讨，提升人才的政治站位和法治素养，做到税收事业发展需要什么，培养就专注什么。另一方面，应当严

格日常管理。坚持高标准、严要求，明确国家税务总局、各省税务局和人才所在单位推进职责，培养管理情况纳入各省税务局绩效管理考核体系。建立紧密的导师学员“一对一导学督学”关系，充分发挥导师在学员开展课题研究和成长进步中的引导作用。

2. 着力储备法治发展所需的战略人才

战略人才是适应税收法治发展需要的顶尖人才。对法治战略人才的储备培养，应当有明确的培养目标、培养路径和培养方式，筛选一批政治立场坚定、综合素质过硬、组织群众公认、具有发展潜力、引领作用明显的人员，纳入税收法治战略人才培养体系，按照国际化和综合型两个方向开展分途培养。国际化方向重点培养具有国际视野、熟练运用外语、通晓国际规则、精通国际税法的战略人才；综合型方向重点培养具有战略思维、法治思维、创新思维、全局观念和科学治税能力的战略人才。为每一名培养对象设定“一对一”个性化培养计划，统筹安排培养对象的培训学习、外派工作、挂职锻炼等内容，重点突出岗位实战能力历练。国际化方向人员重点采取“送出国（境）”进行锻炼，通过选派到我驻外机构或国际组织参与涉外法治实践，到国外有关法律院校和科研机构进行研修等方式拓展国际视野，强化国际思维。综合型方向人员重点采取“派出门”进行锻炼，通过交流到中央有关部委、地方党委政府及其法治部门、国有企事业单位法治机构挂职锻炼，着力培养战略思维、法治思维、创新思维、系统思维，提升其协同共治思维下的科学治税能力。

3. 倾力打造法治工作的骨干能手

以“人才工程育俊杰”为主线，培养建立了一支涵盖税务系统各层级、税收工作各领域的法治人才库方阵，法治人才库实行层层推荐、层层选拔、层层升级的选拔模式和2年动态管理模式，有效集聚、整合、储备和优化各类人才资源。法治人才库成员要在落实党中央、国务院决策部署、重大法治课题攻关、税收改革、税收开放等重大任务中担任课题研究、巡回指导、专题授课等工作，发挥因地制宜创新创造的示范带头作用，成为税务人员身边的法治导师和业务能手，推动税收法治重点工作落地落实。实施青年法治才俊培养计划，为市、县税务机关中政治素养较高、工作业绩突出、具有培养潜力的优秀年轻干部搭建成长进步平台，进一步优化市、县税务局领导班子年龄结构，举办税务系统青年法治才俊示范培训班，着力提高青年才俊的法治思维、法治能力和综合素养。持续推进专业化法治能力培训，按照“急用先学、学以致用”的原则，运用“学习兴税”平台和线下集训，开展务实管用的税收法治专业化能力培训，鼓励干部勤学苦练、岗位成长。组织开展“岗位大练兵、业务大比武”活动，以干部法治能力建设为主线，积极构建覆盖总局、省局、市局三个层级的法治人才梯次培养机制，培养一大批法治精英型人才和实用实战型人才。

4. 统筹利用各类税收法务人才

党的十八大以来，习近平总书记强调要教育引导法律专业工作者和法律服务工作者坚持正确政治方向，坚持依法依规严格执法，依法依规诚信执业，认真履行职业使命和社会责任。这一论述指明了法律工作队伍建设的基本要求。结合税收工作实际，要完善税收法治专门队伍分类管理制度。围绕推进国家治理体系和治理能力现代化，加快推进法治专门队伍革命化、正规化、专业化、职业化，积极构建符合法律职业特点的法治人员分类管理制度，完善职业保障体系，促进法治专门队伍安身安心安业。一是要全面建立以税务机关法制机构人员为主体，吸收专家和律师参加的法律顾问队伍，建立健全税务系统公职律师制度，充分发挥法律顾问和公职律师在推进依法行政中的参谋助手作用。二是要完善税务系统法务人才评定机制，为法务人员开辟专业序列职业发展路。打造一支政治过硬、业务过硬、责任过硬、纪律过硬、作风过硬的公职律师队伍，充分发挥税收法务人才的法律顾问和参谋助手作用，为税收改革、税务执法、行政管理提供优质高效法律服务。二是要完善法治工作人员有序流动机制，使从符合条件的律师、高校法学教师、法学专家中招录税务执法人员制度化、常态化。健全法律职业联合培训机制。推动落实法律职业人员统一的、联合的、混同的培训制度，扎实推进税务法治职业共同体建设。健全税收法务人才对外交流锻炼制度。搭建多领域、多层次交流锻炼平台，提高税收法务人才解决实际问题能力。

5. 发挥“集约效应”，激活人才活力

重视法治人才政治历练，加强实践锻炼。“人才自古要养成，放使干霄战风雨”。树立培养重在使用、使用就是培养的理念，坚持“人才就是要用起来”的指导思想，逐人分析岗位经历和培养方向，将个人发展目标与国家税务总局重点工作任务落实精准对接，按照分级负责、“缺什么补什么”的原则，分批次有计划地安排人才到改革攻坚、创新争先的前沿阵地或艰苦地区进行政治历练、实践锻炼、法治训练，促其经风雨、见世面、壮筋骨，淬炼过硬品格，涵养精神气质，培育使命担当。积极为法治人才搭建工作平台，引导各类法治人才充分施展才能，确保了税收征管、纳税服务、税务稽查、税收分析、信息管税等工作顺利开展，为筹集财政收入和服务经济社会发展提供了有力支撑。为优秀法治人才成长提供“快车道”，给德法兼修的法治人才压担子，给工作实绩突出的法治人才搭台子，建立法治专业人才与领导后备人才的对接通道，加大优秀法治人才选拔力度，优化领导班子结构，形成法治型治理团队。

优化法治人才资源配置，激发人才活力。按照新时代法治政府建设要求，进一步深化法治工作部门机构改革，厘清各级法治工作部门事权，持续优化法治队伍整体结构、人员布局。重点解决好部分领域专门人才短缺问题，建立健全人财物向基层倾斜的政策保障体系，确保法治队伍结构布局与承担的职责任务相匹配、相适应。对于经过高层次专项培训或取得较高学历、职称的法治人才，及时安排到相关工作岗位担当重任。积极推行双向选择等制度，变“伯乐相马”为“赛场选马”，激发了法治人才工作的原动力。上级单位与下级单位之间普遍建立多样化的人员轮岗交流机制，例如，安排下级单位新提职的领导干部在任职前到上级单位法制部门短期跟班学习，安排下级单位法务骨干到上级单位进行半年到一年的挂职锻炼，安排缺乏基层经验的机关法务人员到区县等基层一线法制部门实践锻炼，安排基层一线法制人员到属地司法部门开展短期交流学习等。对于青年法治后备人才，可安排在基层一线业务部门及办税服务厅等不同岗位进行轮岗转换，使其通过角色的转换，提升税务实践能力，积累工作经验，加速成长步伐。不同地方还可以根据本地区部门的工作实际，将青年法治后备人才选派到大企业管理岗位、税务稽查岗位、税收风控岗位锻炼，为其提供施展才华的舞台和战场，通过日常工作接触和执法检查实战，练就识别疑点的“慧眼金睛”，锤炼攻克难点的法治本领。同时，有条件的地区税务部门，还可结合绩效考核成绩和青年干部的法治素养，对法治考核成绩靠前、组织协调能力强、群众公认度高的精英人才，本着“人尽其才、才尽其用”的原则，选送到关键岗位、提拔到领导层，为他们添责任，压担子，搭建青年法治人才成长进步的舞台，焕发青年干部干事创业的激情与活力。

6. 创新培养机制，重视理论研究

新时代以来，习近平总书记多次强调要创新法治人才培养机制，从源头上提高法治人才质量。法学教育要坚持立德树人，不仅要提高学生的法学知识水平，而且要培养学生的思想道德素养。创新税收法治人才培养机制。一要强化党对法学教育工作的领导。进一步加强法学院校政治思想领导，把握正确的办学方向和教育培养方向，要把习近平法治思想融入学校教育，纳入高校法治理论教学体系，做好进教材、进课堂、进头脑工作。把思想政治工作和党的建设工作结合起来，牢牢掌握意识形态工作主动权。二要建立法学院校与税收法治部门协同育人机制。深入总结我国税收法治建设的实践经验，努力将规律性认识上升为税收法治理论，加快构建以我为主、兼收并蓄、突出特色的税法学科体系和税法教材体系。坚持把法学理论和税法实践教学紧密结合起来，推动法学院校普遍开设税法理论、税法实务课程，建立以税务职业需求为导向的教育培养模式。深入实施卓越法治人才教育培养计划2.0，建立高校理论导师和税收实务导师共同指导的“双导师”制，努力提高应用型税收法治人才培养质量。将税收法治实务部门的优质教育、研究资源引入法学院校和研究机构，支持法学院校与税收法治实务部门共同开展税收法治理论研究，切实解决法学理论与税收实践脱节的问题。深入实施法学院校与税务实务部门人员互聘计划，推动骨干教师到税务部门挂职研修、实践锻炼制度化、规范化。三要加强急需紧缺专门人才培养。适应税收改革、税收法治、税收开放需要，加强专门人才需求类别、数量及培养路径研究，开设一批跨学科、跨专业、跨语种交叉法治课程，加快应用型复合型创新型税收法治人才培养。服务于国家“一带一路”倡议和全面对外开放的新格局，加大国际税收法治人才、特殊需求人才培养力度，加快建设通晓国际税法规则、善于处理涉外税法事务的涉外税收法治人才队伍，加快培养在税务国际合作、国家税收协调、国际反避税防控、跨境税收服务等领域内具有较大影响的国际型、领军型法治人才，努力提升我国在全球税收治理和国际税收立法、司法、执法领域的话语权。

第四节　注重法治实践，提高法治能力

全面推进依法治国是国家治理的一场深刻革命，也是人们思想深处的一场重大理念变革。当前，我国已经开启全面建设社会主义现代化国家、向第二个百年奋斗目标进军的新征程，统筹中华民族伟大复兴战略全局和世界百年未有之大变局，推进国家治理体系和治理能力现代化，适应人民日益增长的美好生活需要，都对税收治理现代化提出了新的更高要求。

新时代，经济社会的发展不断赋予税收治理现代化更多的时代内涵。税收

法治现代化是税收治理现代化的六大体系之一。税收法治现代化有一个长期实践、不断完善制度和加强能力建设的过程。党的十九届四中、五中全会对国家治理体系和治理能力现代化的定义与完善，不断加快了税收法治现代化的进程。税收法治思维体现在税收法治现代化进程中，其目标在于培育一支高素质专业化的税收法治干部队伍，不断在法治实践中增强税务人员依法决策、依法办事的能力，其核心在于规范国家各项税收权力，不断强化税收法律实施，优化税务执法方式，确保严格规范公正文明执法，切实维护纳税人合法权益和社会公平正义，捍卫法律尊严。

一、依法治税，全面履行税收职能

税收是国家依法筹集财政收入的基本方式、实施宏观调控的重要工具、调节收入分配的有力手段，也是推进国家治理的重要支柱，新时代的国家治理需要现代化的税收治理方式。新时代以来，税务部门坚持依法治税，注重法治实践，发挥了税收在国家治理中的基础性、支柱性、保障性作用。

党的十九届四中全会重点研究讨论了“坚持和完善中国特色社会主义制度、推进国家治理体系和治理能力现代化”若干问题。党的十九届五中全会提出了完善再分配机制，加大税收、社保、转移支付等调节力度和精准性。这对新时代税收治理提出了更高的要求，融入了更多现代化的元素，使得税收治理在法治化的轨道上发展方向更加清晰。

（一）严格依法组织税收收入，做国家财力的坚定保障者

税收是国家参与国民收入分配最主要、最规范的形式，是财政收入的主要来源，在促进实现经济行稳致远、社会安定和谐中发挥着重要作用。新发展阶段，《关于进一步深化税收征管改革的意见》是指导税务部门当前及今后一个时期“抓好党务、干好税务、带好队伍”、更好地服务国家治理现代化的纲领性文件。《意见》提出了健全税费法律法规制度，全面落实税收法定原则，完善现代税收制度，更好发挥税收作用，促进建立现代财税体制，推动修订税收征收管理法、反洗钱法、发票管理办法等法律法规和规章，加强非税收入管理法治化建设等具体要求。当前，严格依法组织税收收入的“法”，主要指各税种法律法规、《税收征管法》及其实施细则，也包括《中华人民共和国预算法》（以下简称《预算法》）等其他法律法规和规章。我国《税收征管法》授权税务机关依法行使税收征收管理权，法律、行政法规规定的扣缴义务人依法代扣

代缴、代收代缴税款，其他任何单位和个人不得进行税款征收活动。《预算法》将税收收入纳入一般公共预算进行管理，每年的税收收入预算及其执行情况接受全国人民代表大会的审查监督并向社会公开；预算收入征收部门和单位，必须依照法律、行政法规的规定，及时、足额征收应征的预算收入。我国《预算法》规定，不得违反法律、行政法规规定，多征、提前征收或者减征、免征、缓征应征的预算收入，不得截留、占用或者挪用预算收入。《税收征管法》规定，税务机关依照法律、行政法规的规定征收税款，不得违反法律、行政法规的规定开征、停征、多征、少征、提前征收、延缓征收或者摊派税款。对违反法律行政法规规定征收的，依法追究责任。

随着经济的快速发展和税收法治建设的深入推进，我国的税收收入规模不断扩大，收入质量稳步提高。税务部门组织的税收收入从1950年的26亿元增加至2020年的13.68万亿元（已扣除出口退税）[①]，税收收入占财政收入的比重持续提升，1978年比重为40.8%，2013年以后基本保持在75%左右。这些成绩的取得，和税务部门严格依法组织税收收入的努力是分不开的。新发展阶段，税务部门组织收入工作要继续坚持依法依规，把握好执法力度，优化执法方式，采取科学管理的措施来提升税收征管效率，服务经济社会高质量发展。

（二）依法运用税收政策，做宏观调控的高效执行者

我国“十四五”规划提出要完善宏观经济政策制定和执行机制，提高调控的科学性。税收稳定宏观经济，一靠自动稳定的税收制度，二靠相机抉择的税收政策。税收政策直接作用于市场主体，针对性强、见效快，是宏观经济政策的重要组成部分，是逆周期调节的重要手段。税收政策对经济结构的调控主要是在特定时期内，根据国家产业政策和区域经济发展战略，通过制定差别的税收政策，鼓励某些行业、某些地区加快发展，限制不符合国家产业政策、对生态环境有害的经济活动，从而优化经济结构，促进国民经济的协调快速健康发展。

新发展阶段的税收工作，既要把促进社会公平、增加人民福祉作为一面镜子，全面审视各方面的现行税收制度和政策规定，从中找准短板和弱项并作为改革的突破口；又要把促进社会公平、增加人民福祉作为一项原则，针对有违税收公平正义的矛盾和问题持续发力，通过创新税收制度设计和税收政策安

---

① 《中国的税收法治建设》编写组．中国的税收法治建设［M］．北京：中国税务出版社，2020：22.

排，将“不断满足人民日益增长的美好生活需要”贯穿于税收制度和税收政策的各环节和全过程。新发展阶段，我国要按照全面深化税收改革要求，适时协同改革税制，完善税收政策，依法加强和改善税收制度供给，将创新、协调、绿色、开放、共享的新发展理念贯彻到税收政策制定和实施的全过程，服务市场主体创新发展。

一是要继续支持“大众创业、万众创新”。我国已建立涵盖科技企业从初创到发展整个生命周期的税收政策体系，实施高新技术企业低税率、研发费用加计扣除等税收优惠政策，服务创新驱动发展战略。下一步，在继续完善科技企业税收优惠政策的同时，还应按照功能性产业政策的要求，从降低市场主体创新成本、培育经济长期增长动力出发推进整体税制的优化。还要在“税收中性”“税制公平”的前提下改造和完善现行税制以引导和鼓励数字经济领域的创新和发展。

二是要着眼于脱贫攻坚与乡村振兴有效衔接。近年来，党中央、国务院出台了一系列税费支持政策，持续巩固拓展脱贫攻坚成果、促进脱贫攻坚与乡村振兴有效衔接。涉及支持农村基础设施建设、推动乡村特色产业发展、激发乡村创业就业活力、推动普惠金融发展、促进区域协调发展、鼓励社会力量加大乡村振兴捐赠六个方面。

三是要继续积极构建“绿色税制”。目前，我国车船税、环境保护税、烟叶税、耕地占用税、资源税五大资源环境类税种全部完成立法；我国全面推行资源税从价计征，试点征收水资源税，对高能耗产品征收消费税，支持和促进了“绿色发展”。新发展阶段，结合 OECD 成员国绿色税制改革的经验，对绿色税制改革需要按照不同的功能定位和作用范围对环境保护税和其他绿色相关税种进行总体规划、相互配合，避免不同绿色税收手段之间的冲突和矛盾，从而构建完善的绿色税收制度。

四是要继续实施支持深圳前海、广东横琴、上海自贸区临港新片区、海南自由贸易港、粤港澳大湾区等沿海地区全面参与全球经济合作和竞争的税收优惠政策，实施保税区、保税港区等海关特殊监管区税收政策。进一步适应经济全球化最新发展和“一带一路”倡议的要求，建立服务开放战略的税收制度体系，应对国际税收竞争的同时加强国际税制协调，把握国际税制发展趋势，通过完善企业所得税制度等措施提升我国税制的国际竞争力。

五是要继续坚持共享理念，把消除贫困、改善民生、逐步实现共同富裕作为历史使命。我国已经实施110项推动脱贫攻坚的税收优惠政策。同时，实施更大规模减税降费使减税降费红利更直接、更广泛、更公平地惠及广大人民群众。新发展阶段，促进脱贫攻坚和乡村振兴，要做好税收政策梳理和政策支持，进一步激发贫困地区创业就业活力。未来，减税降费的关键也在于确保现有政策全面落地，使税费减免的普惠效应和针对效应形成共振。

（三）依法运用税收手段，做收入分配的积极调节者

尽管税收不是市场经济下调节收入分配的唯一手段，却是政府调节个人收入分配的最重要的工具之一。新时代以来，我国十分重视收入差距问题，依法运用税收手段，加大对收入分配的调节力度，缩小收入差距，促进社会公平。

一是实施了个人所得税改革，全面实施综合与分类相结合的个人所得税税制。个人所得税一般被认为是调节个人收入分配关系最有效的工具，但是我国原有的个人所得税税制在这方面的功能没有充分发挥。个人所得税改革建立了对综合所得按年计税的制度，围绕与民生密切相关的支出领域设立专项附加扣除，提高基本扣除标准，体现以人民为中心的发展理念。优化调整税率结构，更好地体现量能负担原则，使绝大多数纳税人实现减税，其中中低收入群体减税幅度大于高收入群体。

二是鼓励慈善捐赠。我国《个人所得税法》《慈善法》规定，自然人、法人和其他组织捐赠财产用于慈善活动的，依法享受税收优惠，支持慈善捐赠改善收入分配。2017年3月，第十二届全国人大常委会第二十六次会议表决通过了修改《企业所得税法》的决定，以更大税收优惠鼓励企业进行慈善捐赠。修改后的《企业所得税法》第九条规定："企业发生的公益性捐赠支出，在年度利润总额12%以内的部分，准予在计算应纳税所得额时扣除；超过年度利润总额12%的部分，准予结转以后三年内在计算应纳税所得额时扣除。"经过这次调整，我国税收优惠鼓励慈善捐赠的力度超过很多西方发达国家。

新发展阶段，依法运用税收手段调节收入分配可以从三个方面着力：一是逐步实现税收收入以直接税为主的税制结构。当前我国的税制结构是以流转税为主的。以流转税为主的税制结构不利于调节居民收入和财产差距。二是加强个人所得税"信息+信用+共治"管理，完善自然人税收征管法律及配套制度建设，逐步建立以自然人自主申报纳税为基础，与税收风险管理流程相融合的自然人税收征管程序。三是用税收手段激励慈善捐赠事业，完善并理顺税法中有关捐赠的各项税收政策，切实维护捐赠人权益，弥补二次分配的不足。四是

在已经逐步提高养老保险全国统筹的基础上，顺势实施社会保险费改税，实现社保资金全国统筹，破除现行社保体系造成的标准不一、负担不公和地区分割等问题。①

（四）监督发挥职能作用，做国家战略的忠实服务者

新时代以来，税务部门综合运用多种方式，加大对税收法律执行、税收政策制定落实等事项的监督检查力度，不折不扣落实各项减税降费和税收优惠政策，积极主动优化办税缴费服务，确保税收职能作用有效发挥。

一是支持各级人大代表和政协委员积极参政议政，认真履行监督职能。党的十八大以来，国家税务总局共办理涉税议案建议提案3011件，推动落实国税地税征管体制改革、减税降费等国家重大决策部署，完善服务供给侧结构性改革、服务坚决打好防范化解重大风险、精准脱贫、污染防治“三大攻坚战”、促进就业创业等方面税收政策。

二是配合国务院建立健全了常态化政府督查工作机制。2014年以来，围绕政策落实的难点堵点和群众关切的焦点痛点，先后开展7次大督查，对落实减税降费政策、全面推行营业税改征增值税、深化“放管服”改革等进行重点督查，严肃查处部分地区违规征收税款、违法落实税费政策等问题，确保税收政策红利落地见效，确保了中央和国务院各项重大方针、政策、决策、重要会议精神在税务系统得到贯彻落实。

三是配合国家审计机关依据《宪法》《中华人民共和国审计法》等法律独立行使审计监督权，受国务院委托向全国人民代表大会常务委员会提交审计报告和审计查出问题整改情况报告。近年来，审计部门围绕国家深化财税制度改革、减税降费政策落实等内容进行重点审计，推动财税部门不断完善税收政策和征管措施，监督税收职能作用发挥。

四是配合国家建立公益诉讼制度。在税务机关未按规定履行征收税款等职责致使国家利益和社会公共利益受到侵害的情况下，检察机关可以依法提出检察建议，督促税务机关依法履行职责。对税务机关不依法履行职责的，检察机关可以依法向人民法院提起诉讼，维护国家税收利益。

新发展阶段，税务部门要紧紧围绕党的十九届五中全会确立的目标任务，着力提高广大税务人员顺应新发展阶段、贯彻新发展理念、构建新发展格局的

① 朱诗柱．新时代税收服务国家治理的职能定位与基本路径［J］．税收经济研究，2020（3）．

能力和水平，为充分发挥职能作用、积极服务全面建设社会主义现代化国家提供坚强有力保障。一是要始终坚持系统观念。加强前瞻性思考，加强税收领域前沿问题研究，增强做好税收工作的主动性和预见性。二是要切实增强底线思维。坚守组织收入底线，坚持依法依规征税收费，不折不扣落实减税降费政策，坚决不收“过头税费”。坚守税费安全底线，深化风险导向下的“双随机、一公开”税务监管，精准制导和有效打击“假企业”虚开发票、“假出口”骗取退税、“假申报”骗取税费优惠等行为，维护良好经济税收秩序。坚守廉洁从税底线，一体推进不敢腐、不能腐、不想腐，积极构建税务系统一体化综合监督体系，驰而不息推动税务系统全面从严治党向纵深发展、朝实处发力。

二、依法治权，尊重和保障纳税人权利

依法治国是我国建设社会主义法治国家的基本方略，而依法治权则是建设法治国家的必然要求，也是当前税务系统惩治权力腐败，禁止权力滥用，切实保障人权的现实要求。纳税人权利既是人权的重要内容，又是人权的重要保障。尊重和保障纳税人权利是坚持依法行政、营造良好税收环境的具体体现。既要尊重和保障纳税人的财产权、生存权、发展权等基本权利，也要切实保障纳税人的知情权、参与权、表达权、监督权等各项程序性权利，采取各种措施便利纳税人行使权利，加强纳税人权利的行政和司法保护。

（一）依法保护纳税人基本权利

1. 依法保护纳税人的财产权

财产权是维持纳税人生存和发展的最基本权利。我国认真落实税收法定原则，坚持权利平等、机会平等、规则平等，保障各种所有制纳税主体平等受到税法保护。一是《立法法》规定，税种的设立、税率的确定和税收征收管理等税收基本制度只能制定法律。税款征收必须由法律授权机关实施，税收收入依法纳入预算管理。二是《行政处罚法》《行政强制法》《税收征管法》等法律对实施税务行政处罚、税收保全和强制措施的主体、权限、条件、程序等作出明确规定。行政处罚必须以事实为依据，与违法行为的事实、性质、情节以及社会危害程度相当。行政强制措施不得查封、扣押与违法行为无关的场所、设施或者财物，冻结存款、汇款的数额应当与违法行为涉及的金额相当。三是我国《税收征管法》明确规定，纳税人超过应纳税额缴纳的税款，税务机关发现后应当立即退还；纳税人自结算缴纳税款之日起 3 年内发现的，可以向税务机

关要求退还多缴的税款并加算银行同期存款利息，税务机关及时查实后应当立即退还。我国自 2019 年 4 月 1 日起，试行增值税期末留抵税额退税制度，对符合条件纳税人的增量留抵税额予以退还，有效缓解企业资金压力。2022 年，为深入贯彻落实党中央、国务院关于实施大规模增值税留抵退税的决策部署，进一步加大了增值税期末留抵退税政策实施力度，将享受主体扩大到符合条件的小微企业（含个体工商户）以及“批发和零售业”“农、林、牧、渔业”“住宿和餐饮业”“居民服务、修理和其他服务业”“教育”“卫生和社会工作”和“文化、体育和娱乐业”等企业。

2. 依法保护纳税人生存权

生存权为与人的尊严相适应的最低限度生活权。我国从改革完善税制、制定完善税法和出台调整税收政策等多个方面，依法保障纳税人有尊严地生存。

一是实施支持乡村振兴税费优惠政策。涵盖支持农村基础设施建设、推动乡村特色产业发展、激发乡村创业就业活力、推动普惠金融发展、促进区域协调发展、鼓励社会力量加大乡村振兴捐赠六个方面，持续巩固拓展脱贫攻坚成果、促进脱贫攻坚与乡村振兴有效衔接。

二是重视保障纳税人的基本生活维持权。《税收征管法》规定，纳税人因不可抗力、经营困难等原因不能按期办理纳税申报、缴纳税款的，可以向税务机关申请延期申报、延期缴纳税款；纳税人维持生活所必需的住房和用品被排除在税收强制执行措施和税收保全措施之外。我国《企业破产法》规定，破产人所欠职工的工资和医疗、伤残补助、抚恤费用，所欠的应当划入职工个人账户的基本养老保险、基本医疗保险费用，以及法律、行政法规规定应当支付给职工的补偿金清偿顺序优先于破产人所欠税款。

三是注重运用税收优惠政策促进充分就业。加强对贫困失业人员、高校毕业生、退役士兵和残疾人等群体就业创业的政策扶持。实施小微企业普惠性税收减免政策，将增值税小规模纳税人免税销售额标准提高到月销售额 15 万元，放宽小型微利企业认定标准，加大企业所得税优惠力度，对部分地方税种实行减半征收，有效减轻小微企业税收负担，发挥小微企业吸纳就业的主渠道作用。

3. 依法保护纳税人的发展权

除了生存权，纳税人权利体系中最本质的权利还有发展权。我国充分发挥税收职能作用，改善人民生活品质，提高社会建设水平，促进人的全面发展和社会全面进步。

一是通过实施普惠性、区域性、行业性税收优惠政策，支持经济社会发展，保障纳税人发展权益。深化增值税改革，实施更大规模减税降费，通过降税率、扩范围、调结构，实现所有行业税负只减不增，推动供给侧结构性改革，促进更高质量的发展；实施创新驱动发展战略，鼓励企业加大研发投入，多次优化调整研发费用加计扣除等政策，促进更有效率的发展；建立综合与分类相结合的个人所得税制，提高减除费用标准，优化税率级距，设立专项附加扣除，促进更加公平地发展；通过完善以环境保护税、资源税、耕地占用税为重点，与车船税、烟叶税、车辆购置税、增值税、消费税、企业所得税等税种的绿色化政策相配合，涵盖资源开采、生产、流通、消费、排放五大环节多个税种的绿色税收制度，促进可持续的发展。

二是坚持把实现好、维护好、发展好最广大人民群众根本利益作为发展的出发点和落脚点，充分发挥税收调节作用，促进基本公共服务均等化。按照统一税法、规范税制、区别对待的原则，支持文化体制改革，繁荣社会主义文化；完善非营利性组织税收政策，减轻其税收负担，促进公益性组织蓬勃发展；综合运用多种优惠方式，支持体育、教育、卫生、养老等民生事业发展，进一步满足人民群众日益增长的美好生活需要，不断增强人民群众获得感、幸福感、安全感。特别是 2020 年，先后出台 7 批 28 项税费优惠政策，有力支持新冠肺炎疫情防控和经济社会恢复发展，全年减税降费超过 2.5 万亿元。2021 年，全年累计新增减税降费约 1.1 万亿元，政策红利持续释放，有力地支持了国民经济持续稳定恢复。

（二）依法保护纳税人程序性权利

程序性权利是纳税人享有的富有动态意义和程序保障价值的权利，是保障税收程序公正机制建立的核心权利。从税收程序法与税收实体法的关系上看，只有通过税收程序法的运作过程，通过程序性权利的行使，税收实体法和实体性权利才能得到具体化。我国依法保护的纳税人程序性权利包括知情权、参与权、表达权和监督权。

一是依法保护纳税人的知情权。我国法律规定，纳税人、扣缴义务人有权向税务机关了解国家税收法律、行政法规的规定以及与纳税程序有关的情况；税务机关应当广泛宣传税收法律、行政法规，普及纳税知识，无偿地为纳税人提供纳税咨询服务。全面推进政务公开，坚持以公开为常态、不公开为例外，推进决策、执行、管理、服务、结果公开。实行税收政策和解读稿同步起草、同步审批、同步发布，推行行政执法公示制度，公开税务执法信息。综合运用报刊、广播、电视、税务网站和新媒体、12366 纳税服务平台以及办税服务厅等线上线下渠道，便利纳税人及时、全面获取税务信息。

二是依法保护纳税人的参与权。坚持开门立法、科学立法、民主立法，提高立法公众参与度和立法质量。已出台的税收法律在制定阶段均向社会公众公开征求意见，广泛凝聚社会共识。除依法需要保密外，税务规章在起草过程中应向社会公开征求意见。税务机关在制定与纳税人生产经营密切相关的税务规范性文件时，也充分吸收纳税人代表和行业协会商会的意见建议。纳税人和社会公众可以通过列席会议、听证座谈、协商沟通等多种形式反映意见建议。通过政府网站、政务新媒体、12366 纳税服务热线等渠道，广泛收集纳税人关注的热点问题，有效回应各种关切，让纳税人和社会公众更大程度参与税收改革、政策措施的制定、执行和监督。

三是依法保护纳税人的表达权。中国法律规定，纳税人对税务机关拟作出的征收、许可、处罚、强制等行政决定，可以口头或者书面形式进行陈述、申辩。税务机关在作出数额较大的罚款决定前，应当告知纳税人或其他当事人享有陈诉、申辩及要求听证的权利，税务机关应当充分听取当事人的意见，当事人提出的事实、理由或者证据成立的，税务机关应当采纳。

四是依法保护纳税人的监督权。《税收征管法》规定，税务人员进行税务检查时，未出示税务检查证和税务检查通知书的，纳税人、扣缴义务人及其他当事人有权拒绝检查。纳税人、扣缴义务人有权控告和检举税务机关、税务人员的违法违纪行为。任何单位和个人都有权检举违反税收法律、行政法规的行为并按照有关规定获得奖励。建立健全纳税服务投诉管理制度，公开纳税人监督投诉、涉税检举方式和渠道，建立服务投诉快速反应机制和涉税违法举报快捷处理通道，提高处理效率。纳税人依法享有申请行政复议的权利，认为具体行政行为侵犯其合法权益的，可以依法申请行政复议；认为具体行政行为所依据的规范性文件不合法，可以一并提出附带性审查。

（三）便利纳税人权利行使

纳税便利作为纳税人的基本权益，就是要将征税主体向纳税人提供纳税服务的行为与过程法制化、义务化，并据此成为纳税人可主张的纳税服务请求权和纳税服务保障权。

一是着力完善纳税服务制度。持续推进纳税服务规范化建设，出台了限时办结、预约办理、延时服务、免填单等一系列办税服务制度，便利纳税人办税。推出《全国税务机关纳税服务规范》，使不同区域、不同群体的纳税人到任何一个税务机关办理涉税事项时都能享受到基本一致的标准化服务。全面建立和实施纳税服务“好差评”制度。逐步开放涉税专业服务市场，取消涉税专业服务机构准入门槛，健全涉税专业服务机构监管制度体系，满足纳税人个性化纳税服务需求。

二是着力优化纳税服务举措。持续深化税务行政审批制度改革，全面落实减审批、减事项、减资料、减证明要求，审批事项由 2015 年的 87 项减少至 2020 年的 6 项，取消 61 个税务证明事项。结合全面深化商事制度改革，简化便利税务登记流程。自 2014 年以来，连续 9 年开展“便民办税春风行动”，持续简化办税程序，全面精简办税资料，办税时间不断缩短，办税效率持续提升。特别是 2020 年大力推行“非接触式”办税缴费，211 个税费事项可网上办理，其中 192 个可全程网上办，纳税网上申报率持续稳定在 99% 以上。

三是着力健全纳税服务设施。按照职能统一、基本设施统一、功能区域划分和标识统一、服务标准和管理要求统一的原则，推进办税服务厅标准化建设。加快推进电子政务，构建全流程一体化在线服务平台，开通 12366 纳税服务热线，运行全国统一的纳税服务平台，提供纳税咨询、涉税查询、纳税人学堂等服务。全国 8600 多个办税服务厅共设置近 4.6 万台自助办税终端，方便纳税人“就近办”“自助办”。

（四）加强纳税人权利的司法保护

司法是纳税人权利保障的最后一道防线。我国坚持司法为民，将惩治犯罪与保障人权相统一，不断发展和完善中国特色社会主义司法制度，努力让人民群众在每一个司法案件中都感受到公平正义。

一是纳税人、扣缴义务人享有提起行政诉讼的权利。按照有案必立、有诉必理原则，人民法院对符合规定的税务行政诉讼案件，应当登记立案。完善行政诉讼证据规则，税务机关对作出的税务行政行为负有举证责任，应当提供作出该行政行为的证据和所依据的规范性文件。规范行政机关负责人出庭应诉制度，推动涉税行政争议获得实质性化解。

二是推进以审判为中心的刑事诉讼制度改革，涉税刑事案件严格贯彻罪刑法定、证据裁判、非法证据排除等法律原则，确保审判程序合法化、正当化，保证庭审在查明事实、认定证据、保护诉权、公正裁判中发挥决定性作用。司法机关坚持以事实为依据、以法律为准绳，实行宽严相济的刑事政策原则，既依法保护纳税人的合法权利，也依法打击涉税犯罪活动。

三是纳税人享有获得国家赔偿的权利。根据《国家赔偿法》《税收征管法》规定，行政相对人认为税务机关具体行政行为造成其人身、财产损害的，可以申请国家赔偿。例如，税务机关违法采取税收保全措施、强制执行措施，或者采取税收保全措施、强制执行措施不当，致使纳税人合法权益受到损失的，应当依法承担赔偿责任。

总之，“保障人民权益”是法治政府建设的行动属性，也是法治税务建设的核心价值。为了保护企业权益，《法治政府建设实施纲要（2021—2025 年）》（以下简称《纲要》）规定，要依法平等保护各种所有制企业产权和自主经营权，切实防止滥用行政权力排除、限制竞争行为。要规范涉企行政检查，着力解决涉企现场检查事项多、频次高、随意检查等问题。为了保护公民权益，《纲要》强调，要广泛运用说服教育、劝导示范、警示告诫、指导约谈等方式，努力做到宽严相济、法理相融，让执法既有力度又有温度。全面推行轻微违法行为依法免予处罚清单。要健全规范应急处置收集、使用个人信息机制制度，切实保护公民个人信息。

新发展阶段，我国税收法治建设要坚持服务市场主体，以纳税人、缴费人为中心的税收法治理念，围绕纳税人权利需求，突出对纳税人权利的精准保护，建立和健全纳税人权利保护机制。同时，要依法控制税务机关的税收征管权，规范税收征管行为，避免纳税人的合法权益受到侵害。一是可创设诚实纳税推定权，以加强纳税人权利的法律保护。避免其遭受税收自由裁量权的干扰或侵入。二是顺应大数据等发展趋势，建立纳税人信息权保护机制，适度约束公权力、更好地依法保护纳税人信息权。三是适度降低纳税人救济权的门槛，针对涉税争议，对信用等级较高的纳税人给予复议或直接进入诉讼的选择权，确保纳税人诉权得以充分实现。

三、严格执法，确保税法规范实施

法律的生命在于实施，法律的权威也在于实施。新时代以来，我国不断完善税务执法体制、优化税务执法方式、健全税务监管体系、强化税务执法监督、提高税务执法信息化水平，税务机关依法执行职务，依照法定税率计算税额，依法征收税款，确保税收法律得到严格规范实施。

（一）完善税务执法体制

2018年，按照深化党和国家机构改革的重大决策部署，实施国税地税征管体制改革，将省级和省级以下国税地税机构合并，具体承担所辖区域内各项税收、非税收入征管等职责。为提高社会保险资金征管效率，将基本养老保险费、基本医疗保险费、失业保险费等各项社会保险费交由税务部门统一征收。为适应深化行政体制改革和创新监管方式的需要，自2017年起，税务系统先后设立国家税务总局驻北京、沈阳、上海、广州、重庆、西安6个特派员办事处，主要承担跨区域涉税大案要案稽查等任务。2018年国税地税征管体制改革，撤销县级税务局稽查局，设立市级税务局跨区域稽查局，建立起完善的跨区域稽查体制，税务稽查组织体系更加健全。

税务部门机构设置的历次改革，都是对税务执法体制的优化完善。特别是2018年深化国税地税征管体制改革，按照机构设置科学、职能职责清晰和资源配置合理的要求，大幅精简机构数量、规范机构设置，优化纳税服务、税收大数据和风险管理、税收经济分析、税务稽查等机构职能，基本构建起了系统完备、科学规范、运行高效的税务组织体系，为进一步优化税务执法方式、健全税务监管体系、提升税务执法效能提供了组织保障。

（二）优化税务执法方式

新时代以来，尤其是党中央、国务院《关于进一步深化税收征管改革的意见》下发后，税务部门坚持依法治税，聚焦纳税人和社会各界普遍关注的税务执法突出问题，运用法治思维和法治方式深化改革，统一执法标准，完善执法程序，创新执法方式，着力构建“无风险不打扰、有违法要追究、全过程强智控”的税务执法新体系，着力提升了税收法治化水平。

一是推进税务执法规范化建设。根据税收法律法规规定，统一制定并实施《全国税务机关纳税服务规范》《税收征管操作规范》《全国税务机关出口退（免）税管理工作规范》《全国税务稽查规范》等执法业务规范，明确法律依据、执法权限、执法程序、执法文书，确保税务执法统一规范。

二是完善税务执法程序。聚焦行政执法的源头、过程、结果等关键环节，在税务行政执法领域全面推行行政执法公示、执法全过程记录和重大执法决定法制审核“三项制度”，重点规范与纳税人密切相关的行政征收、行政许可、行政检查、行政处罚、行政强制等执法活动，促进执法透明、规范、合法、公正。发挥行政执法“三项制度”对促进严格规范公正文明执法的基础性、整体性、突破性带动作用，建立健全执法资格、执法证件、执法监督、执法责任等配套制度，着力打造阳光税务、规范税务、法治税务。

三是规范税务行政自由裁量权。根据《税收征管法》《企业所得税法》《行政处罚法》等规定，完善企业所得税管理制度，规范税款核定征收的自由裁量权。国家税务总局制定行政处罚裁量权行使规则，各省税务局制定处罚裁量权行使办法和裁量基准，探索长三角、京津冀等跨区域适用的处罚裁量基准，规范税务行政处罚自由裁量权。推广“首违不罚”清单制度，对纳税人首次发生且危害后果轻微并及时改正的部分违法行为，可以依法不予行政处罚。建立税务行政执法案例指导制度，更好统一执法标准。

（三）健全税务监管体系

新时代以来，税务部门持续深化“放管服”改革、加强事中事后监管，着力构建以“双随机、一公开”监管和“互联网＋监管”为基本手段、以重点监管为补充、以“信用＋风险”监管为基础的税务监管新体系，实现从“以票管税”向“以数治税”分类精准监管转变，不断提高税务监管效能。

一是建立完善纳税信用管理体系。构建涵盖信息采集、级别评价、结果应用、异议处理和信用修复等全环节的纳税信用评价制度，实施税收违法“黑名单”制度，对纳税人实施分类服务和管理。依法依规在发票领用、出口退税、税务稽查以及日常办税等方面给予相应的激励和惩戒，对纳税信用A级纳税人实施41项联合激励措施；定期公布重大税收违法失信案件信息，实施28项严格监管和联合惩戒措施。

二是深入实施税收风险管理。推动税收征管方式由事前审核向事中事后监管、由固定管户向分类分级管户、由无差别管理向风险管理、由经验管理向大数据管理“四个转变”，持续构建税收风险管理体系。设置税收大数据和风险管理部门，依托税收风险管理平台，发挥大数据整合、加工优势，强化风险分析防控，坚持“无风险不打扰”，对中低风险纳税人提示提醒，对高风险纳税人严格监管。设置大企业税收管理部门，提升大企业风险管理和个性化服务层级，将年纳税1亿元以上的2000余户企业集团纳入“千户集团”，统筹开展大企业税收风险分析应对。

三是全面实施“双随机、一公开”监管。全面推行随机抽取税务检查对象、随机选派税务执法检查人员、抽查情况及查处结果及时向社会公开的“双随机、一公开”监管方式，搭建“双随机”工作平台，全过程跟踪记录监管行为，及时公布查处结果。将税收风险分析和“双随机”选案相结合，科学确定抽查比例，提高税务检查的精准度，有效解决执法任性、执法扰民、执法不公等问题。

四是依法查处涉税违法行为。聚焦社会反响强烈、偷逃税等违法行为频发的重点行业和领域，结合税收风险分析结果，综合运用多种方式，依法查处涉税违法行为。研发并运用增值税发票管理系统，建立健全增值税发票风险快速反应机制，有效提高查处发票违法行为的精准性。税务、公安、海关、人民银行等部门加强协作，共同开展打击虚开骗税违法犯罪专项行动，依法查处重大涉税违法案件，遏制虚开骗税高发、多发势头，规范税收征管秩序，维护国家税收安全。健全税务行政执法和涉税刑事司法衔接机制，完善案件移送标准和程序，防止以行政处罚代替刑事处罚。

（四）加强税务执法监督

新时代以来，税务部门严格制约和监督税务执法权力，强化内外部审计监督和重大税务违法案件“一案双查”，建立健全内部制约和监督管理制度，不断完善对税务执法行为的常态化、精准化、机制化监督，促进税务机关和税务人员秉公执法、忠于职守、清正廉洁、礼貌待人、文明服务。

一是全面推行权责清单制度。按照中共十八届二中、四中全会决策部署和《法治政府建设实施纲要（2015—2020年）》要求，在全面梳理、清理调整、审核确认、优化流程的基础上，编制并公布各级税务机关权力和责任清单以及权力运行流程图，强化税务执法权力运行制约和监督体系，做到法定职责必须为、法无授权不可为，确保税务执法权力在阳光下运行。

二是强化执法内部控制。建立健全内部控制制度体系，全面上线内部控制监督平台，逐步实现对税款征收、税务管理、税务稽查、税收减免、出口退税等税务执法重要环节和关键节点的内部风险监控。实施重大税务案件审理制度，设立重大税务案件审理委员会，对重大税务案件进行集体审理，不断提高重大案件办理质量。

三是深入开展执法督察。建立健全常态化、长效化监督制度，优化督察内审机构人员配置，通过全面执法督察、重点执法督察、专项执法督察和专案执法督察等形式，对税收法律、行政法规、规章和规范性文件的执行情况等进行督察，及时发现并纠正执法中的突出问题，保证税法实施。

四是全面落实执法责任制。根据税务机关不同部门及机构、岗位执法人员的执法责任，以落实考评机制和过错责任追究制度为重点，建立执法责任制考核监督机制，依托税务执法考评系统开展过错责任认定和责任追究，做到有权必有责、用权受监督、违法必追究，持续规范税务执法行为，提升税务执法质量。

（五）强化执法信息化支撑

新时代以来，税务部门把税收信息化建设作为推动税收改革发展的先导性、战略性和基础性工程，着力构建全面覆盖、全程防控、全员有责的税务执法风险信息化内控监督体系，积极探索构建符合国际潮流、具有中国特色的税收信息化体系，为税务执法提供信息技术保障。

一是持续推进金税工程建设。自1994年开始，实施包含金税工程在内的国家级重大电子政务工程建设，经过从金税一期到三期的长期建设、升级和完善，逐步建成了规范执法、优化服务、管控风险和信息共享的大平台，在中国税收史上首次实现了基础平台、应用软件和业务标准等方面的统一，从技术上实现了全国办税流程的统一和税务执法痕迹化管理，增强了税务执法的规范性，降低了税务执法的随意性，促进了税务执法公开公平公正。目前，正稳步推进发票电子化改革（金税四期），将为税收领域数字法治、智慧法治建设插上“金色之翼”。

二是充分发挥税收信息化作用。先后建设了增值税发票管理系统、电子税务局、自然人税收管理系统、税务稽查指挥管理应用系统和互联网纳税服务平台等信息系统，围绕大数据发展战略和税收现代化目标，建立海量数据仓库，对全国税源情况和税款征收情况进行动态监控，进一步强化大数据和信息技术在税务执法中的应用支撑和安全保障。

税务部门是重要的行政执法部门，税务执法关系群众对法治和公平的信心，关系政府公信力。新时代以来，税务部门全面推进依法治税，税收法定进程明显加快，法治体系不断健全，执法行为逐步规范，广大税务人员运用法治思维和法治方式的能力全面提升。但同时仍存在税务执法统一性、规范性、精确度不够等问题。

“十四五”时期，为推动税收事业在新发展阶段实现高质量发展，税务系统将通过深化税收征管改革，完善税务执法制度和机制，实现从经验式执法向科学精确执法转变，这场从“合作”“合并”到“合成”的征管变革，既有助于堵塞税收征管漏洞、提升税收治理水平，也有助于降低干部队伍廉政和执法风险，一体化推进不敢腐、不能腐、不想腐，践行为民治税、廉洁从税，实现“抓好党务、干好税务、带好队伍”主责主业的有机统一，服务税收治理体系和治理能力现代化取得阶段性成就。

新发展阶段背景下，在推进税收治理现代化进程中，税收法治要求税务执法坚持规范性，突出公正性，恪守比例性，兼顾效率性，不断提升税收治理效能与税收治理能力现代化水平。

一是要继续建立与健全税务执法机制。应树立税收职权法定理念，不断完善税务执法制度和机制，建立与完善税务执法机构、岗位、职责、程序，明确税务机关税务执法权力清单与责任清单，实现有法可依、执法有章；进一步健全行政处罚裁量基准制度，明晰一般涉税违法与涉税犯罪的界限，实现从传统执法方式向依法执法、科学执法转变，强化税务机关税务执法的能动性，进一步提升税务执法的规范化、精准化水平。

二是要进一步规范和优化税务执法方式。应立足“放管服”改革，围绕优化营商环境目标，强化执法监督，减少事前审批，严格事后监管，推行执法公开、全程记录，不断提升执法质量，防止粗放式、选择性执法等问题。同时，在税收管理、税收征收、税务稽查等执法方式上依托科技力量，借助互联网、大数据、云计算等技术筛选税收违法信息，通过纳税人的用票、申报、收入、成本费用、利润、税负等信息分析、锁定税收违法对象，实施精准的税务执法，最大限度降低对合法经营者的行政干预，融洽征纳关系，提高税法遵从度和社会满意度。

三是要进一步强化信息管税和“数字赋能”。数字经济时代，我国涉及税收的货物流、资金流、票据流堪称海量。在税务执法中要注重提高税务机关及其人员依法利用信息管税和数字治理的能力，借助大数据平台建构涉税数据库，利用大数据技术分辨信息真实性和有效性，形成真实有效的涉税信息资源，让大数据、云计算、人工智能等信息技术成为税收征管的有力抓手。注重税收征管信息的收集、处理、利用等技术培训，不断促进税务机关及其工作人员的信息技术运用能力转化为信息管税、数字治理能力，从而不断提高税务机关及其工作人员税收治理的能力和水平。

延伸阅读

要坚持抓住领导干部这个“关键少数”。各级领导干部要坚决贯彻落实党中央关于全面依法治国的重大决策部署，带头尊崇法治、敬畏法律，了解法律、掌握法律，不断提高运用法治思维和法治方式深化改革、推动发展、化解矛盾、维护稳定、应对风险的能力，做尊法学法守法用法的模范。要力戒形式主义、官僚主义，确保全面依法治国各项任务真正落到实处。

——习近平在中央全面依法治国工作会议上的讲话（2020 年 11 月 16 日至 17 日）

尊崇法治、敬畏法律，是领导干部必须具备的基本素质。每个领导干部都要深刻认识到，维护宪法法律权威就是维护党和人民共同意志的权威，捍卫宪法法律尊严就是捍卫党和人民共同意志的尊严，保证宪法法律实施就是保证党和人民共同意志的实现。每个领导干部都要牢固树立宪法法律至上、法律面前人人平等、权由法定、权依法使等基本法治观念，彻底摒弃人治思想和长官意识，决不搞以言代法、以权压法。对各种危害法治、破坏法治、践踏法治的行为，领导干部要挺身而出、坚决斗争。

——习近平在省部级主要领导干部学习贯彻党的十八届四中全会精神全面推进依法治国专题研讨班上的讲话（2015 年 2 月 2 日）

古人有一句话：“三岁看大，七岁看老。”对领导干部的法治素养，从其踏入干部队伍的那一天起就要开始抓，教育引导他们把法治的第一粒扣子扣好。一个干部能力有高低，但在遵纪守法上必须过硬，这个不能有差别。一个人纵有天大的本事，如果没有很强的法治意识、不守规矩，也不能当领导干部，这个关首先要把住。一方面，要加强教育、培养自觉，促使领导干部不断增强法治意识，养成法治习惯。另一方面，要加强管理、强化监督，设置领导干部法治素养“门槛”，发现问题就严肃处理，不合格的就要从领导干部队伍中剔除出去。决不能让那些法治意识不强、无法无天的人一步步升上来，这种人官当得越大，对党和国家危害就越大。

——习近平在省部级主要领导干部学习贯彻党十八届四中全会精神全面推进依法治国专题研讨班上的讲话（2015 年 2 月 2 日）

建设法治中国，必须加强政治、组织、队伍、人才、科技、信息等保障，为全面依法治国提供重要支撑。

加强政治和组织保障。各级党委（党组）和领导干部要支持立法、执法、司法机关开展工作，支持司法机关依法独立公正行使职权。党的各级组织部门等要发挥职能作用，保障推进法治中国建设。中央和省级党政部门要明确负责本部门法治工作的机构。各级立法、执法、司法机关党组（党委）要加强领导、履职尽责，机关基层党组织和党员要充分发挥战斗堡垒和先锋模范作用，保障宪法法律实施。严格执行《领导干部干预司法活动、插手具体案件处理的记录、通报和责任追究规定》。

加强队伍和人才保障。牢牢把握忠于党、忠于国家、忠于人民、忠于法律的总要求，大力提高法治工作队伍思想政治素质、业务工作能力、职业道德水准，努力建设一支德才兼备的高素质法治工作队伍。

建设革命化、正规化、专业化、职业化的法治专门队伍。坚持把政治标准放在首位，加强科学理论武装，深入开展理想信念教育。完善法律职业准入、资格管理制度，建立法律职业人员统一职前培训制度和在职法官、检察官、警官、律师同堂培训制度。完善从符合条件的律师、法学专家中招录立法工作者、法官、检察官、行政复议人员制度。加强立法工作队伍建设。建立健全立法、执法、司法部门干部和人才常态化交流机制，加大法治专门队伍与其他部门具备条件的干部和人才交流力度。加强边疆地区、民族地区和基层法治专门队伍建设。健全法官、检察官员额管理制度，规范遴选标准、程序。加强执法司法辅助人员队伍建设。建立健全符合职业特点的法治工作人员管理制度，完善职业保障体系。健全执法司法人员依法履职免责、履行职务受侵害保障救济、不实举报澄清等制度。加强法治专门队伍教育培训。

加快发展律师、公证、司法鉴定、仲裁、调解等法律服务队伍。健全职业道德准则、执业行为规范，完善职业道德评价机制。把拥护中国共产党领导、拥护我国社会主义法治作为法律服务人员从业的基本要求。坚持和加强党对律师工作的领导，推动律师行业党的建设。完善律师执业权利保障制度机制。健全法官、检察官、律师等法律职业人员惩戒机制，建立律师不良执业信息记录披露和查询制度。发展公职律师、公司律师和党政机关、企事业单位、村（居）法律顾问队伍。

构建凸显时代特征、体现中国特色的法治人才培养体系。坚持以习近平新时代中国特色社会主义思想为指导，坚持立德树人、德法兼修，解决好为谁教、教什么、教给谁、怎样教的问题。推动以马克思主义为指导的法学学科体系、学术体系、教材体系、话语体系建设。深化高等法学教育改革，优化法学课程体系，强化法学实践教学，培养信念坚定、德法兼修、明法笃行的高素质法治人才。推进教师队伍法治教育培训。加强法学专业教师队伍建设。完善高等学校涉外法学专业学科设置。加大涉外法治人才培养力度，创新涉外法治人才培养模式。建立健全法学教育、法学研究工作者和法治实践工作者之间双向交流机制。

加强科技和信息化保障。充分运用大数据、云计算、人工智能等现代科技手段，全面建设“智慧法治”，推进法治中国建设的数据化、网络化、智能化。优化整合法治领域各类信息、数据、网络平台，推进全国法治信息化工程建设。加快公共法律服务实体平台、热线平台、网络平台有机融合，建设覆盖全业务、全时空的公共法律服务网络。

——《法治中国建设规划（2020—2025年）》

推动全社会增强法治观念。全民守法是法治社会的基础工程。树立宪法法律至上、法律面前人人平等的法治理念，培育全社会法治信仰，增强法治宣传教育针对性和实效性，引导全体人民做社会主义法治的忠实崇尚者、自觉遵守者、坚定捍卫者，使法治成为社会共识和基本原则。

维护宪法权威。深入宣传宪法，弘扬宪法精神，增强宪法意识，推动形成尊崇宪法、学习宪法、遵守宪法、维护宪法、运用宪法的社会氛围。切实加强对国家工作人员特别是各级领导干部的宪法教育，组织推动国家工作人员原原本本学习宪法文本。全面落实宪法宣誓制度，国家工作人员就职时应当依照法律规定进行宪法宣誓。持续开展全国学生“学宪法讲宪法”活动。推动“12·4”国家宪法日和“宪法宣传周”集中宣传活动制度化，实现宪法宣传教育常态化。

增强全民法治观念。深入学习宣传习近平法治思想，深入宣传以宪法为核心的中国特色社会主义法律体系，广泛宣传与经济社会发展和人民群众利益密切相关的法律法规，使人民群众自觉尊崇、信仰和遵守法律。广泛开展民法典普法工作，让民法典走到群众身边、走进群众心里。积极组织疫病防治、野生动物保护、公共卫生安全等方面法律法规和相关知识的宣传教育活动。引导全社会尊重司法裁判，维护司法权威。充分发挥领导干部带头尊法学法守法用法对全社会的示范带动作用，进一步落实国家工作人员学法用法制度，健全日常学法制度，强化法治培训，完善考核评估机制，不断增强国家工作人员特别是各级领导干部依法办事的意识和能力。加强青少年法治教育，全面落实《青少年法治教育大纲》，把法治教育纳入国民教育体系。加强对教师的法治教育培训，配齐配强法治课教师、法治辅导员队伍，完善法治副校长制度，健全青少年参与法治实践机制。引导企业树立合规意识，切实增强企业管理者和职工的法治观念。加强对社会热点案（事）件的法治解读评论，传播法治正能量。运用新媒体新技术普法，推进“智慧普法”平台建设。研究制定法治宣传教育法。

健全普法责任制。坚持法治宣传教育与法治实践相结合。认真落实“谁执法谁普法”普法责任制，2020年年底前基本实现国家机关普法责任制清单全覆盖，把案（事）件依法处理的过程变成普法公开课。完善法官、检察官、行政复议人员、行政执法人员、律师等以案释法制度，注重加强对诉讼参与人、行政相对人、利害关系人等的法律法规和政策宣讲。引导社会各方面广泛参与立法，把立法过程变为宣传法律法规的过程。创新运用多种形式，加强对新出台法律法规规章的解读。充分发挥法律服务队伍在普法宣传教育中的重要作用，为人民群众提供专业、精准、高效的法治宣传。健全媒体公益普法制度，引导报社、电台、电视台、网站、融媒体中心等媒体自觉履行普法责任。培育壮大普法志愿者队伍，形成人民群众广泛参与普法活动的实践格局。

建设社会主义法治文化。弘扬社会主义法治精神，传播法治理念，恪守法治原则，注重对法治理念、法治思维的培育，充分发挥法治文化的引领、熏陶作用，形成守法光荣、违法可耻的社会氛围。丰富法治文化产品，培育法治文化精品，扩大法治文化的覆盖面和影响力。利用重大纪念日、传统节日等契机开展群众性法治文化活动，组织各地青年普法志愿者、法治文艺团体开展法治文化基层行活动，推动法治文化深入人心。大力加强法治文化阵地建设，有效促进法治文化与传统文化、红色文化、地方文化、行业文化、企业文化融合发展。2020年年底前制定加强社会主义法治文化建设的意见。

——《法治社会建设实施纲要（2020—2025年）》

全面加强依法行政能力建设。推动行政机关负责人带头遵守执行宪法法律，建立行政机关工作人员应知应会法律法规清单。坚持把民法典作为行政决策、行政管理、行政监督的重要标尺，不得违背法律法规随意作出减损公民、法人和其他组织合法权益或增加其义务的决定。健全领导干部学法用法机制，国务院各部门根据职能开展本部门本系统法治专题培训，县级以上地方各级政府负责本地区领导干部法治专题培训，地方各级政府领导班子每年应当举办两期以上法治专题讲座。市县政府承担行政执法职能的部门负责人任期内至少接受一次法治专题脱产培训。加强各部门和市县政府法治机构建设，优化基层司法所职能定位，保障人员力量、经费等与其职责任务相适应。把法治教育纳入各级政府工作人员初任培训、任职培训的必训内容。对在法治政府建设中作出突出贡献的单位和个人，按规定给予表彰奖励。

——《法治政府建设实施纲要（2021—2025 年）》

参考文献

［1］邓小平．邓小平文选：第 1 卷［M］．北京：人民出版社，1994.

［2］邓小平．邓小平文选：第 2 卷［M］．北京：人民出版社，1994.

［3］邓小平．邓小平文选：第 3 卷［M］．北京：人民出版社，1994.

［4］江泽民．江泽民文选：第 1 卷［M］．北京：人民出版社，2006.

［5］习近平．习近平谈治国理政［M］．第 2 版．北京：外文出版社，2018.

［6］习近平．习近平谈治国理政：第二卷［M］．北京：外文出版社，2017.

［7］习近平．习近平谈治国理政：第三卷［M］．北京：外文出版社，2020.

［8］习近平．论坚持全面依法治国［M］．北京：中央文献出版社，2020.

［9］习近平．干在实处走在前列——推进浙江新发展的思考与实践［M］．北京：中共中央党校出版社，2006.

［10］《习近平法治思想概论》编写组．习近平法治思想概论［M］．北京：高等教育出版社，2021.

［11］中共中央宣传部，中央全面依法治国委员会办公室．习近平法治思想学习纲要［M］．北京：人民出版社，2021.

［12］中共中央文献研究室．习近平关于全面依法治国论述摘编［M］．北京：中央文献出版社，2015.

［13］《中国的税收法治建设》编写组．中国的税收法治建设［M］．北京：中国税务出版社，2020.

［14］《中国共产党领导下的税收理论与实践》编写组．中国共产党领导下的税收理论与实践［M］．北京：中国税务出版社，2021.

［15］［德］黑格尔．法哲学原理［M］．范扬，张企泰，译．北京：商务印书馆，2016.

［16］［英］威廉·特文宁．反思证据——开拓性论著［M］．吴洪淇，等译．北京：中国人民大学出版社，2015.

［17］［法］孟德斯鸠．论法的精神［M］．许明龙，译．北京：商务印书馆，2012.

［18］［意］埃里希·科齐勒．税收行为的经济心理学［M］．国家税务总

局税收科学研究所，译．北京：中国财政经济出版社，2012.

［19］［德］卡尔·拉伦茨．法学方法论［M］．陈爱娥，译．北京：商务印书馆，2003.

［20］［法］卢梭．社会契约论［M］．何兆武，译．北京：商务印书馆，2003.

［21］［美］史蒂文·J. 伯顿．法律和法律推理导论［M］．张志铭，等译．北京：中国政法大学出版社，1999.

［22］余凌云．行政法讲义［M］．第3版．北京：清华大学出版社，2020.

［23］蔡小雪．行政行为的合法性审查［M］．北京：中国民主法制出版社，2020.

［24］王利明．民法总则［M］．北京：中国人民大学出版社，2020.

［25］陈清秀．税法总论［M］．北京：法律出版社，2019.

［26］马怀德．行政法前沿问题研究［M］．北京：中国政法大学出版社，2018.

［27］孙笑侠．法律对行政的控制［M］．北京：光明日报出版社，2018.

［28］王利明，王叶刚．法律解释学读本［M］．南京：江苏人民出版社，2016.

［29］季卫东．法律程序的意义［M］．北京：中国法制出版社，2012.

［30］杨解君．中国行政法的变革之道——契约理念的确立及其展开［M］．北京：清华大学出版社，2011.

［31］翁岳生．行政法［M］．北京：中国法制出版社，2009.

［32］闫尔宝．行政法诚实信用原则研究［M］．北京：人民出版社，2008.

［33］王锡锌．行政程序法与制度研究［M］．北京：中国民主法制出版社，2007.

［34］陈少英．中国税收守法基本问题［M］．北京：中国税务出版社，2006.

［35］吴庚．行政法之理论与实用［M］．北京：中国人民大学出版社，2005.

［36］李龙．良法论［M］．武汉：武汉大学出版社，2005.

［37］梁启超．梁启超法学文集［M］．范忠信，选编．北京：中国政法大学出版社，2004.

[38] 刘剑文. 税法基础理论 [M]. 北京：北京大学出版社，2004.

[39] 习近平. 推进全面依法治国，发挥法治在国家治理体系和治理能力现代化中的积极作用 [J]. 求是，2020 (22).

[40] 习近平. 加快建设社会主义法治国家 [J]. 求是，2015 (1).

[41] 习近平. 切实把思想统一到党的十八届三中全会精神上来 [J]. 求是，2014 (1).

[42] 习近平. 坚持和完善中国特色社会主义制度 推进国家治理体系和治理能力现代化 [J]. 求是，2020 (1).

[43] 栗战书. 习近平法治思想是全面依法治国的根本遵循和行动指南 [J]. 求是，2021 (2).

[44] 张文显. 习近平法治思想的理论体系 [J]. 法制与社会发展，2021 (1).

[45] 卓泽渊. 习近平法治思想要义的法理解读 [J]. 中国法学，2021 (1).

[46] 汪习根. 论习近平法治思想的时代精神 [J]. 中国法学，2021 (1).

[47] 朱诗柱. 新时代税收服务国家治理的职能定位与基本路径 [J]. 税收经济研究，2020 (3).

[48] 姜明安. 推进法治政府建设，改善和优化营商环境 [J]. 中共中央党校（国家行政学院）学报，2019 (5).

[49] 张文显. 中国法治 40 年：历程、轨迹和经验 [J]. 吉林大学社会科学学报，2018 (5).

[50] 汪火良. 新中国成立以来中国共产党法治思想回顾与思考 [J]. 探索，2014 (5).

[51] 徐阳光，常青. 论诚实信用原则在税法中的适用 [J]. 交大法学，2014 (1).

[52] 陈金钊. “法治思维和法治方式”的意蕴 [J]. 法学论坛，2013 (5).

[53] 安徽省马鞍山市地方税务局课题组. 税务行政指导制度的探索与实践 [J]. 税收经济研究，2013 (6).

[54] 刘剑文，王文婷. 实质课税原则与商业创新模式 [J]. 税收经济研究，2011 (2).

［55］潘荣伟. 政府诚信：行政法中的诚信原则［J］. 法商研究，2003（3）.

［56］习近平. 齐心开创共建“一带一路”美好未来——在第二届“一带一路”国际合作高峰论坛开幕式上的主旨演讲（2019年4月26日）［N］. 人民日报，2019-04-27（3）.

［57］刘莘，邓毅. 行政法上之诚信原则刍议［J］. 行政法学研究，2002（4）.

［58］李龙，徐亚文. 正当程序与宪法权威［J］. 武汉大学学报（人文社会科学版），2000（5）.

［59］习近平. 在庆祝改革开放40周年大会上的讲话（2018年12月18日）［N］. 人民日报，2018-12-19（2）.